単身急増社会の衝撃

藤森克彦
Fujimori katsuhiko

日本経済新聞出版社

はじめに

50代・60代男性の概ね4人に1人が一人暮らしとなる――。これは、現在の結婚や世帯形成の傾向が続いた場合に予想される「2030年の日本の姿」だ（注1）。これまで夫と死別した一人暮らし（単身世帯）の高齢女性の増加に注目が集まってきたが、今後は中高年男性でも一人暮らしの増加が顕著になっていく。一人暮らしは、中高年以降の男性の問題でもある。

こうした変化は既に始まっている。1985年から2005年の20年間の変化をみると、男性では50代以上、女性では80歳以上の年齢階層で単身世帯数が3倍以上に増えた。特に80歳以上では男女共に単身世帯数が5～7倍に増えている。また、高齢者ほどではないが、50代と60代の男性でも4～5倍に増加している。

では、なぜ単身世帯は増加するのか。高齢者で単身世帯が増えたのは、長寿化による高齢者人口の増加と、結婚をした子供が老親と同居しなくなったことが大きな要因だ。

一方、50代と60代男性で単身世帯が増加したのは、これら年齢階層の人口増加に加えて、未婚者の増加が大きな要因としてあげられる。ちなみに、50歳時点で一度も結婚をしたことのない人の割合を

（注1）国立社会保障・人口問題研究所編（2008）『日本の世帯数の将来推計（全国推計）――2008年3月推計』に基づく。

「生涯未婚率（注2）」と呼ぶが、男性の生涯未婚率は１９２０年から85年まで1〜3％台で推移した後、90年に6％となり、05年には16％となった（注3）。かつては50歳の未婚男性はごく少数派であったが、現在では50歳男性の6人に1人が未婚者となっている。しかも２０３０年になると、男性の生涯未婚率は29％、女性は23％と予想される（注4）。90年代以降、私たちの想像以上に結婚や世帯形成の面で大きな変化が進んでおり、その傾向は今後も続くとみられている。

単身世帯の増加は問題か

では、単身世帯の増加は問題なのか。言うまでもないが、結婚するか否か、一人で暮らすか否かは、基本的には個人の選択の問題である。それぞれの人が、それぞれの価値観に従って自分のライフスタイルを選択することに良いも悪いもない。

また、単身世帯の増加の背景には、女性の経済力が向上したため結婚しなくても生活していける女性が増えたこともあげられる。さらに、社会的インフラが整備されてきたので、以前よりも一人暮ら

（注2）生涯未婚率とは「45〜49歳」と「50〜54歳」の未婚率の平均値から、「50歳時」の未婚率を算出したもの。
（注3）国立社会保障・人口問題研究所編（２００９）『人口の動向――日本と世界　人口統計資料集２００９』厚生統計協会、１０8頁。
（注4）国立社会保障・人口問題研究所編（２００8）『日本の世帯数の将来推計（全国推計）――２００8年3月推計』（結果表4）に基づき筆者計算。

しから生じる不自由さは減少している。料理が苦手でも、コンビニエンス・ストアに行けば弁当がある。人と会わなくても、携帯電話で気軽に話ができる。一人の時間を楽しむためのゲームソフトも豊富だ。少なくとも健康で働いているうちは一人暮らしにたいした不自由はない。

しかし、一人暮らしは、いざというときに支えてくれる同居家族がいない点で、リスクが高い。例えば、病気や要介護状態に陥った場合に同居家族の支えがなければ、手遅れになることもある。

また、失業したり、病気やけがなどによって働けなくなれば、一人暮らしの場合は貧困に陥るリスクも高い。結婚していれば、一方の配偶者が働くことでやりくりすることもできるが、一人暮らしではそれが難しいためだ。

さらに、他者との交流が乏しい人が一人暮らしをすれば、社会的に孤立するリスクも負う。近年マスコミで、死亡後数日間気づかれずに放置された一人暮らしの中高年が取り上げられているが、これは社会的孤立が顕在化した事例といえよう。内閣府が60歳以上の高齢者を対象に実施した調査（2009年）によれば、単身世帯の65％が「孤独死（孤立死）を身近な問題」と感じており、夫婦二人世帯の44％、三世代世帯の30％に比べて高い割合にある（注5）。

無論、これまでも、進学や就職によって親元を離れた若者が一人暮らしをすることは珍しいことではなかった。しかし近年増加している一人暮らしは、こうした若者の一人暮らしとは異なる。未婚や

（注5）内閣府『平成21年度高齢者の地域におけるライフスタイルに関する調査』44頁。

離別した中高年や、配偶者と死別した高齢者などの一人暮らしであり、これらの人々の一人暮らしは長期化することが考えられる。

近年の単身世帯の増加は、リスクを長期に抱える人々が増加することを意味する。一方、社会保障制度など現行の諸制度は、単身世帯の抱えるリスクに対して十分な対応ができていない。というのも一昔いや二昔前までは、ある程度の年齢になれば結婚して家族をもつことが当たり前であったし、老親が子供と同居することも一般的だった。このため、日本の制度は、善かれ悪しかれ、家族の助け合いを前提に構築されてきた面がある。

ちなみに、家族による助け合いを前提にしてきたために、日本の社会保障制度は国際的にみて安上がりの制度となっている。主要先進国間で社会保障に費やす費用（対ＧＤＰ比）を比べると、日本は米国に次いで低い水準にある。

しかし、単身世帯が増加する中では、社会保障を拡充して一人暮らしの人でも安心して生活できる社会を構築していく必要がある。これは家族を軽視することではない。なぜなら、現在家族と暮らしている人も含めて、誰もが一人暮らしになる可能性を抱えているからだ。「公的なセーフティネットの拡充」と「地域コミュニティーのつながりの強化」が、現在単身世帯でない人を含めて、私たちの暮らしを守ることになる。これが本書の基本的なメッセージである。

一人暮らしを選んだ人の責任ではないか

これに対して、リスクの高い「一人暮らし」というライフスタイルを「選択」した人にはそれ相応の「責任」があり、公的なセーフティネットの強化というよりも、自助努力で対応すべきではないか、という意見もあろう。筆者も、生涯単身で生きることを覚悟している人には、そのリスクを認識し、現役時代から経済的な側面や人的ネットワークなどの面でリスクに備えることが望ましいと考えている。

しかし、自助努力を求めるにしても、社会としてその前提条件を整備する必要がある。例えば、就職氷河期にフリーターとなった若者は職業訓練の機会に恵まれず、正規社員への転換も容易ではない。結婚したくても経済的に余裕がなく、フリーターのまま一人暮らしを続ける若者や中年層も少なくない。また、男女の賃金格差が大きい社会では、単身女性に自助努力を求めても、個人として低賃金を克服するのには限界がある。自助努力を求めるのなら、こうした個人の力だけでは克服できない社会の歪みも是正すべきだ。

一方、「一人暮らしを選択した責任」を求めるといっても、どこまでが各自の「選択」あるいは「責任」といえるのだろうか。例えば、配偶者と死別した高齢者で、子供との同居が困難な場合、自分から一人暮らしを選択したといえるのだろうか。また、親の介護のために結婚したくても結婚できない人は、積極的に一人暮らしを選択したとまではいえないのではないか。さらに未婚を続ける人には「良い相手にめぐり会わない」といった理由が多く、現実には「選択」というほどの強い意思に基づくものではないように思われる。

むしろ、こうした点から考えるべきは、「一人暮らし」になる可能性は、誰にも生じうるということであろう。人々が単身世帯となる確率は、以前に比べて確実に大きくなっている。とすれば、社会保障を拡充して、社会全体で単身世帯の抱えるリスクに備えることが必要だ。

単身世帯には近居の家族がいるのではないか

高齢単身世帯の増加といっても、子供が近くに居住するケースが多いので、それほど問題ではないという見方があるかもしれない。実際、65歳以上単身世帯のうち、子供が片道1時間以内に住んでいる単身世帯は5割弱を占めている。しかし換言すれば、高齢単身者の5割強は近居の子供がいないか、あるいはそもそも子供がいない。単身世帯の増加に伴い、近居の家族に頼れない高齢単身世帯は着実に増えていく。

また社会的孤立という観点からは、たとえ子供が近くに住んでいても、子供と交流する時間をもたない高齢単身者は意外と多い。近居の子供をもつ高齢単身者であっても、社会的孤立に陥るリスクを抱えているのである。

さらに今後、未婚の単身者が急増していく。未婚の単身者が高齢期を迎えた場合、老後を頼る配偶者もいなければ子供もいない。これまでの高齢単身者の多くは、配偶者との死別によって一人暮らしを始めた人々であり、その多くには子供がいる。この点で、今後増加する未婚の高齢単身者は、現在の単身者とは異なる。

そして、高齢未婚者は男性で急増していく。２００5年現在、65歳以上の未婚男性は全国に26万人（65歳以上男性人口の２・４％）いるが、２０３０年には６・5倍の１６８万人（同10・８％）になるとみられている。実に、高齢男性の10人に１人が未婚者という状況だ。一方、高齢未婚女性は現在52万人（65歳以上女性人口の３・５％）いるが、２０３０年までに２・3倍に増えて１２０万人（同5・７％）になると推計されている。高齢未婚者の相当程度は単身世帯と考えられるが、こうしてみると未婚化による高齢単身世帯の増加は主に男性で深刻になっていくであろう。

北欧・西欧諸国の単身世帯比率は日本よりも高い

海外をみると、北欧や一部の西欧諸国を中心に、全人口あるいは全世帯に占める単身世帯比率が日本よりも高い国がある。２０３０年の日本の単身世帯比率は、現在のフランスやオランダ並みになると推測されている。既に単身世帯比率の高い国がモデルとしてあるので、この点から「恐れる必要はない」という見方があるかもしれない。

確かに、北欧・西欧諸国から参考にすべき点は多いが、現在のこれらの国々と２０３０年の日本との違いも大きい。ひとつは、北欧や西欧諸国では高齢者の単身世帯比率が高いが、２０３０年の日本では50代と60代の中高年男性でも単身世帯比率が高まる点だ。今後、北欧や西欧諸国でも未婚化の進展によって中高年男性の単身世帯比率が高まる可能性はあるが、少なくとも現時点では50代と60代の中高年男性の一人暮らしは顕著になっていない。

もうひとつは、日本の2030年の高齢化率は32％にのぼると予想されており、現在高齢化率が20％以下の北欧・西欧諸国とは人口構造が異なる。全人口に占める単身世帯比率が北欧・西欧諸国と同程度になったとしても、日本では高齢者の支え手となる現役世代の比率が小さいという問題を抱えている。

単身世帯を抑制する政策は？

単身世帯に十分なセーフティネットを構築することよりも、そもそもリスクの高い単身世帯の増加を防止する対策をとるほうが先ではないか、という意見もあろう。例えば、単身世帯への課税を強化することなどが考えられる。

筆者は、社会の中で家族のもつ意義を重要だと考えており、家族政策に力を入れていくことに異論はない。しかし同時に、貧困、要介護時への対応、社会的孤立など単身世帯が抱えるリスクにも対応できるように、公的なセーフティネットの充実を図るべきだと考えている。まして、単身世帯の増加抑制を目的に、単身世帯にペナルティを科すやり方には賛成できない。

なぜなら、どのようなライフスタイルを選択するかは各人の自由であり、政府の政策的関与によって、個人の選択に過度の偏りを生じさせることには慎重であるべきだと考えるからである。また、こうした施策を採用したとしても、単身世帯の抑制にどの程度の効果をもつのか、疑わしい。単身世帯が増加している背景には、人々の価値観の変化や、女性の経済力の向上、一人暮らしをしやすい社会インフラの整備などが大きい。時代環境の変化の中で単身世帯が増加しているのだから、税制措置などによって単身世帯化に歯止めをかけるのは難しいだろう。

一方、本人の意思に反して、何がしかの社会的要因によって単身世帯が増加しているのであれば、その社会的要因を取り除く対策を講じていくべきである。この点からいえば、非正規労働者の待遇改善などの政策は重要だ。非正規労働者であるがゆえに経済的余裕がなく、結婚したくても結婚できずに単身世帯となる若者は少なくない。また、働き続けることが難しいとの理由から、結婚や出産に踏み切れない女性もいる。仕事と生活の調和（ワークライフバランス）に向けた政策も重要になる。これらの政策は、単身世帯の抑制を目的にしたものではないが、間接的に単身世帯を抑制する効果をもつであろう。

巨額の財政赤字と社会保障の機能強化

他方で、日本は既に巨額の財政赤字を抱えている。社会保障を拡充するにも、その財源をいかに捻出していくのかが課題となる。無駄を省くことは当然としても、それだけで社会保障の拡充に向けた財源を捻出できると考えるのは甘い。税や社会保険料の引き上げは不可避である。

幸いなことに日本の税・社会保険料の負担のレベル――国民負担率――は、主要先進国に比べて低い水準にある。つまり、税金や社会保険料を引き上げる余地は残されている。

負担という側面だけをみれば、税金や社会保険料の引き上げは喜ばしいことではない。しかし、これは家族によるセーフティネットが低下する中で、様々なリスクに公的に対応してもらうための必要経費と考えたほうがよい。現在二人以上世帯に属す人も、いつ単身世帯になるかわからないので、そのための保険でもある。しかも、バリアフリーの町が健常者にも住みやすいように、一人暮らしの人が暮らしやすい社会は、二人以上世帯の人にとっても暮らしやすい社会であるはずだ。

そして、社会保障の拡充は経済成長の足かせになるのではなく、むしろ経済成長の基盤になるという視点も重要だ。社会保障への資金の入れ方によっては、経済成長の原動力になる可能性もある。

本書の構成

本書は、4部で構成されている。第1部では、単身世帯の現状とこれまでの増加の実態とその要因、さらに将来の状況を展望していく（第1章）。次に、どの地域で単身世帯が増えているのか、都道府県ごとの増加状況とその要因、将来の状況について概観する（第2章）。

第2部では、単身世帯の増加が社会に与える影響を考察する。具体的には、低所得者層の増加（第3章）、介護需要の高まり（第4章）、社会から孤立する人々の増加（第5章）について考察する。そして現段階では単身世帯となっていないが、将来的に単身世帯になりうる「親と同居する40歳以上の未婚者」を「単身世帯予備軍」として、単身世帯予備軍が抱える問題をみていきたい（第6章）。

第3部では、海外の単身世帯の状況を紹介する。日本よりも単身世帯比率の高い北欧・西欧諸国の状況を中心に、単身世帯を支える社会的制度や単身世帯の増加に関する議論などを紹介する（第7章）。その上で、筆者が長期滞在したことのある英国について、単身世帯の実態と政策をみていく（第8章）。

第4部では、単身世帯の増加に対して、どのような対応が求められるのかを考察する。まず「自助」に向けて、社会としてどのような前提条件を整備すべきか、という点を考える（第9章）。次に、社会保険や生活保護制度などの公的なセーフティネットについて、現行の社会保障制度の課題と拡充の必要性を指摘する（第10章）。さらにボランティアやNPO法人の活動など、地域コミュニティーとのつながりの強化を取り上げる（第11章）。そして最後に、財政面から社会保障の拡充の余地を検討するとともに、財源確保に向けた政治不信の克服について考えていきたい（第12章）。

2030年に向けた準備

なお、本書における将来推計は、国立社会保障・人口問題研究所による将来推計に基づく。現在の結婚・世帯形成行動が続くことを前提にした推計であり、今後その前提が変われば将来の姿も違ったものになる可能性もある。

しかし重要なのは、単身世帯化が進んでも対応できるように、社会として準備しておくことである。少子高齢化が当初の予測を上回る速度で進行したように、単身世帯化についても実態が予測を上回ることは考えられる。本書が将来の姿として用いた「2030年」は今から20年先になるが、社会の準備期間として考えれば、決して長い期間とはいえない。

ほとんどの人が結婚して同居家族がいることが当然視されてきたこれまでの日本社会にとって、単身世帯の急増は確かに「衝撃」であると思う。しかしこの衝撃は、うまく対応すれば社会を良い方向にもっていく力にもなりうる。血縁を超えて、公的にも地域としても支え合っていけるような社会の再構築を考えていきたい。

目次

第2部 単身世帯の増加が社会にもたらす影響

第6章 単身世帯予備軍

第3部 海外の単身世帯

第4部 単身世帯の増加に対して求められる対応

装丁／斉藤よしのぶ

第 1 部

単身世帯の実態

第1章 単身世帯の現状とこれまでの増加要因

1 単身世帯の現状——単身世帯を形成するのはどのような人々か

まず、単身世帯を形成する人々はどのような人たちなのか、現状を概観していこう。2005年現在、日本には1446万人が単身世帯を形成しており、全人口の11・3%、全世帯の29・5%にあたる。

厳密に言えば、「単身世帯」イコール「一人暮らし」というわけではない。国勢調査では、「住居をともにし、別に生計を維持している間借り人や下宿人などの単身者」や「会社・官公庁などの寄宿舎・独身寮などで居住している単身者」も、「単身世帯」としてカウントしている。「間借り人や下宿人」さらに「寄宿舎や独身寮に居住している人」を「一人暮らし」というのには、やや違和感をもつかもしれない。

しかし実際には、単身世帯のほとんどは「一人暮らし」と考えてよい。05年の全国の単身世帯において、上記の「間借り・下宿などの単身者」の割合は2・3％であり、「会社などの寄宿舎や独身寮の単身者」は5・2％である（注1）。両者を合わせても7・5％にすぎず、「単身世帯」の9割強は一人暮らしの人々だ。

そして、単身世帯の世帯員は一人なので、世帯としてみれば「単身世帯」となるが、個人の側面から捉えれば「単身者」となる。本書では、世帯でみるか、個人でみるかによって、「単身世帯」「単身者」という2つの用語を使っていくが、同一の対象を示している。

なお、高齢者が一人で老人ホームに入所したり、一人で病院に入院しても、「単身世帯」には含まれない。単身世帯は「世帯人員一人の一般世帯」と定義されており、病院・診療所で入院している人、社会施設の入所者、寮・寄宿舎の学生・生徒などは「施設等の世帯」に属すためである。

単身世帯の形成はライフステージに応じて変化していく

では、1446万人の一人暮らしをしている人々は、どのような人々なのだろうか。当然のことながら、生まれてから死ぬまでの全ての期間をずっと「一人暮らし」という人はまずいない。幼少期で

（注1）総務省（2005）『平成17年国勢調査』第1次基本集計（全国結果）。

あれば親と同居しているのが一般的である。そして高校を卒業するまでは親元で生活し、進学や就職を機に一人暮らしを始める若者は多い。その後、結婚して配偶者をもてば、ひとまず一人暮らしが終わる。

高齢期に入って、夫婦のどちらかが先に亡くなると、子供などと同居しなければ再び一人暮らしとなる可能性がある。近年よく話題になるのは、高齢女性の一人暮らしだ。夫と死別した後、子供と同居をせずに、一人暮らしをする高齢女性が増えている。

しかし現役世代であっても、未婚であったり、結婚しても単身赴任によって一人暮らしをすることもある。また離婚すれば、子供などと同居をしない限り一人暮らしとなる可能性がある。

このように一人暮らしは、各ライフステージにおいて、本人の選択にしろ、そうでないにしろ、誰の人生においても起こりうる。

年齢階層別にみた単身男性の配偶関係

では、単身世帯はどの年齢階層に多いのか。また、単身世帯はどのような配偶関係をもつ人々なのか。配偶関係には、①「未婚」（まだ一度も結婚したことのない人）、②「死別」（妻または夫と死別して独身の人）、③「離別」（妻または夫と離別して独身の人）、④「有配偶」（届出の有無に関係なく妻または夫のある人）、の4種類がある。この中で、有配偶の単身世帯とは、単身赴任や別居などによって一人暮らしをする人である。以下では、年齢階層別に上記の4つの配偶関係に基づいて単身世

図表1-1：男女別・年齢階層別にみた単身世帯数と単身者の配偶関係（05年）

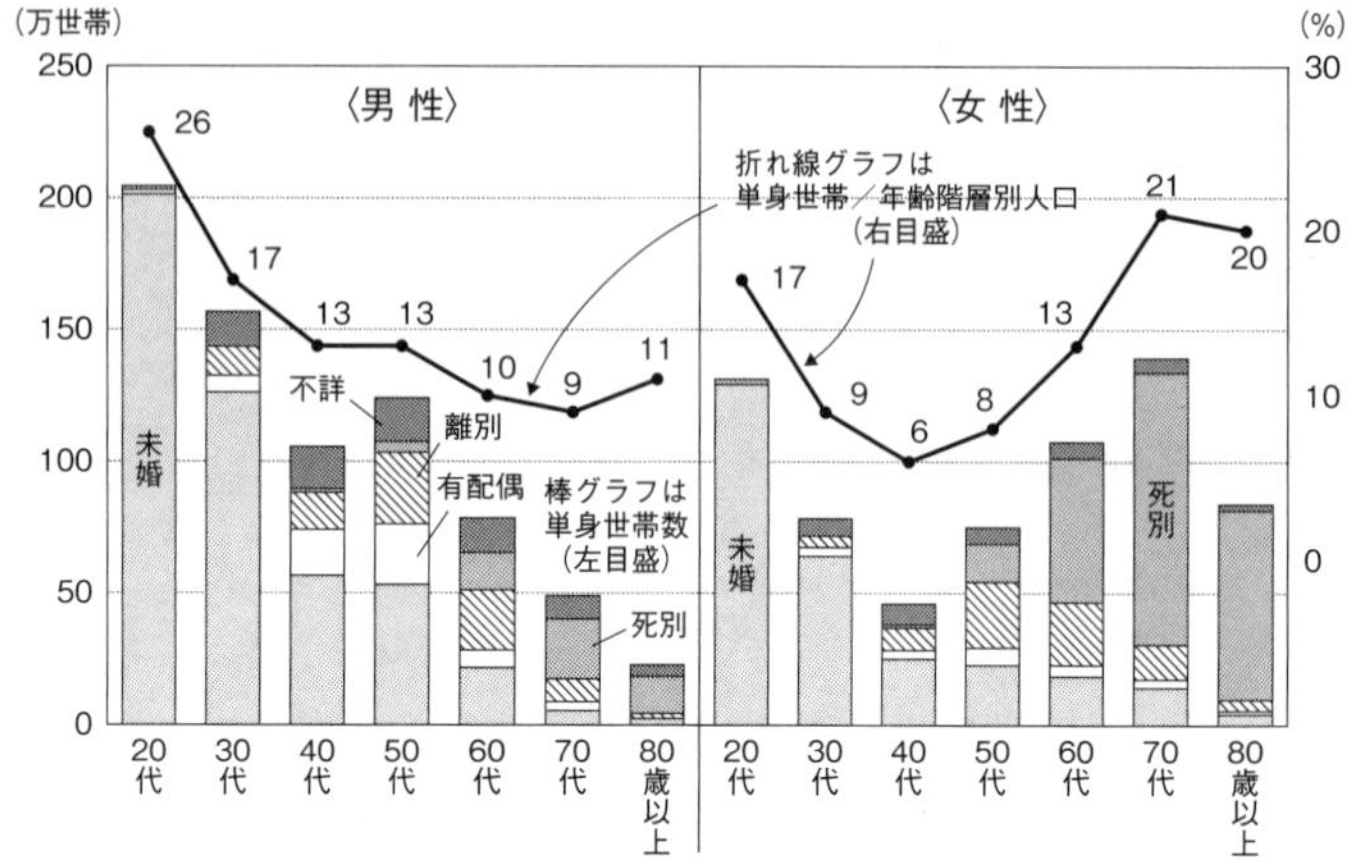

（資料）総務省『平成17年国勢調査』により筆者作成。

帯数をみていこう（図表１－１）。

まず、男性をみると、最も単身世帯数が多い年齢階層は20代の男性であり、２００万人を超えている。各年齢階層別人口に占める単身者の割合をみても、20代男性の26％が単身世帯となっていて全年齢階層の中で最も高い比率である。そして、そのほとんどが未婚者である。20代で未婚の単身者が多いのは、進学や就職などを機に親元を離れて一人暮らしを始める若者が多いためと考えられる。

20代以降、年齢階層が上がるにつれて、単身世帯数は減少していく。これは、結婚をして二人以上世帯を形成する人が増えていくためである。このことは、20代から40代にかけて未婚の単身男性が減少していくことに示されている。

一方、20代から40代にかけて未婚の単身者が減少するのとは逆に、30代以降徐々に離別の単身者が増え、60代単身男性では「未婚者」と「離別者」の割合がほぼ同程度になる。そして60代以降になると、妻と「死別」した単身男性の比率が高まる。

このように、単身男性の主たる配偶関係は、40代までは「未婚」、50代では「未婚」と「離別」、60代は「離別」「未婚」「死別」、70代以降は「死別」というように変化がみられる。なお、40代と50代を中心に、「有配偶」の単身男性が一定割合みられる。この多くは単身赴任などによるものと推察される。

単身女性の配偶関係

単身女性をみると、20代から40代にかけて単身世帯数が減少していくが、50代から70代にかけては増加に転じる。男性とはグラフの形状が異なる。単身女性が50代以降で増加するのは、夫と死別した単身女性が増える影響が大きい。これは、女性の平均寿命が男性よりも長いことや、夫婦の平均年齢を比べると夫よりも妻の年齢が低いためと考えられる。

次に、男女の単身世帯数を比較すると、20代から50代にかけて、単身女性数が単身男性数よりも少ない。20代女性の場合、親元から通える範囲で進学や就職をする人の比率が高いためと考えられる(注２)。

また、男性の平均初婚年齢が30・２歳（２００８年）なのに対して、女性の同年齢は28・５歳であり、女性は男性よりも若い年齢で結婚する。これも、20代や30代において単身女性が単身男性よりも少ない要因である（注3）。

さらに、子供のいる夫婦が離婚した場合、未成年の子供は父親よりも母親と暮らすケースが多い。このため、30代や40代の離別女性は、離別男性より単身世帯になりにくい。また、単身女性は単身男性に比べて「有配偶者」が少ないが、これは女性の単身赴任が少ないことなどの影響と推察される。

このように、「単身世帯」といっても、男女別・年齢階層別に配偶関係が異なっていて多様性に富んでいる。社会に与える影響や政策対応を考えていく際にも、こうした多様性を考慮していく必要がある。

単身世帯と近居の家族

ところで「一人暮らし」というと、「家族のいない人」をイメージするかもしれない。これは、「家族」をどのように定義するかによるが、別居家族も含めて「家族」と呼ぶのであれば、一人暮らしの人々は必ずしも家族のいない人ではない。実際、内閣府の調査によれば、65歳以上で一人暮らしをしている高齢者の77％には子供がいる（注4）。また、20代から40代の単身者の多くは親をもつ。つまり、

（注2）20代未婚女性の親との同居率は71・0％なのに対して、20代未婚男性の親との同居率は63・6％にとどまっている（総務省（2005）『平成17年国勢調査』第3次集計、第25表）。
（注3）厚生労働省大臣官房統計情報部『平成20年人口動態統計』。
（注4）内閣府（2005）『平成17年度世帯類型に応じた高齢者の生活実態等に関する意識調査結果（全体版）』、6頁。

単身者は「同居人がいない」ということであって、必ずしも「家族」がいない人ではない。また、一人暮らしの親の近くに子供が居住するといった形態も相当程度ある。高齢者の一人暮らしといっても、子供が近くに住んでいれば、病気や要介護の状況になったときに家族で助け合いをしやすい。

では、高齢単身世帯のうち、「近居」の子供をもつ世帯はどの程度いるのだろうか。総務省『平成20年住宅・土地統計調査（確報集計）』（２０１０年2月公表）によれば、65歳以上の単身世帯の47・1％は、片道1時間以内の場所に子供が住んでいる（図表１－２）。ちなみに、１９９８年には、近居の子供のいる65歳以上単身世帯は44・5％であったので、この10年間で2・6％ポイントほど近居の子供をもつ高齢単身者が増加している。

今後、家族のいない高齢単身者が増えていく

このように高齢単身世帯の半数には近居の子供がいるが、換言すれば、高齢単身世帯の5割強は、片道1時間以内に子供がいないか、そもそも子供がいない。また、今後は子供のいない高齢単身者が増えていく。この主因は、未婚の単身者が増加していくためである。「未婚」とは、一度も結婚していないことをいう。日本では婚姻関係をもたないまま子供を養育することは珍しいので、ほとんどの高齢未婚者は、配偶者をもたないと同時に子供もいない。つまり、老後を頼る配偶者も子供もいない人々が多いと考えられる。

図表1-2：65歳以上単身世帯と子供の居住場所

（単位：%）

	近居（片道1時間以内）の子供がいる						近居の子供がいない		
		一緒に住んでいる	同じ建物・敷地内	徒歩5分程度の場所	片道15分未満の場所	片道1時間未満の場所		片道1時間以上の場所	別世帯の子供はいない
98年	44.5	0.7	1.4	4.0	11.0	27.5	55.5	24.5	31.0
08年	47.1	0.8	4.8	7.1	12.1	22.4	52.9	24.9	28.0

（注）１．「不詳」を除いて計算。
　　　２．65歳以上の単身世帯は、「持ち家」「借家」「住宅以外の建物に居住」の合計。
（資料）総務省『平成20年住宅・土地統計調査（確報集計）』（2010年2月24日公表）、および同省『平成10年住宅・土地統計調査』により、筆者作成。

　そして、未婚の高齢者は男性で急増していく。２００５年時点で、65歳以上の未婚男性は26万人おり、65歳以上男性人口の２・４％にすぎない。しかし国立社会保障・人口問題研究所の推計によれば、２０３０年には未婚の高齢男性は６・５倍（１６８万人）になり、65歳以上の男性人口の10・８％を占めるようになる（図表１－３）。実に65歳以上高齢男性の10人に１人が未婚者となる。

　一方、高齢女性では、高齢男性ほど未婚者の増加は急ではない。具体的には、05年現在で52万人（高齢女性に占める割合３・５％）いる高齢未婚女性が、２０３０年には１２０万人（同５・７％）と２・３倍になる。

　なお、こうした未婚の高齢者の全てが単身世帯というわけではない。例えば、未婚者であっても、兄弟姉妹と暮らせば単身世帯にはならない。また、未婚の高齢者は、早期に病院や社会施設などに入

図表1-3：男女別にみた「高齢未婚者」数と「高齢単身者」数

—2005年と2030年の比較—　　　　（単位：万人）

	男性			女性		
	05年	30年	30／05年	05年	30年	30／05年
65歳以上人口①	1,087	1,564	1.4倍	1,480	2,103	1.4倍
単身者数②（②／①）	105（9.7%）	278（17.8%）	2.6倍	281（19.0%）	439（20.9%）	1.6倍
未婚者数③（③／①）	26（2.4%）	168（10.8%）	6.5倍	52（3.5%）	120（5.7%）	2.3倍
75歳以上人口④	429	899	2.1倍	731	1,367	1.9倍
単身者数⑤（⑤／④）	44（10.2%）	129（14.4%）	2.9倍	153（20.9%）	299（21.9%）	2.0倍
未婚者数⑥（⑥／④）	6（1.3%）	59（6.6%）	9.8倍	23（3.2%）	52（3.8%）	2.3倍

（資料）2005年（実績値）は、総務省『国勢調査』。2030年の「単身者数」は、国立社会保障・人口問題研究所編『日本の世帯数の将来推計（全国推計）——2008年3月推計』。また、2030年の「高齢者人口」および「未婚者数」の将来推計は、国立社会保障・人口問題研究所編『日本の将来推計人口（2006年12月推計）』（出生中位、死亡中位推計）に基づき、筆者作成。

る傾向がみられる。先述の通り、病院や老人ホームなどに入れば「単身世帯」にカウントされない。

2　単身世帯の増加状況

では、一人暮らしをする人々は、過去からどの程度増加してきたのだろうか。

1970年からの全体的な推移をみると、単身世帯数は趨勢的に増加してきた（図表1－4）。特に85年以降、総人口に占める単身世帯の割合が顕著に高まっている。そこで、85年を起点として05年と比較すると、85年の単身世帯数は789万世帯であったが、05年には1446万世帯と1・8倍になった。また、総人口に占める単身世帯割合も、85年の6・5％から05年には11・3％に高まっている。さらに、総世帯数に占める単身世帯の割合も、85年の20・8％から05年には29・5％

図表1-4：単身世帯の全体的動向 —1970年からの長期的推移—

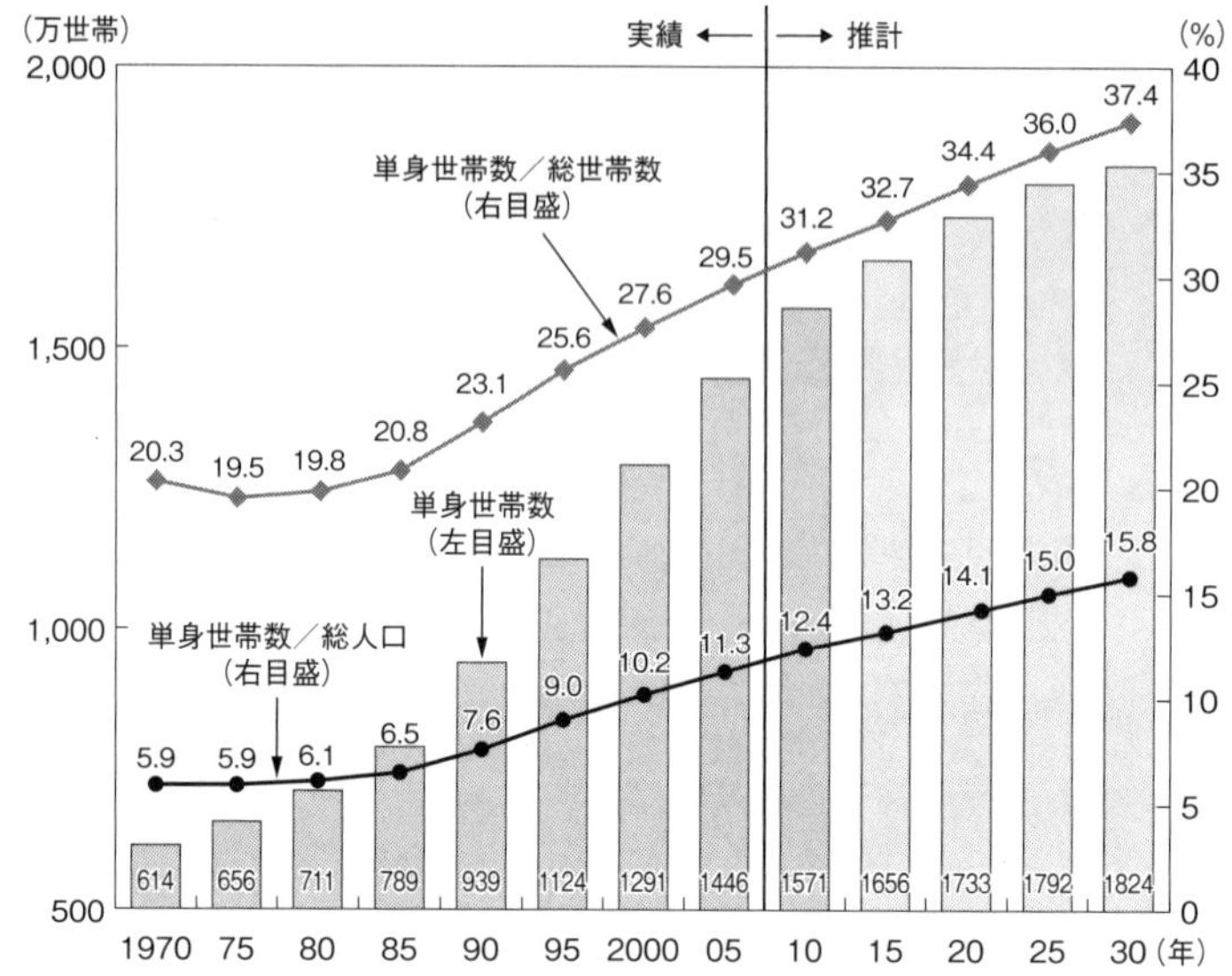

（資料）2005年までの実績値は、総務省『国勢調査』。2010年以降の「単身世帯数」「総世帯数の推計」は、国立社会保障・人口問題研究所編『日本の世帯数の将来推計（全国推計）——2008年3月推計』。また、2010年以降の「総人口」の推計は、国立社会保障・人口問題研究所編『日本の将来推計人口（2006年12月推計）』（出生中位、死亡中位推計）に基づく。上記資料により、筆者作成。

に上昇した。

ここで全世帯数に占める世帯類型別割合の推移をみると、85年に40・0%を占めていた「夫婦と子供からなる世帯」は、05年には29・9%にまで減少した（図表1－5）。一方、85年から05年にかけて大きく増加したのは、「単身世帯」と「夫婦のみ世帯」である。全世帯数に占める単身世帯の割合は、85年の20・8%から05年には29・5%に高まった。05年の段階では、単身世帯の世帯類型別割合は、0・4%ポイントの差で「夫婦と子供からなる世帯」に次

図表1-5：全世帯数に占める世帯類型別割合の推移

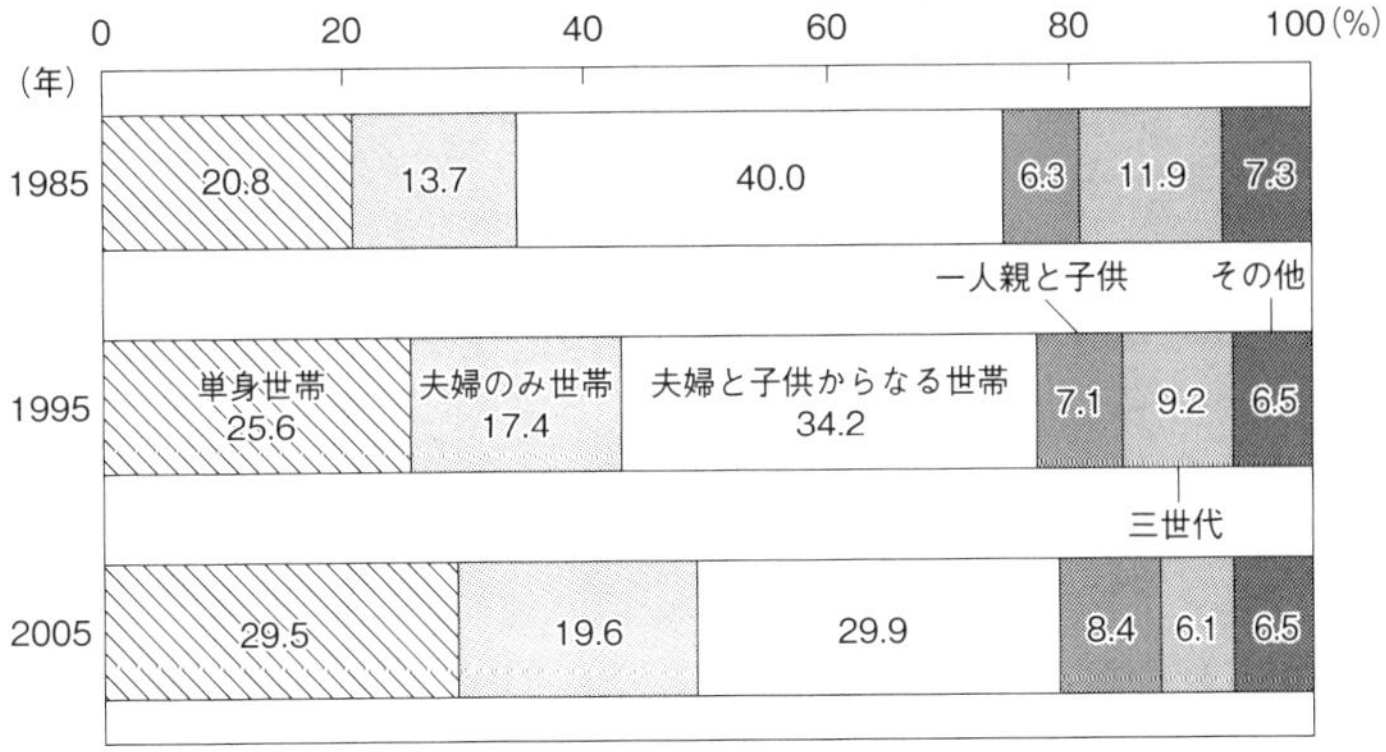

（資料）総務省『国勢調査』（時系列データ）により筆者作成。

いで2番目であった（注5）。しかし、国立社会保障・人口問題研究所の推計によれば、06年以降は単身世帯が世帯類型の中で最も高い割合になったとみられている（注6）。

「標準世帯」の妥当性

ところで、社会保障制度を含め、様々な公的制度は「夫婦と子供からなる世帯」を「標準世帯」として政策などで用いてきた。「標準世帯」が、全世帯の中で最も世帯割合の高い世帯類型を意味するとすれば、もはや「夫婦と子供からなる世帯」が「標準世帯」とはいえない時代に入っている。

（注5）総務省『国勢調査』（時系列データ）。
（注6）国立社会保障・人口問題研究所編（2008a）『日本の世帯数の将来推計（全国推計）——2008年3月推計』、3頁。

今後も「夫婦と子供からなる世帯」の割合の減少は続き、２０３０年には22％まで減少すると推計されている。その一方で、２０３０年には「単身世帯」の全世帯数に占める割合は37％に高まる。これは、ちょうど85年の「夫婦と子供からなる世帯」（40％）と、「単身世帯」（21％）の割合がほぼ入れ替わることを意味する（注７）。

さらに、標準世帯とされてきた「夫婦と子供からなる世帯」の内容にも変化がみられる。一般にイメージされる「夫婦と子供からなる世帯」は「夫婦と未成年の子供からなる世帯」である。しかし、「夫婦と子供からなる世帯」のうち「夫婦と未成年（20歳未満）の子供からなる世帯」の割合は62％にすぎない（05年）。残りの４割弱は「夫婦と成人した子供からなる世帯」である。

ちなみに、85年の「夫婦と子供からなる世帯」に占める「18歳未満の子供からなる世帯」は74％であり、この20年間で、同割合は16％ポイントも減少している（注８）。逆に、「夫婦と子供からなる世帯」のうち「65歳以上の老親を抱える世帯」の割合は、85年の４％から05年には14％に増加している（注９）。この背景には、少子化によって未成年の子供をもつ世帯の減少があげられる。また、成人した子

（注７）２００５年までの実績値は、総務省『国勢調査』。２０３０年の「単身世帯数」「総世帯数の推計」は、国立社会保障・人口問題研究所編（２００８ａ）３頁。
（注８）総務省『国勢調査』１９８５年版には、夫婦と20歳未満の子供からなる世帯の割合が示されていないため、ここでは、１９８５年と２００５年の「夫婦と子供からなる世帯」に占める「夫婦と18歳未満の子供からなる世帯」の比率を示した。
（注９）総務省『国勢調査』１９８５年版。

図表1-6：男女別・年齢階層別にみた単身世帯数（実数）の変化　―1985年と2005年の比較―

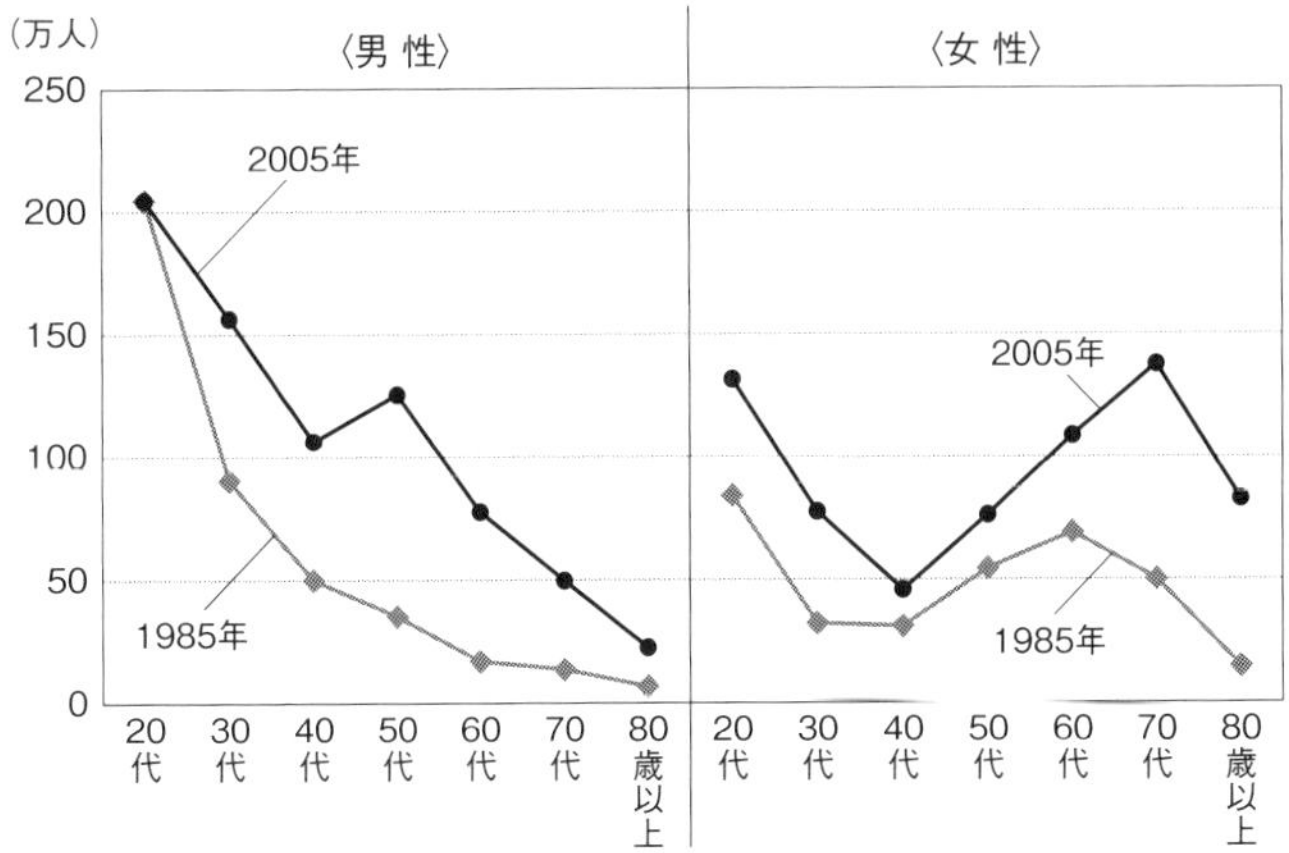

（資料）総務省『国勢調査』（時系列データ）により、筆者作成。

供の側で未婚化が進行しているため、老親と未婚の子供との同居が進んでいることも影響している。

男女別・年齢階層別にみた単身世帯の増加状況

さて、話を元に戻して、男女別にどの年齢階層で単身世帯が増加したのか、1985年と2005年で比較していこう（注10）。

まず、男性の単身世帯数を両年で比較してみると、共に20代が最も多く、年齢階層が上がるにつれて減少している（図表1－6）。違いとしては、20代を除く全ての年齢階層で05年の単身世帯数が85年を上回る点である。また、05年には、50代の単身世帯が増加して小さなコブが形成されており、85年にはみられなかった変化が起きている。

（注10）総務省『国勢調査』は5年ごとに行われており、2005年が直近のデータとなる。

図表1-7：年齢階層別にみた単身世帯数（実数）の増加倍率（1985年＝1倍）

（単位：倍）

	2005年						
	20代	30代	40代	50代	60代	70代	80歳以上
男性	1.0	1.7	2.2	3.7	4.8	4.1	5.3
女性	1.6	2.5	1.5	1.4	1.6	2.8	6.9

（注）網掛け部分は、２倍以上の年齢階層。下線部は３倍以上の年齢階層。
（資料）総務省『国勢調査』（時系列データ）により、筆者作成。

一方、女性の単身世帯数を85年と05年で比較すると、全ての年齢階層で単身世帯が増えている。また、85年は60代をピークとする小さな「山」がみられたが、05年になるとピークは70代に移り、しかも山は高くなっている。85年は20代の単身世帯が60代の単身世帯よりも多かったが、05年になると70代の単身世帯が20代を若干上回っている。

この点、85年から05年にかけての単身世帯数の年齢階層別の倍率（85年＝１倍）をみると、男性では50代以上の年齢階層、女性では80歳以上の年齢階層で3倍以上に増えている（図表１－７）。特に80歳以上の年齢階層では、男性は５・３倍、女性は６・９倍になっている。

注目すべきは、50代と60代男性で、単身世帯が３・７倍と４・８倍になっている点である。これまで、高齢単身世帯——特に高齢女性——の増加が注目されてきたが、50代と60代の中高年男性でも単身世帯化が著しい。

3 なぜ単身世帯は増加したのか
――1985年から2005年にかけての増加要因の分析

(1) 20年間の人口増加の要因

では単身世帯は、なぜ増加したのであろうか。

まず考えられるのは、85年に比較して、05年の人口全体が増加したことの影響である。どの時代においても総人口に対して一定割合の単身世帯が存在すると仮定した場合、人口が増加すれば、それに伴って単身世帯数も増加していく。年齢階層別にみても、例えば「団塊の世代」は世代としての人口規模が大きいので、「団塊の世代」が50代になれば、50代人口の増加に応じて50代の単身世帯数も自ずと増えることが考えられる。これは、質的な変化を伴わない「量的な変化」といえる。

そこで、人口増加が、年齢階層別の単身世帯の増加にどの程度影響を与えたのかをみていこう。図表1－8は、85年から05年にかけての単身世帯の年齢階層別伸び率を、「人口要因」と「非人口要因」に分けて寄与度を分析したものである。「人口要因による単身世帯の伸び率」とは、「85年から05年の年齢階層別人口の増加倍率に従って、各年齢階層における単身世帯数も増加する」という仮定に基づいて推計した伸び率である。一方、「非人口要因に基づく単身世帯の伸び率」は、年齢階層別人口の増加がなくとも増えたであろう単身世帯の伸び率である。つまり、「質的な変化」による単身世帯の

図表1-8：1985年から2005年にかけての単身世帯の伸びについて寄与度分析

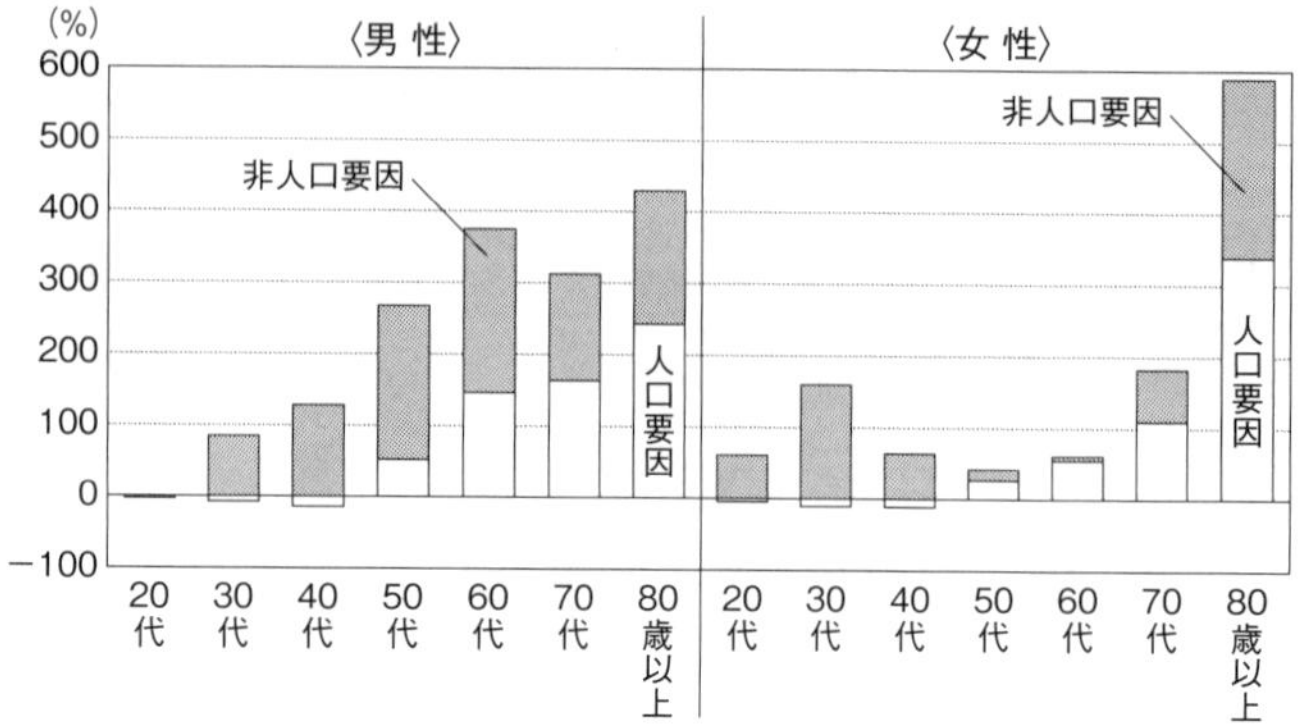

（注）年齢階層別（以下、年齢別人口と略）の人口要因と非人口要因の寄与度の求め方は以下の通り。

①単身世帯の増加倍率＝（人口要因による増加倍率）×（非人口要因による増加倍率）

・人口要因による増加倍率＝2005年年齢別人口／1985年年齢別人口

・非人口要因による増加倍率＝(2005年の年齢別単身世帯数／1985年の年齢別単身世帯数）／(2005年の年齢別人口／1985年の年齢別人口)

②上記①から、log（単身世帯数の増加倍率）
＝log（人口要因による増加倍率）＋log（非人口要因による増加倍率）

③そこで、「人口要因による単身世帯増加寄与率」
＝log（人口要因による増加倍率）／log（単身世帯数の増加倍率）
「非人口要因による単身世帯増加寄与率」
＝log（非人口要因による増加倍率）／log（単身世帯数の増加倍率）

④上記で求めた「人口要因による単身世帯増加寄与率」と「非人口要因による単身世帯寄与率」を実際の単身世帯の伸び率に掛け合わせて、各々の寄与度を計算。

（資料）総務省『国勢調査』（時系列データ）により、筆者推計。

伸び率を示す。

人口要因は50代以降に影響

年齢階層別に人口要因をみると、全ての年齢階層で人口要因による単身世帯の増加がみられるわけではない。人口要因による単身世帯の増加は、男女共に50代以上の年齢階層で生じており、20代から40代では人口要因は単身世帯を減らす方向で作用している。これは、少子化の影響によって85年から05年にかけて同年齢階層の人口が減少しているためである。このことから、20代から40代の若い年齢階層の単身世帯の伸び率は、専ら非人口要因によるものと考えられる（注11）。

人口要因による単身世帯の増加が最も顕著なのは、80歳以上の女性である。これは、長寿化によって80歳以上の女性人口が増加したことの影響と考えられる。また、80歳以上の年齢階層ほどの大きな伸び率ではないが、70代の単身女性でも人口要因の影響が大きい。

男性では、60代から80歳以上の年齢階層で、人口要因による伸び率が高い。一方、50代では、人口要因による伸び率の影響は小さく、非人口要因による単身世帯の伸びが主因となっている。

年齢階層別人口に占める単身者の割合の変化

このように単身世帯の増加は、男女とも50代以上の年齢階層で人口要因が一定程度影響している。しかし、人口要因だけでは単身世帯の増加を説明できない。高齢期の単身世帯の増加についても、非人口要因が大きく影響している。また、20～40代の単身世帯の増加は、人口要因とは関係なく「質的な変化」があったと考えられる。

こうした「質的な変化」による単身世帯の増加状況を明らかにするために、年齢階層別人口に占め

（注11）ただし、上記は10歳刻みの年齢階層別人口をみた場合である。５歳刻みでみると、団塊ジュニアの影響を受けて、２００５年の25～29歳と30～34歳の人口は、１９８５年よりも増加している。

図表1-9：年齢階層別人口に占める単身者の割合　―1985年と2005年―

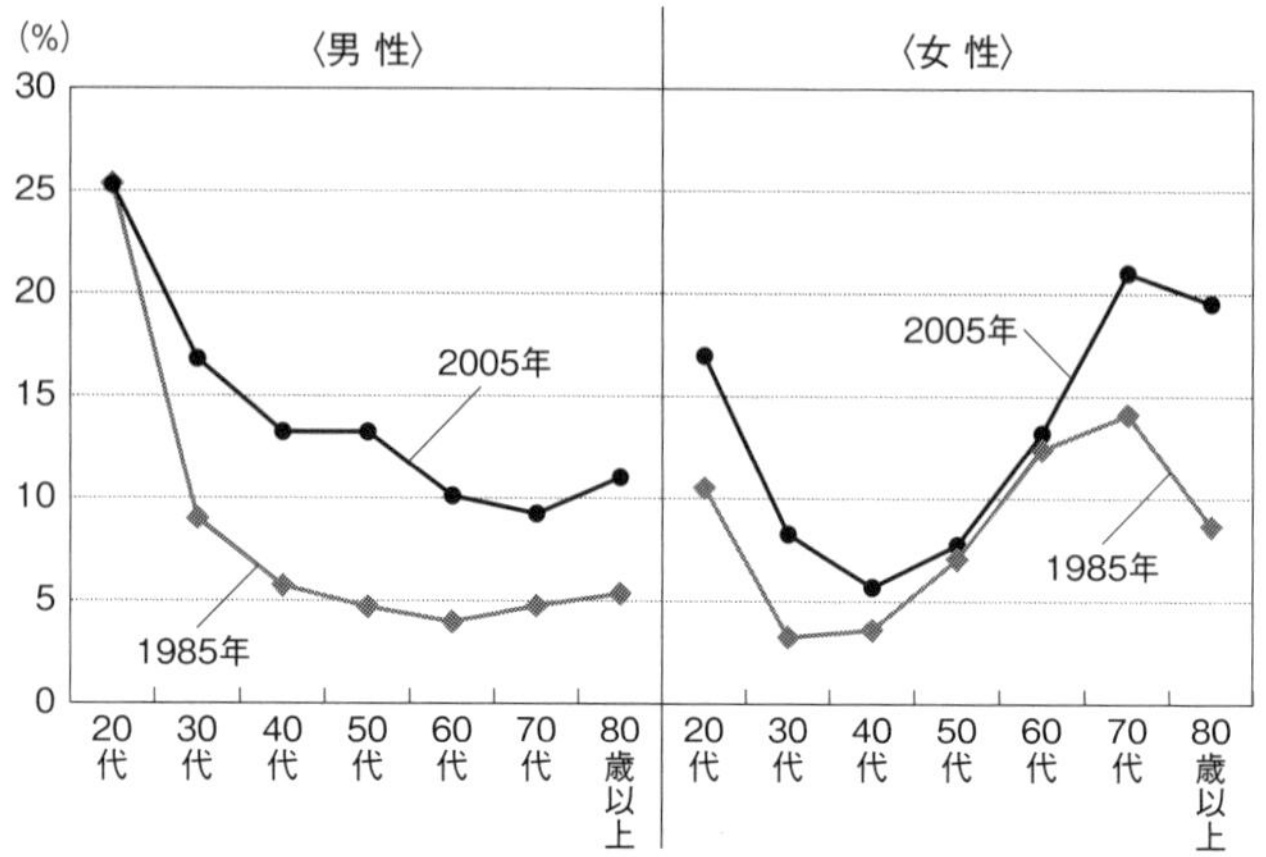

（資料）総務省『国勢調査』（時系列データ）により、筆者作成。

る単身者の割合を１９８５年と２００５年で比較してみよう。85年と05年の各年齢別人口を１００として単身世帯の割合をみれば、人口要因によらない単身世帯の増加状況を把握できる。

85年から05年にかけての単身世帯割合の変化をみると、男性では40代以上の年齢階層、女性では30代と70代以上の年齢階層で上昇幅が大きい（図表１－９）。85年から05年にかけて、これらの年齢階層で「質的な変化」が大きかったと推察される。

（2）「質的な変化」をみる視点
――「非人口要因」の内容

では、「質的な変化」とは、どのような内容だろうか。以下では、単身世帯の増加をもたらした質的な変化について、２つの視点から分析していきたい。

ひとつは、配偶関係からの分析である。「未婚」「死別」「離別」「有配偶」の4つの配偶関係のうち、「未婚」「死別」「離別」は配偶者がいない人々である。配偶者がいないという点において、単身世帯になりやすい人々と考えられる（注12）。したがって、年齢階層別人口に占める未婚者・死別者・離婚者の割合の高まりは、単身世帯化を進めるひとつの要因と考えられる。

2つ目の視点は、「親あるいは子供との同居／別居関係」からの分析である。例えば、未婚者・離別者・死別者であっても、親や子供と同居していれば単身世帯にはならない。この点で、配偶関係とは別に、親あるいは子供との同居／別居関係をみていく必要がある。

そして、基本的に単身世帯は、①配偶者のいない人（未婚、離別、死別）であり、かつ、②親や子供と同居しない人、で形成されると考えられる。以下では、この2つの視点を用いて、どちらの影響から単身世帯が増加したのかという点を考えていきたい。

なお、上記①と②を満たせば、必ず単身世帯が形成されるわけではない点に留意を要する。第一に、配偶者がなく、親あるいは子供と別居していても、病院や老人ホームなどに入院・入所した場合には、統計上「単身世帯」にカウントされないことである。特に、未婚の高齢者では入院・入所者数の割合が高まるので、①かつ②の割合が増えても単身世帯の増加に直結しない場合が考えられる。

第二に、配偶者のいない人が親や子供と同居しなくとも、友人や兄弟姉妹で同居していれば単身世

（注12）ただし有配偶であっても、単身赴任などで単身世帯となることは考えられる。

帯にならないことだ。特に第一の制約が大きいため厳密な分析は難しいが、配偶関係と同居関係の変化から単身世帯の増加をもたらした質的な変化（非人口要因）を把握していきたい。

（3）配偶関係からみた単身世帯の増加要因

まず、質的変化に関連して、1985年から2005年にかけてどのような配偶関係をもつ単身者が増加したのか、男女別・年齢階層別に分析していこう。図表1－10は、非人口要因による単身世帯の伸び率について、4つの配偶関係の寄与度をみたものである。

男性の非人口要因による伸び率をみると、60代が最も高い。そして60代の非人口要因の伸び率の内訳をみると、5割弱は「未婚」の増加であり、4割が「離別」の増加となっている。

60代に次いで、非人口要因による伸び率が高いのは50代男性である。50代の内訳をみると、伸び率の6割強は「未婚」の増加であり、2割強が「離別」の増加となっている。また、50代では、有配偶の単身世帯も1割強影響している。企業による男性社員の単身赴任の増加が影響していると推察される。

そして40代以下の若い年齢階層では、「未婚」の単身者の増加が主因である。こうしてみると、60代以下の年齢階層における単身世帯の増加要因としては、未婚が増えたことの影響が大きい。

一方、70代と80歳以上の年齢階層では、非人口要因による単身世帯の伸び率のうち「死別」が大きな影響を与えている。具体的には、70代では伸び率全体の4割強、80歳以上では伸び率の8割が「死

図表1-10：非人口要因による単身世帯の伸び率　―寄与度分析―

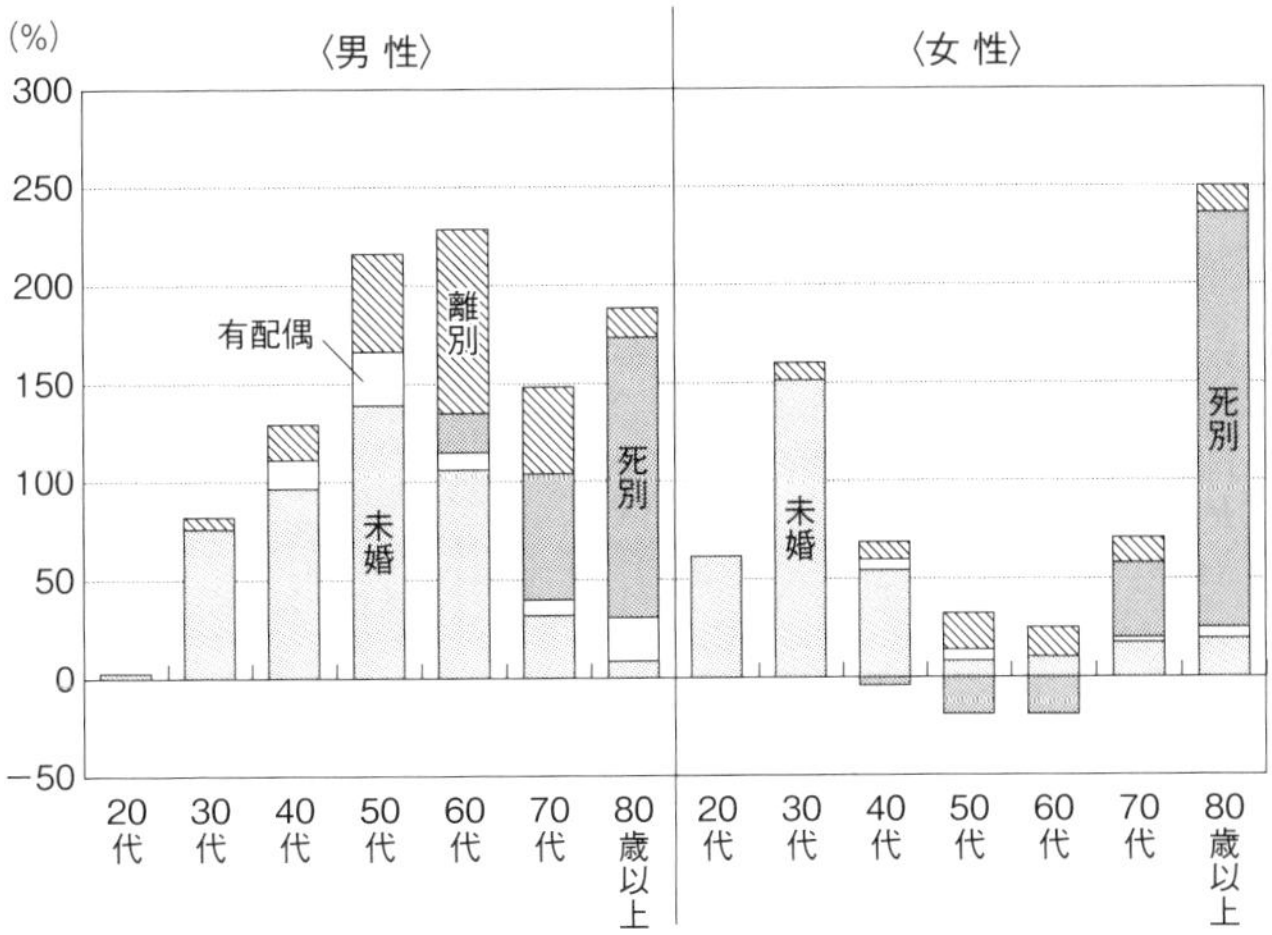

（注）１.寄与度分析の方法は、下記の通り。
①男女別・年齢階層別に、1985年から2005年にかけての単身世帯の増加倍率について、配偶関係別の寄与率を算出。
②図表1−8で求めた非人口要因による単身世帯の増加倍率に①をあてはめる。
２.なお、2005年の国勢調査においては、単身者の配偶関係に関する「不詳者」が多数みられ、1985年と単純比較が難しい。そこで、1985年、2005年共に「不詳者」を除いて、把握できている４分類の単身世帯数から配偶関係の各割合を求めた。
（資料）総務省『国勢調査』（時系列データ）により、筆者推計。

別」となっている。

女性の30代は「未婚」、80歳以上は「死別」の増加

次に、女性の非人口要因による伸び率をみると、80歳以上の年齢階層が最も高く、８割強が「死別」の増加によるものである。２番目に非人口要因による伸び率が高いのが30代であり、９割強が「未婚」の増加によるものである。

このようにみると、１９８５年から２００５年にかけての単身世帯増加の質的な変化としては、男性の30～50代、女性の30代では「未婚」単身

図表1-11：年齢階層別人口に占める未婚者・離別者・死別者の割合の変化

—1985年と2005年の比較—　　（単位：%）

		男性							女性						
		20代	30代	40代	50代	60代	70代	80歳以上	20代	30代	40代	50代	60代	70代	80歳以上
未婚者	85年	76.7	20.6	6.1	2.6	1.4	0.8	0.7	56.5	8.4	4.6	4.4	3.0	1.5	0.9
	05年	81.8	39.0	19.6	11.8	4.9	2.0	1.0	72.9	25.5	10.2	5.6	4.0	3.9	2.6
	差	5.1	18.5	13.5	9.1	3.5	1.2	0.3	16.4	17.2	5.6	1.3	1.0	2.4	1.7
離別者	85年	0.3	1.8	2.8	2.5	1.8	1.4	1.0	0.9	3.6	4.5	4.3	3.8	2.3	1.6
	05年	0.7	2.8	4.8	5.6	4.7	2.5	1.2	1.8	5.9	8.0	8.1	6.0	4.0	2.7
	差	0.4	1.0	2.0	3.1	2.9	1.2	0.2	0.8	2.2	3.5	3.8	2.2	1.6	1.1
死別者	85年	－	－	－	－	5.4	14.8	37.7	－	－	－	－	30.5	61.4	86.6
	05年	－	－	－	－	4.0	9.8	24.8	－	－	－	－	15.7	38.0	74.5
	差	－	－	－	－	－1.3	－5.1	－12.9	－	－	－	－	－14.8	－23.4	－12.1

（注）1.差は「2005年の割合－1985年の割合」。
　　　2.網掛け部分は、２桁以上の増減のある箇所。
（資料）総務省『国勢調査』（時系列データ）により筆者作成。

者の増加の影響が大きく、男性60代では主に「離別」と「未婚」による伸び率が同程度影響する。そして70代以降の単身者の増加は、男女共に「死別」の単身者の増加による影響が大きいと推測される。

社会全体からみた配偶関係の変化

では、１９８５年から２００５年にかけて、実際に30～60代で未婚者や離別者の割合は高まっているのであろうか。また、70代以降では死別者の割合は増えているのであろうか。

まず、85年から05年にかけての男女別・年齢階層別人口に占める未婚者・離別者・死別者の割合変化をみると、男女共に未婚者の割合は増加している（図表１－11）。特に男性の30代・40代、女性の20代・30代で大きく上昇している。また離別者の割合も全ての年齢階層で増加している。特に女性の50代で上昇幅が大きい。

一方、60歳以上の死別者の割合は低下している。これは、長寿化の影響によって、夫婦共に長生きをするようになったことの影響ではないかと考えられる。

ところで、死別者の割合が低下することは、基本的には単身者の伸びを抑制する方向に働くはずである。それにもかかわらず、男女共に70代以上の年齢階層で、配偶者と死別した単身者が大きく増加している（図表1－10）。これは一体なぜだろうか。

（4）親子の同居率の変化

そこで、2つ目の視点である親子の同居関係をみていこう。なお、統計上の制約があって、同居率は1995年からの推移しかみることができないので、以下では95年から05年の10年間の変化をみていく。

まず、未婚者について親との同居率をみると、男女共に20代を除いて全ての年齢階層で親との同居率が上昇している（図表1－12）。特に、40代・50代の単身男女で増加幅が大きい。

未婚者による親との同居率の上昇は、単身世帯化を抑制する効果をもつはずである。それにもかかわらず、男性は30代から60代、女性では30代と40代にかけて未婚の単身者が大きく増加している。これは、未婚者による親との同居率の上昇以上に、各年齢人口に占める未婚者の割合が増加したことの影響と考えられる。つまり、未婚の単身者の増加は、未婚者が親と同居しなくなったことによる影響ではなく、未婚率の上昇によるものと考えられる。

図表1-12：年齢階層別にみた未婚者・離別者の親との同居率の変化

（単位：％）

		男性（子供の年齢）						女性（子供の年齢）					
		20代	30代	40代	50代	60代	70歳以上	20代	30代	40代	50代	60代	70歳以上
未婚者	95年	64.0	58.9	47.2	23.3	8.0	1.0	76.0	64.9	48.1	26.6	9.9	1.3
	05年	63.6	60.3	56.2	36.2	11.1	1.6	71.0	65.3	56.8	36.7	12.8	1.4
	差	－0.4	1.4	9.0	13.0	3.1	0.6	－5.0	0.4	8.8	10.0	2.9	0.1
離別者	95年	44.4	42.1	32.0	16.0	6.0	0.7	42.3	32.1	19.7	10.7	4.7	0.7
	05年	57.0	46.8	40.5	25.6	7.9	1.2	45.7	32.8	25.0	15.6	5.5	0.6
	差	12.6	4.7	8.4	9.7	1.9	0.5	3.4	0.8	5.3	4.9	0.7	－0.1

（注）差は「2005年の割合－1995年の割合」。網掛け部分は、5％以上増加の箇所。
（資料）総務省『国勢調査』第3次集計第25表（2005年版）、特別集計第９表（1995年版）。

次に、離別者について親との同居率をみると、70歳以上の女性を除いて、親との同居率は男女共に上昇している（図表１－12）。したがって、離別の単身者の増加は、離別者が親と同居しなくなったことの影響ではなく、離別者の割合が増加したことの影響と考えられる。

配偶者と死別した老親と子供との同居率

では、１９９５年から２００５年にかけて、配偶者と死別した老親と子供との同居率にはどのような変化がみられるのだろうか。60歳以上で配偶者と死別した者について子供との同居率をみると、どの年齢階層においても同居率が低下している（図表１－13）。先述の通り、高齢人口に占める死別者の割合が低下しているのにもかかわらず、死別した単身者の割合が増えているのは、配偶者と死別した老親と子供との同居率が低下した影響と

図表1-13：年齢階層別にみた配偶者と死別した老親の子供との同居率の変化

（単位：％）

	男性（親の年齢）			女性（親の年齢）		
	60代	70代	80歳以上	60代	70代	80歳以上
1995年	53.0	57.3	66.6	58.0	62.9	69.7
2005年	46.4	46.4	54.0	52.7	52.7	57.8
差	－6.6	－10.9	－12.6	－5.3	－10.2	－11.9

（注）網掛け部分は、1995年から2005年にかけての減少幅が10％以上の箇所。
（資料）総務省『国勢調査』第3次集計第24表（2005年版）、特別集計第8表（1995年版）。

考えられる。

（5）未婚者・離別者は配偶関係の影響、死別者は同居関係の影響

以上、「配偶関係」と「親子の同居関係」から、単身世帯の増加について質的な側面をみてきた。興味深いのは、未婚や離別の単身世帯の増加は「配偶関係の変化」の影響が大きいのに対して、配偶者と死別した単身世帯の増加は、「同居関係の変化」が大きいと考えられる点である。

ただし、ここで考察したデータは、配偶関係については１９８５～２００５年の変化なのに対して、同居関係については95～05年の変化である。したがって、上記は85年から94年にかけての同居関係も95年以降と同様の傾向があったと仮定した場合の推論である。また、冒頭で述べた通り、上記データには病院や施設への入院・入所者が含まれているため、単身世帯の形成に直結しない場合もあることにも留意が必要である。

4 「未婚化」と「老親と子供の別居化」の進展

前節でみたように、単身世帯化を進める質的な変化――非人口要因――としては、若年層から中高年まで未婚者や離別者が増加したことと、高齢期において老親が子供と同居しなくなったことがあげられる。前者の配偶関係については、離婚の増加よりも未婚化の影響が大きい。

では、なぜ未婚化が進展するのであろうか。また、老親と子供が同居しなくなったことの背景にはどのような点が考えられるのであろうか。

(1) なぜ未婚化は進むのか

まず、若者を中心に未婚化が進む背景を考えてみよう。20～40代の未婚者を対象に「結婚の意思」を尋ねると、「いずれ結婚するつもり」と回答した者が、20代と30代男女の8割以上にのぼる（図表1－14）。40代になると、結婚の意思をもつ未婚者の割合は低下するが、それでも5～6割の未婚の男女が結婚の意思をもっている。

また、1992年と比べると、男性の20代と30代で結婚の意思をもつ者の割合が1・5～3・5％ポイント程度低下しているが、それほど大きな低下ではない。むしろ注目すべきは、「いずれ結婚するつもり」と回答する者が30代未婚女性で4・2％ポイント、40代の未婚女性で16・0％ポイントも

図表1-14：年齢階層別にみた未婚者における「結婚の意思」をもつ人の割合

（単位：％）

	男性			女性		
	20代	30代	40代	20代	30代	40代
1992年	91.3	84.5	61.9	91.4	76.4	37.1
2005年	87.9	82.9	63.4	91.6	80.6	53.0
05年－92年	－3.5	－1.5	1.5	0.3	4.2	16.0

（注）未婚者を対象に、「自分の一生を通じて考えた場合、あなたの結婚に対する考えは、次のうちどちらか」を問い、「いずれ結婚するつもり」「一生結婚するつもりはない」の２つから選択させたもの。上記割合は、「いずれ結婚するつもり」と回答した者の割合。
（資料）国立社会保障・人口問題研究所『平成17年わが国独身層の結婚観と家族観――第13回出生動向基本調査』厚生統計協会、2007年、162頁。

上昇している点である。未婚者の多くは「結婚の意思」をもっており、92年と比べても、結婚の意思をもつ者の割合が大きく低下しているわけではなさそうだ。

未婚者が結婚しない理由

では、「いずれ結婚するつもり」であるのにもかかわらず、なぜ未婚者は独身のままなのだろうか。この点、結婚の意思をもつ未婚者に「独身でいる理由」を尋ねると、全ての年齢階層において最上位にくる理由は「適当な相手にまだめぐり会わない」というものである（図表１－15）。

このほかの理由としては、「結婚する必要性をまだ感じない」と「独身の自由さや気楽さを失いたくない」があげられている。前者の理由は、20代の男女で第２位となっているのに対して、後者の理由は、30代と40代の男女で第２位となっている。

この調査を行った国立社会保障・人口問題研究所では、「独身でいる理由」として掲げた10項目について、「結婚し

図表1-15：「結婚の意思」をもつ未婚者が独身でいる理由

（単位：%）

		男性			女性		
		20代	30代	40代	20代	30代	40代
結婚しない理由	結婚するにはまだ若すぎる	26	1	1	21	1	0
	結婚する必要性をまだ感じない	39②	31③	22	44②	30③	33③
	今は仕事（または学業）にうちこみたい	33③	17	9	34③	14	11
	今は、趣味や娯楽を楽しみたい	26	24	15	23	19	14
	独身の自由さや気楽さを失いたくない	30	35②	34②	32	42②	41②
結婚できない理由	適当な相手にまだめぐり会わない	42①	64①	78①	45①	66①	86①
	異性とうまく付き合えない	10	20	26③	5	12	10
	結婚資金が足りない	32	27	17	22	10	6
	結婚生活のための住居のめどがたたない	7	7	6	5	4	1
	親や周囲が結婚に同意しない（だろう）	5	3	3	9	5	8

（注）１．「いずれ結婚するつもり」と回答した未婚者に、「現在独身でいる理由」について、上記10項目から最高３つまでを選択してもらい、回答者に占める割合を示したもの。
２．選択肢には、上記10項目のほかに、「その他」「既に結婚がきまっている」があるが、本表では省略。
３．小数点第１位を四捨五入。
４．網掛けの部分は、各年齢階層の上位３位までの理由。丸数字はその順位。
（資料）国立社会保障・人口問題研究所編『平成17年　わが国独身層の結婚観と家族観——第13回出生動向基本調査』厚生統計協会、2007年、223-224頁より筆者作成。

ない理由」と「結婚できない理由」に分類している。例えば、上記の「独身の自由さや気楽さを失いたくない」は「結婚しない理由」に位置づけられ、一方「適当な相手にまだめぐり会わない」は「結婚できない理由」に区分されている。そして年齢階層が上がるにつれて、「結婚しない理由」よりも「結婚できない理由」が高まる傾向がみられるという(注13)。特に、30代

(注13) 国立社会保障・人口問題研究所編（２００７）『平成17年 わが国独身層の結婚観と家族観——第13回出生動向基本調査』46－47頁。

と40代の未婚男女の6～8割が「適当な相手にまだめぐり会わない」ことを独身でいる理由にあげており、結婚相手の欠如という壁が厚くなっている。

（2）老親と成人した子供との同居／別居関係

ところで、未婚者と離別者において親との同居率が高まる一方で、配偶者と死別した老親については子供との同居率は低下している。一見すると矛盾した現象のようにも思える。老親と成人した子供（成人子）との同居は進んでいるのか、進んでいないのか。

「老親と成人子の同居」には2つの方向性があり、「結婚をした成人子と老親との同居」は減少しているが、「配偶者のいない成人子と老親との同居」は増えている。図表1－16は、「65歳以上の者のいる世帯」について世帯類型別割合を1986年と2008年で比較したものである。まず、「結婚をした成人子と老親の同居」の減少は、「三世代世帯」の割合が86年の44・8％から08年の18・5％へと大きく減少していることに示されている。

一方、「配偶者のいない成人子と親との同居」が上昇している点は、「親と未婚の子供のみの世帯」が86年の11・1％から08年の18・4％へと7・3％ポイント上昇している点に示されている（注14）。これは、先ほどみた未婚者が親と同居する割合が上昇していることと一致している。

（注14）「親」の年齢が65歳以上なので、「未婚の子」は成人していると考えられる。

図表1-16：65歳以上の者のいる世帯について世帯類型別割合の推移

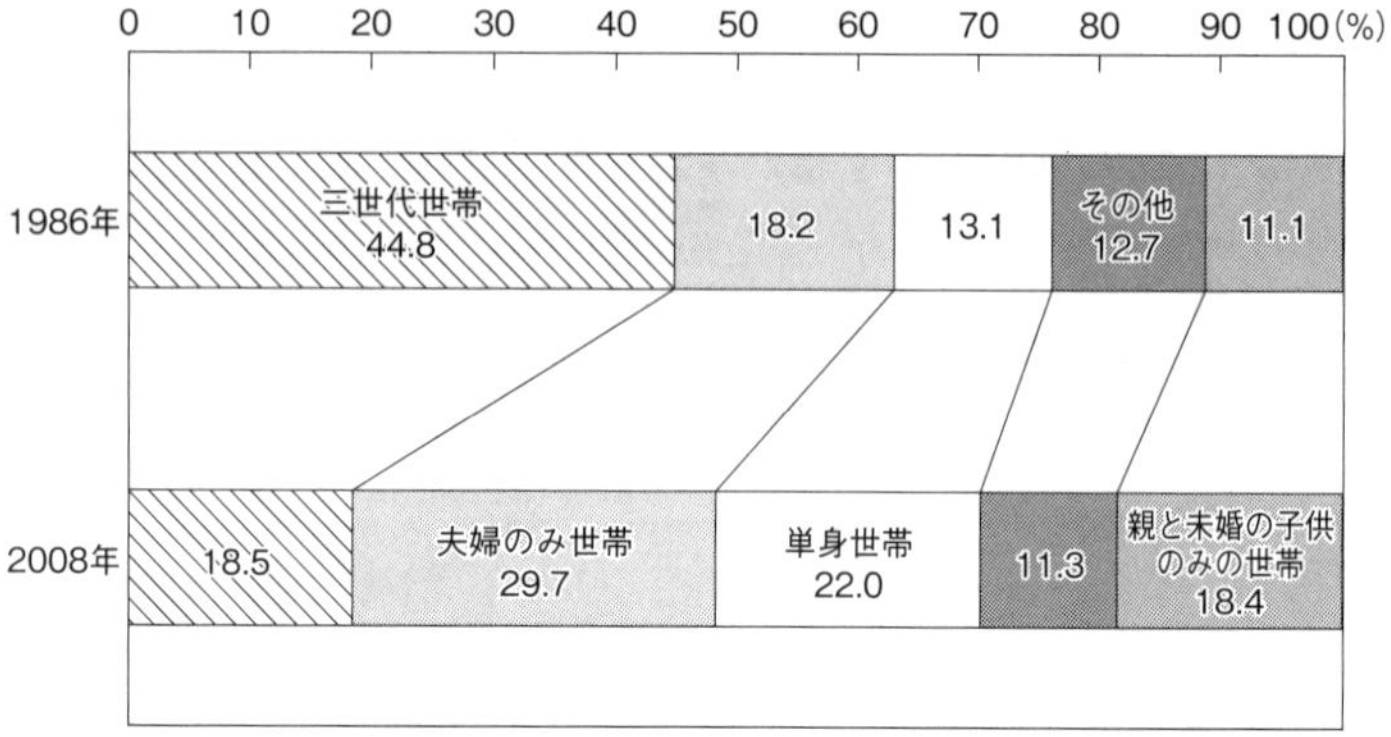

（資料）厚生労働省『平成20年国民生活基礎調査の概況』（2009年）より筆者作成。

未婚の成人子と老親との同居率が上昇している背景には、結婚した子（未婚の成人子の兄弟姉妹）が親と同居をしなくなったことと関連がある。つまり、未婚の成人子がそのまま親と同居し続けられる余地が大きくなった。また、親にとっても、自分の子供との同居であれば「嫁と姑」といった人間関係に悩まされずにすむという利点もあろう。

5 今後の単身世帯の動向
——２０３０年に向けての将来推計

では、単身世帯は今後どのように推移していくのであろうか。ここでは、国立社会保障・人口問題研究所編『日本の世帯数の将来推計（全国推計）——２００８年３月推計』に基づいて、２００５年から２０３０年までの単身世帯の動向をみていこう。

図表1-17：全世帯数に占める世帯類型別割合―将来推計

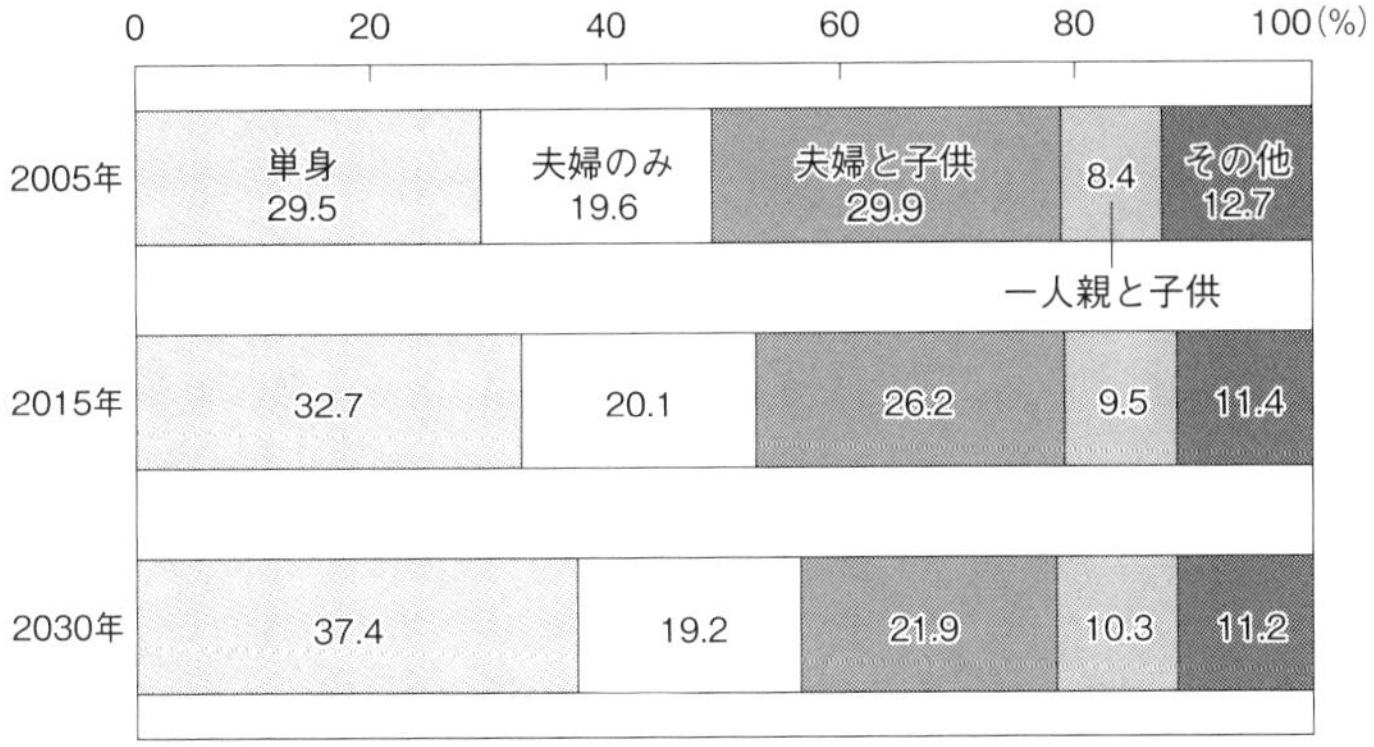

（資料）国立社会保障・人口問題研究所編『日本の世帯数の将来推計（全国推計）――2008年3月推計』により、筆者作成。

（1）２００５年から２０３０年にかけての変化

まず全体的な動向をみると、単身世帯数は２００５年の１４４６万世帯から２０３０年の１８２４万世帯へと、同期間で３７８万世帯、26・１％増加すると推計されている（図表１－４）。また、総人口に占める単身者の割合は、05年の11・３％から２０３０年には15・８％に高まる。

さらに、全世帯数に占める単身世帯の割合をみると、05年の29・５％から２０３０年には37・４％に上昇し、主な世帯類型の中で単身世帯の割合が最も高くなる（図表１－17）。

男女別・年齢階層別にみた単身世帯数の変化

上記で示したように、２００５年から２０３０年にかけての総人口に占める単身者の割合変化が11・３％から15・８％へと4・５％ポイント程度の増加なので、「社会に与える影響はたいしたことはない」と思われるかもしれない。

しかし、年齢階層別に単身世帯数の変化をみると、これまで多くの単身世帯を抱えていた20代の人口（世帯数）が少子化の影響を受けて大きく減少する一方で、中高年の単身世帯数が20代の減少数を上回る勢いで増加していく。このため、実際には４・５％ポイントという数字よりも社会に与える影響は大きい。

具体的に２００５年と２０３０年の単身世帯数を比べると、05年の男性では20代が最多であったが、２０３０年になると50代男性が最多となり、60代がそれに続く（図表１－18）。他方、女性の単身世帯数の形状をみると、05年は20代と70代をピークとする「ふたコブ型」であったが、２０３０年には80歳以上の２１４万世帯をピークに30代まで減少していく「すり鉢型」に変化していく。

年齢階層別の単身世帯の増加倍率をみると、05年から30年にかけて２倍以上に増加する年齢階層として、男性では60代以上の年齢階層、女性では80歳以上の年齢階層があげられる（図表１－19）。

年齢階層別人口に占める単身者割合の将来推計

次に、２００５年から２０３０年にかけての年齢階層別人口に占める単身者の割合の変化をみていこう。最も顕著な変化は、男性の50代と60代である。05年では60代男性に占める単身者の割合は10・１％であったが、２０３０年には24・９％となる。また、50代男性も05年の13・１％から30年には22・８％に上昇していく。つまり２０３０年には、20代男性（24・８％）と並んで、50代・60代男性

図表1-18：男女別・年齢階層別の単身世帯数の将来推計

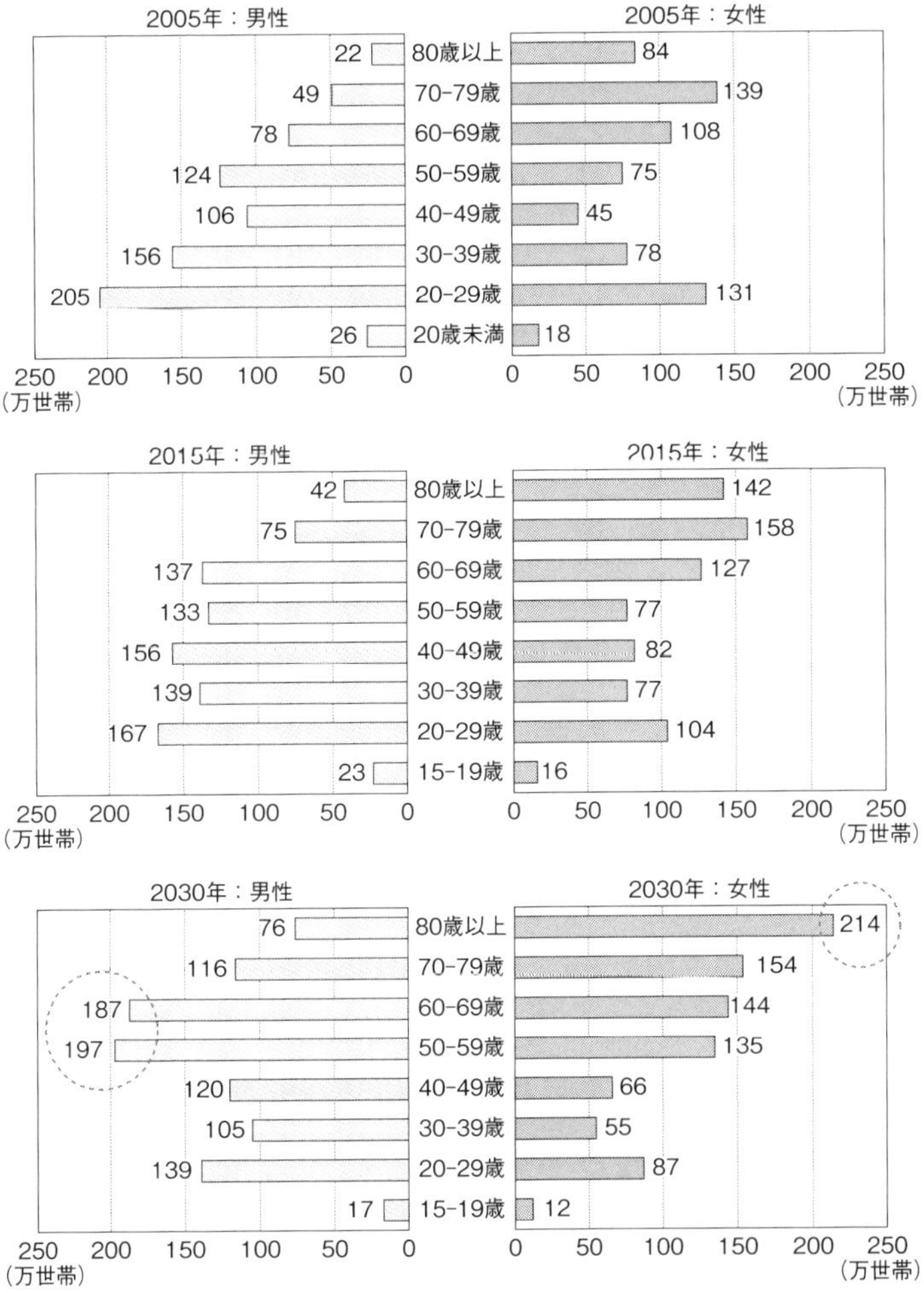

（資料）2005年は総務省『国勢調査』（実績値）、2015年と2030年は国立社会保障・人口問題研究所編『日本の世帯数の将来推計（全国推計）――2008年3月推計』による将来推計に基づき、筆者作成。

図表1-19：男女別・年齢階層別にみた2015年と2030年の単身世帯数の変化
（2005年＝１倍）

（単位：倍）

		20代	30代	40代	50代	60代	70代	80歳以上
2015年	男性	0.8	0.9	1.5	1.1	1.8	1.5	1.9
	女性	0.8	1.0	1.8	1.0	1.2	1.1	1.7
2030年	男性	0.7	0.7	1.1	1.6	2.4	2.4	3.4
	女性	0.7	0.7	1.5	1.8	1.3	1.1	2.6

（注）網掛け部分は、1.5倍以上の倍率を示す年齢階層。下線部分は、2倍以上の倍率を示す年齢階層。

（資料）国立社会保障・人口問題研究所編『日本の世帯数の将来推計（全国推計）――2008年3月推計』により、筆者作成。

のほぼ４人に１人が単身者となる（図表１－20）。

一方、女性では、50代女性の同割合が05年の７・９％から２０３０年には15・４％へと大きく増加する。

(2) なぜ単身世帯は増加していくのか

以上のように、２００５年から２０３０年にかけて、男女共に40代以上の年齢階層で単身世帯が増加していくとみられている。では、なぜ40代以上の年齢階層で単身世帯は増加していくのか。

まず、70代以上の単身世帯の増加は、これまでの傾向が続いて長寿化によって高齢者人口が増えていくことと、結婚した成人子が老親と同居をしないことの影響が大きいと考えられる。他方、40代から60代では年齢階層別人口は減少していく。それにもかかわらず、単身世帯数が増加するのは、未婚者や離婚者の増加といった質的な変化による（注15）。

（注15）国立社会保障・人口問題研究所編（２００８ａ）、８頁。

図表1-20：年齢階層別人口に占める単身者の割合の推移

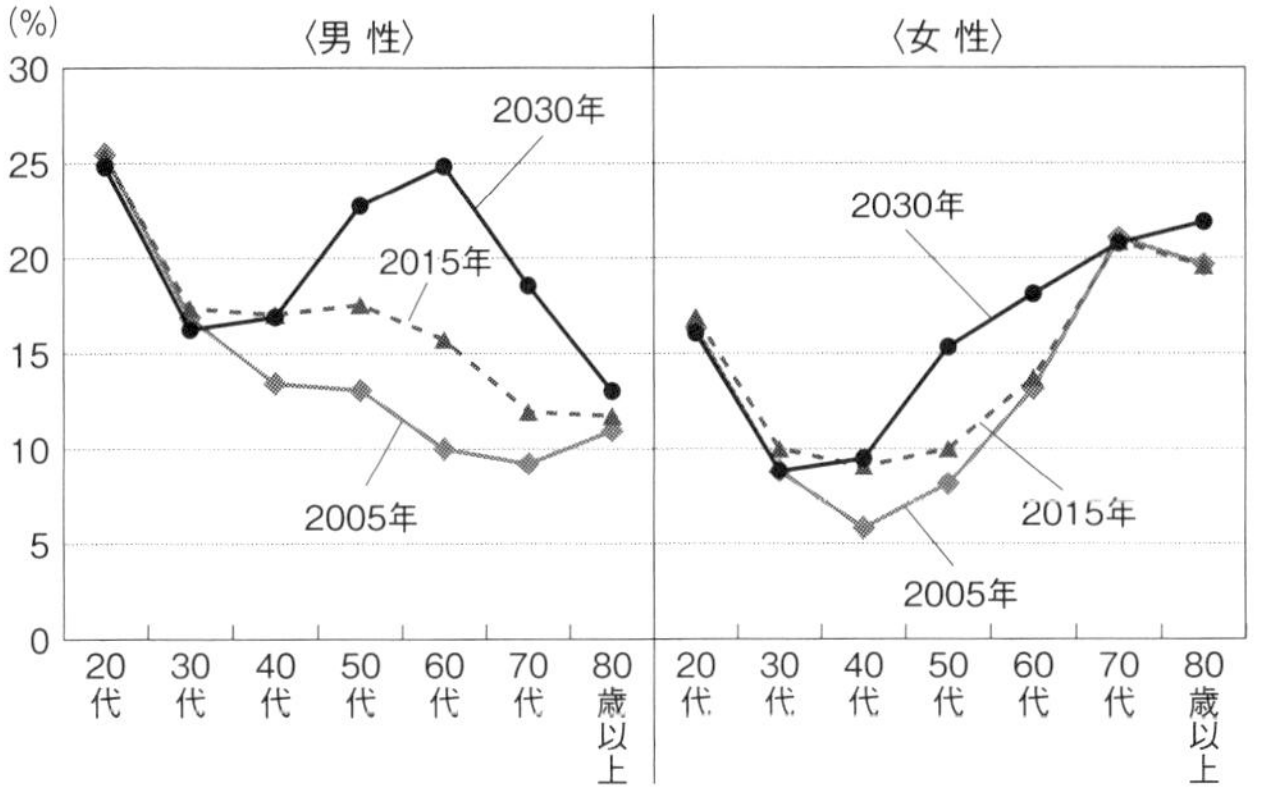

（資料）2005年は総務省『国勢調査』（実績値）、2015年と2030年は国立社会保障・人口問題研究所編『日本の世帯数の将来推計（全国推計）――2008年3月推計』に基づき、筆者作成。

特に、男性を中心にした中高年単身者の増加は未婚が主因と考えられる。50代と60代の各年齢階層別人口に占める未婚者の割合は、男女共に05年から2030年にかけて大きく上昇するとみられている（図表1－21）。これに対して、死離別者（死別者と離別者の合計）の割合は緩やかな上昇にとどまるので、中高年の単身世帯の増加は離婚や死別よりも未婚の影響が大きい。特に2030年には、50代男性の27・7％、60代男性の20・8％が未婚者になるとみられている。

（3）なぜ男性の未婚率は女性よりも高いのか

ここで改めて、図表1－21をみると、不思議な点に気づく。各年の女性の未婚率は男性のそれと比べて低い水準にあるが、マクロ的には男女の人口比が同じであれば未婚率も同じになるはずだ。それにも関わらず、なぜ男女の未婚率に差が生じ

図表1-21：50代と60代の年齢別人口に占める「未婚者」と「死離別者」の割合―将来推計

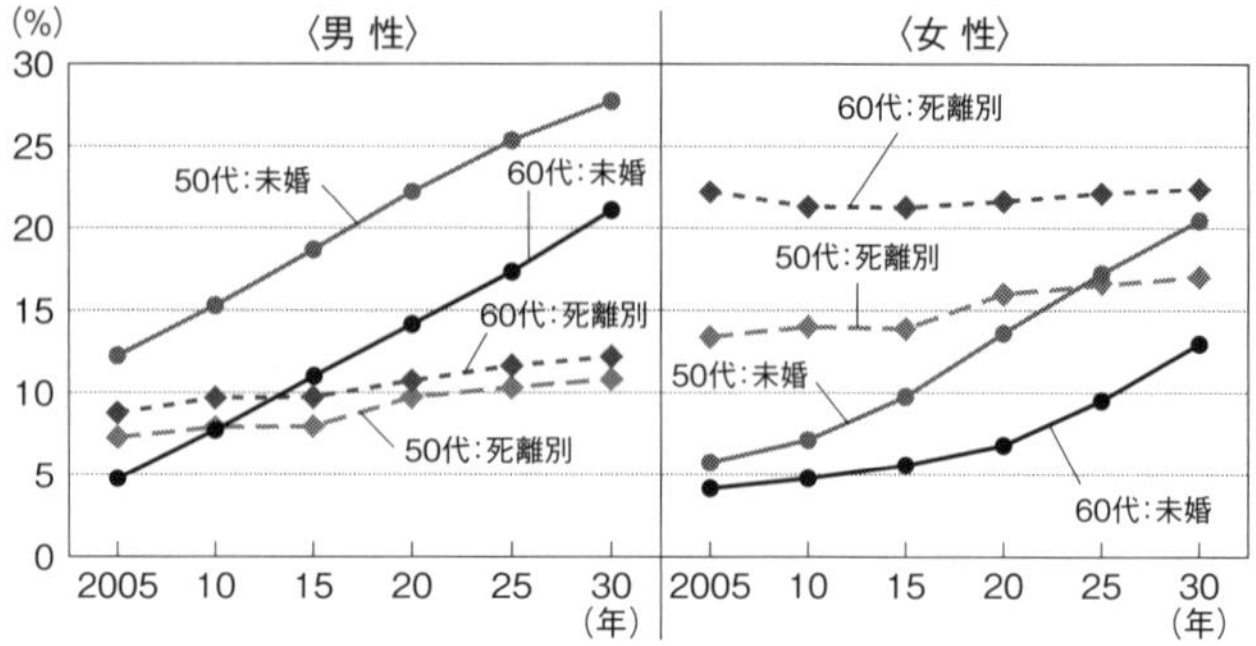

（注）１．上記は、「未婚」「死離別」「有配偶」という３つの配偶関係のうち、50代と60代の各年代別人口について「未婚」「死離別」の各配偶関係に属す人々の割合を示したもの。単身世帯の配偶関係を示したのではない点に注意。

２．2005年は実績値。2010年以降は推計値。

（資料）国立社会保障・人口問題研究所編『日本の世帯数の将来推計（全国推計）――2008年3月推計』（結果表４）により、筆者作成。

るのであろうか。

その要因として、下記の３点が指摘できる。第一に、医学の進歩による男性の乳幼児死亡率の低下があげられる。各年の出生者の男女比率でみると、出生性比は男性のほうが５〜６％ほど高いが、これまでは男性の乳幼児死亡率が女性よりも高いために、結婚適齢期を迎えるまでに男女の差は緩和されていた。例えば、１９５０年の０〜４歳児人口の男女比をみると男性が４・０％ほど多かったが、この世代が結婚適齢期に入る20年後の70年の20〜24歳人口の男女比をみると女性が０・７％多くなった。つまり、男性の乳幼児死亡率が高いために、結婚適齢期までに男女の人口はほぼ同数となったのである。

しかし、医学の進歩によって男性の乳幼児死亡率が低下したために、結婚適齢期の男性の人数が女性よりも過剰になったことが指摘されている

図表1-22：20〜34歳人口の男女差の推移

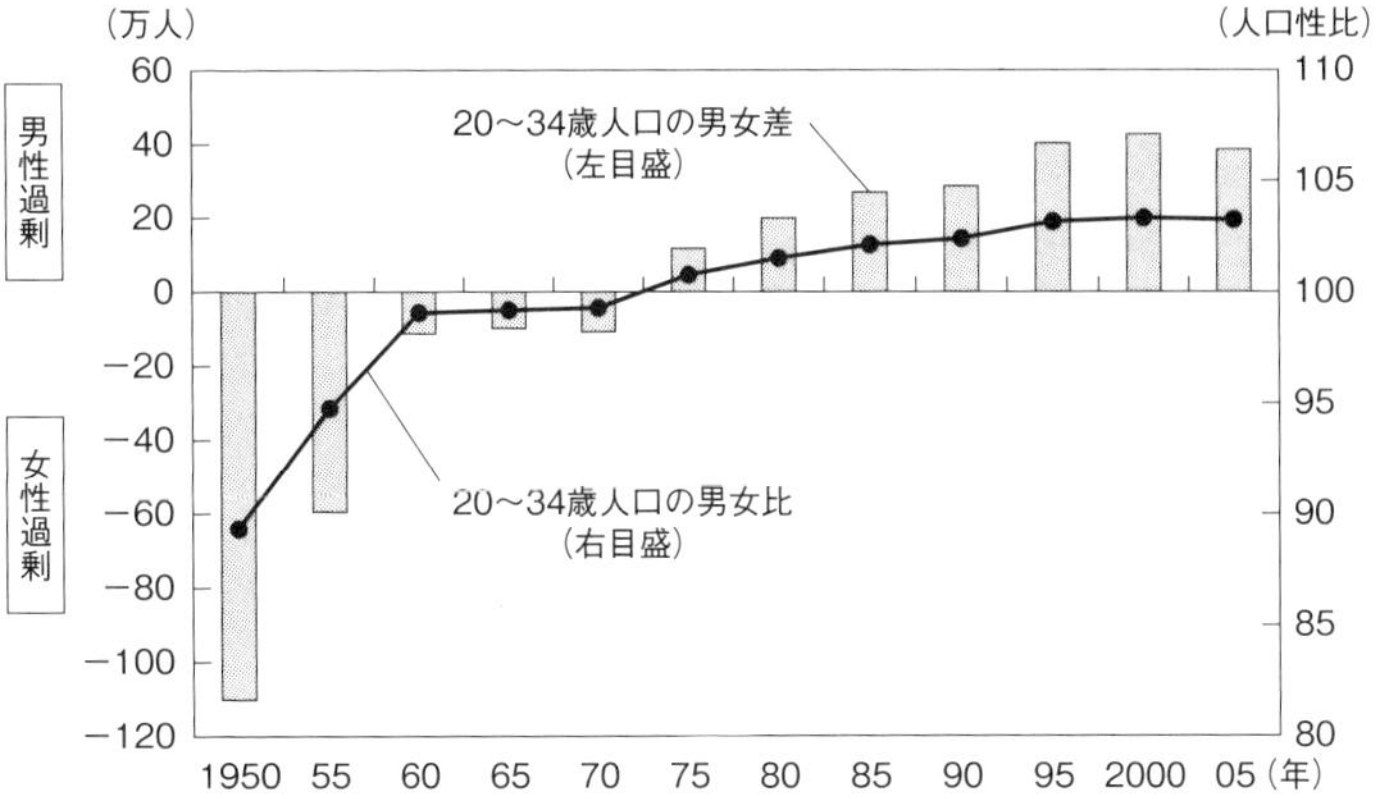

（注）男女差＝20〜34歳の男性人口－同女性人口、男女比＝20〜34歳男性人口／同女性人口
（資料）総務省『国勢調査』（時系列データ）、第2表により筆者作成。

（注16）。実際、85年の0〜4歳児人口の男女比も男性が4・7％ほど多いが、結婚適齢期に入る05年の20〜24歳人口の男女比をみると男性が4・2％多くなっている。

戦後の20〜34歳の男女の人口差と人口性比の推移をみると、75年から結婚適齢期の男性人口が女性人口を上回り、05年には男性が38・8万人多い（図表1－22）。人口性比でみても、95〜05年にかけて結婚適齢期の男性のほうが3％程度女性人口を上回っている。これが、男性の未婚化を進展させた一因と考えられる（注17）。

第二に、男性には年下の女性と結婚する傾向が

（注16）鈴木透（2006）「人口減少と世帯・家族」（『オペレーションズ・リサーチ』2006年1月号、22－23頁）。
（注17）ちなみに、1950年代に20〜34歳の女性人口が男性よりも多かったのは、戦争によって同年代の若い男性が死亡した影響と考えられる。

みられることがあげられる。例えば、08年の男女の平均初婚年齢をみると、男性は１・７歳程度年下の女性と結婚している。少子化によって若い年齢階層ほど人口が少ないので、これも男性の結婚難の一因と考えられる。

第三に、男性のほうが女性よりも、再婚率が高いことも影響している。「未婚者」とは、一度も結婚したことのない人をいうので、離婚した男性が未婚（初婚）女性と結婚すると、男性の未婚者数は減少しないのに、女性の未婚者数のみが減少することになる。このため、男性の未婚者数のほうが女性よりも多くなることが考えられる。実際、05年に婚姻した夫婦のうち、「夫が再婚で妻が初婚」の婚姻件数は６・６万件なのに対して、「夫が初婚で妻が再婚」の件数は５万件にとどまっている（注18）。

本章のまとめ

本章を要約すると、下記の点があげられる。

- ２００５年現在、日本には１４４６万の単身世帯がおり、総人口の11・３％、総世帯数の29・5％を占めている。
- 男性の単身世帯は20代が最も多く、概ね年齢階層が高まるにつれて単身世帯数が減少する。こ

（注18）厚生労働省（２００６）『平成18年度「婚姻に関する統計」の概況』２頁。

れは結婚する人が増えるためである。年齢階層別に単身男性の配偶関係をみると、20代は未婚者が多いが、年齢階層があがるにつれて減少する。一方、30代以降徐々に離別者が増え、60代では未婚者と離別者がほぼ同程度になる。60代以降になると、妻と死別した単身世帯が増えていく。

- 単身女性は20代から40代にかけて減少するが、逆に50代から70代にかけて増加していく。これは女性の方が男性よりも平均寿命が長いために、夫と死別した単身女性が増える影響が大きい。
- 65歳以上の単身世帯について近居の家族の有無をみると、高齢単身世帯の５割強は、近居の子供がいないか、そもそも子供がいない。また今後は、男性を中心に未婚の高齢者が急増していく。未婚の高齢者には、老後を頼る配偶者や子供がいない人が多いと予想される。
- １９８５年から05年にかけての単身世帯の増加状況をみると、男性では50歳以上の各年齢階層で単身世帯が３倍以上になった。80歳以上の年齢階層では、男性で約5倍、女性で約7倍になった。注目すべきは、50代と60代男性で単身世帯が大きく増加している点である。
- 70代以上の男性や80歳以上の女性で単身世帯が大きく増加した要因としては、長寿化によって高齢者人口が増加したことと、結婚した成人子が老親と同居をしなくなったことがあげられる。一方、60代男性における単身世帯の増加は、同年齢階層の人口増加とともに、未婚者や離別者が増加した影響が大きい。また、50代男性の単身世帯の増加は、未婚者の増加が主因と考えられる。

• ２０３０年の単身世帯の将来推計をみると、高齢男女や中高年男性で単身世帯が増えるとみられている。特に50代と60代男性の４人に１人が単身世帯になる。中高年男性で単身者が増加するのは、未婚化の影響が大きい。そして未婚の中高年単身者が高齢期を迎えると、配偶者のみならず子供もいない点でこれまでの高齢単身者の状況とは異なる。家族による助け合いが、今よりも難しくなるだろう。

第2章 単身世帯はどの地域で増加してきたか

前章では、全国の単身世帯の増加状況とその要因についてみてきた。では、単身世帯は、どの地域で増加してきたのであろうか。また、今後どの地域で増加していくのか。本章では、まず人口集中地区と非人口集中地区に分けて単身世帯の増加状況について概観しよう。その後に、都道府県ごとの単身世帯比率の現状や将来の状況をみていこう。

1 単身世帯は人口集中地区に居住する

図表2－1は、世帯類型別に人口集中地区に居住する世帯割合をみたものである。2005年現在、単身世帯の8割は人口集中地区に居住している。他の世帯類型と比較して、単身世帯は人口集中地区

図表2-1：世帯類型別にみた「人口集中地区」に居住する世帯割合

（単位：％）

	世帯総数	単身世帯	夫婦のみの世帯	夫婦と子供からなる世帯	一人親子供からなる世帯	夫婦、子供と両親からなる世帯	夫婦、子供と一人親からなる世帯
1985年	65.9	79.8	66.3	68.4	70.0	34.1	47.6
2005年	70.9	80.4	69.9	71.5	71.9	33.8	47.9
05年−85年	5.0	0.6	3.6	3.1	1.8	−0.3	0.3

（資料）総務省『国勢調査』（時系列データ）より筆者作成。

に居住する傾向が明らかだ。また、既に1985年の時点で、単身世帯の8割は人口集中地区に居住しており、その割合にほとんど変化がない。

ちなみに「人口集中地区」とは、都市的地域あるいは市街地を指す。具体的には、市区町村の区域内で人口密度が4000人／平方キロメートル（㎢）以上の基本単位区が互いに隣接し、それらの隣接した地域の人口が5000人以上となる地区に設定される。郡部であっても、一定程度の人口が集まる市街地ならば、人口集中地区となる（注1）。

単身世帯が人口集中地区に居住する背景には、都市部には大学や企業などが集積していることから、親元を離れて一人暮らしをする若者が集まりやすいことがあげられる。また、都市的地域のほうがコンビニエンス・ストアや外食産業が発達しているなど、一人暮らしに適したインフラが整備されていることも影響しているのだろう。

（注1）昔は、「市部」は大都市・中都市、「町」は小都市、「村」は農村的地域、という区分があったが、「昭和の大合併」によって、市部にも農村地域が含まれるようになった。そこで、1960年の国勢調査より「人口集中地区」が設定された。

図表2-2：人口集中地区に住む単身世帯の割合

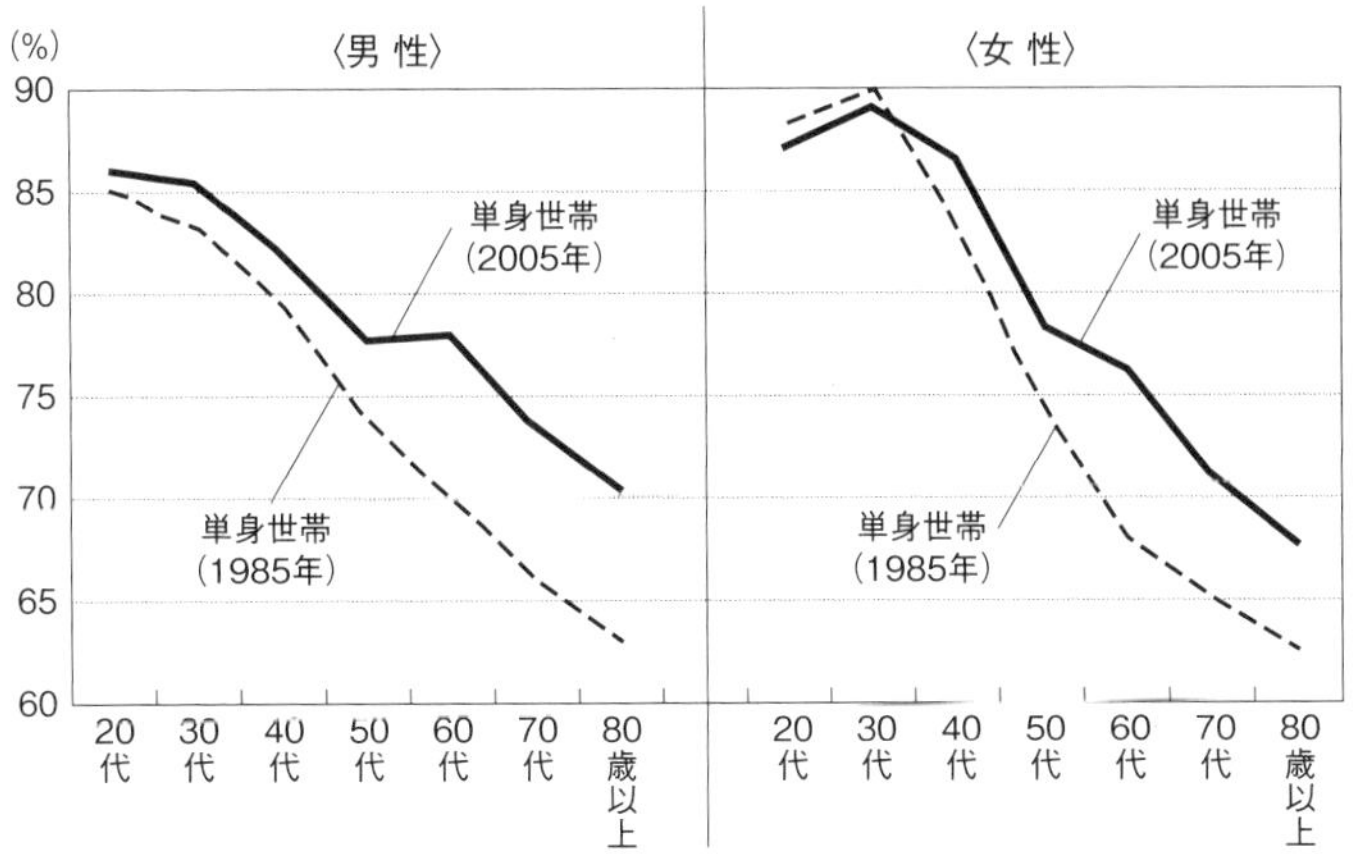

（注）1．上記は、単身世帯のうち人口集中地区に住む単身世帯の割合を年齢階級別に1985年と2005年で比較したもの。
　　2．「人口集中地区」とは、国勢調査基本単位区等を基礎単位として、1）原則として人口密度が1平方キロメートル当たり4,000人以上の基本単位区等が市区町村の境域内で互いに隣接して、2）それらの隣接した地域の人口が国勢調査時に5,000人以上を有する地域。
（資料）総務省『国勢調査』各年版により筆者作成。

年齢階層別にみた人口集中地区に居住する単身世帯の割合

年齢階層別に人口集中地区に居住する単身世帯の割合をみると、20代の単身男女の8～9割が人口集中地区に居住している（図表2－2）。年齢が上がるにつれて人口集中地区に居住する単身世帯の割合は低下していく。70代以上の高齢単身世帯では、7割前後は人口集中地区に居住し、3割前後が非人口集中地区に居住している。

また、1985年と比べると、非人口集中地域に居住する高齢単身世帯の割合は低下している。ただし、85年から05年にかけて70代と80歳以上の単身男性数（実数）は4～5倍、同単身女性数は3～7倍に増えている（図表1－7）。この点からすれば、「非人口集中地区」に居住する高齢単身世帯数（実数）自体は増加していると考えられる。今後も高齢単身世帯の増加は続くので、豪雪地帯の物資の配送や屋根の雪下ろしなど、住居や集落が点在する地域における高齢単身世帯への支援のあり方は、引き続き課題となるだろう。

2 都道府県別にみた単身世帯の現状

大都市圏で多い単身世帯

次に、都道府県単位で単身世帯を多く抱える地域をみていこう。都道府県の中で最も多くの単身世帯を抱えるのは、東京都である。2005年に東京都には244万世帯の単身世帯が暮らしており、東京都の全人口の19％が単身者となっている。そして、全国の単身世帯の17％が東京都に集中している（総務省『国勢調査』2005年版）。

東京都は人口規模が大きいので、単身世帯数が多いのも当然の結果といえる。ここでは、こうした都道府県ごとの人口規模の違いを取り除くため、各都道府県の年齢階層別人口に占める単身世帯比率を比べていこう。

男性の単身世帯比率は大都市圏を有する都府県で高い

図表２－３は、男女別・年齢階層別に２００５年の単身世帯比率の上位５位と下位５位の都道府県を記したものである。網掛け部分は、大都市圏を有する人口密度の高い都道府県（面積１平方キロメートルあたり人口１０００人以上の都道府県）を示す。具体的には、東京都、埼玉県、千葉県、神奈川県、大阪府、愛知県、福岡県の７つの都府県である。

まず、男性について単身世帯比率上位５位をみると、全体的に大都市圏を有する都道府県が多い。特に東京都は、全ての年齢階層においてトップである。東京都は単身世帯数が多いだけでなく、各年齢階層別人口に占める単身世帯比率も高い。

具体的には、東京都に住む20代男性の４割、30代男性の３割が単身世帯となっている。全国における20代男性の単身世帯比率は25・７％、同30代男性は16・８％なので、東京都の単身世帯比率は極めて高い。しかも、単身世帯比率が高いのは若年層だけではない。全国の40～60代男性の単身世帯比率が10～13％程度なのに対して、東京都の同年齢階層の単身世帯比率は２割前後の高い水準にある。

さらに、70代と80歳以上男性の単身世帯比率をみると、１位は東京都、２位は大阪府となっていて、独居老人の問題は大都市の問題であることが窺える。ただし上位５位には、高知県、鹿児島県、沖縄県などの非大都市圏も入っている。高齢男性の単身世帯比率は、非大都市圏でも高い地域がある。

単身世帯比率の下位５位（男性）をみると、どの年齢階層も、全て非大都市圏の地域となっている。特に山形県は、20代を除いてどの年齢階層においても下位５位に入っている。

図表2-3：都道府県別にみた男女別・年齢階層別人口に占める単身世帯比率（2005年）

男　性　（単位：%）

	20−29歳		30−39歳		40−49歳		50−59歳		60−69歳		70−79歳		80歳以上	
全国平均	25.7		16.8		13.4		13.1		10.1		9.3		11.0	
上位 1位	東京	40.9	東京	29.2	東京	22.5	東京	21.6	東京	17.4	東京	14.9	東京	18.3
2位	京都	31.9	神奈川	21.2	神奈川	16.6	大阪	16.4	大阪	14.0	大阪	14.7	大阪	16.8
3位	神奈川	30.4	北海道	19.3	北海道	15.5	神奈川	15.1	沖縄	13.5	沖縄	11.0	鹿児島	15.1
4位	北海道	28.8	愛知	17.5	大阪	14.8	沖縄	14.6	高知	12.2	兵庫	10.9	京都	13.6
5位	福岡	28.2	千葉	17.2	愛知	14.4	愛知	14.1	神奈川	11.1	高知	10.8	兵庫	13.4
下位43位	佐賀	15.6	奈良	9.8	和歌山	7.9	秋田	8.5	佐賀	6.3	福井	5.4	福井	6.4
44位	沖縄	15.5	山形	9.6	秋田	7.8	佐賀	8.4	福井	6.1	秋田	5.3	秋田	6.3
45位	秋田	15.5	佐賀	9.3	奈良	7.7	山形	8.3	岐阜	6.0	富山	5.2	富山	6.2
46位	奈良	12.5	秋田	8.9	山形	7.6	岐阜	8.2	富山	5.8	新潟	5.0	新潟	6.1
47位	和歌山	12.1	和歌山	8.9	佐賀	7.6	奈良	7.4	山形	5.8	山形	4.4	山形	5.3

女　性　（単位：%）

	20−29歳		30−39歳		40−49歳		50−59歳		60−69歳		70−79歳		80歳以上	
全国平均	17.1		8.5		5.8		7.9		13.1		21.1		19.5	
上位 1位	東京	30.4	東京	18.5	東京	12.5	東京	12.1	東京	17.4	鹿児島	30.6	鹿児島	34.5
2位	京都	25.5	北海道	11.8	北海道	7.9	北海道	11.1	高知	17.2	大阪	28.6	東京	29.6
3位	北海道	22.8	福岡	9.9	大阪	7.1	高知	10.8	鹿児島	17.1	東京	28.1	大阪	27.0
4位	宮城	21.0	鹿児島	9.4	福岡	6.6	沖縄	10.3	大阪	16.7	高知	27.2	高知	26.4
5位	鹿児島	20.1	沖縄	9.4	高知	6.6	鹿児島	10.1	北海道	16.7	北海道	25.9	宮崎	25.2
下位43位	富山	10.6	奈良	4.7	富山	3.1	岐阜	5.2	富山	9.2	栃木	14.1	福井	12.1
44位	群馬	10.4	滋賀	4.6	山形	3.1	茨城	5.1	滋賀	9.1	福井	13.9	茨城	12.0
45位	三重	10.0	福井	4.4	滋賀	3.1	富山	5.0	茨城	8.8	茨城	13.4	富山	11.4
46位	奈良	9.5	富山	4.1	岐阜	3.1	山形	5.0	新潟	8.7	新潟	13.2	新潟	11.2
47位	和歌山	6.9	和歌山	3.9	福井	2.9	滋賀	4.8	山形	8.0	山形	11.4	山形	10.0

（注）１．「全国平均」は、全国の男女別・年齢階層別人口に占める単身世帯の割合。
２．都道府県の網掛け部分は、面積１平方キロメートルあたり1,000人以上の人口をもつ都道府県（2005年）を示した。埼玉、千葉、東京、神奈川、大阪、愛知、福岡の７つの都府県が該当する。

（資料）総務省『平成17年国勢調査』により筆者作成。

女性の単身世帯比率は非大都市圏でも高い

次に女性について、都道府県別単身世帯比率をみると、20代から60代までは男性と同様に東京都がトップになっている。ただし、全体的に上位5位に入る都道府県は、男性に比べて非大都市圏の地域が多い。特に鹿児島県は、40代を除いて全ての年齢階層で上位5位に入っている。また、鹿児島県では、70代女性の30・6%、80歳以上女性の34・5%が単身世帯となり、東京都や大阪府といった大都市圏を抜いて全国でトップとなっている。実に70歳以上の高齢女性の3人に1人が単身世帯という状況だ。鹿児島県以外でも高知県、北海道といった非大都市圏が多くの年齢階層で上位5位に入っている。

一方、下位5位をみると、男性と同様に、全て非大都市圏の地域である。山形県は、単身女性でも、20代と30代を除いて全ての年齢階層で下位5位に入っている。また、70代・80歳以上の年齢階層の下位5位には、男女共に東北・北陸地方の県が多い。

3 都道府県ごとの単身世帯比率の違いはどこからくるのか

では、都道府県ごとの単身世帯比率の違いはどこからくるのか。単身世帯は、主として①配偶者のいない人（未婚者、離別者、死別者）の比率が高いこと（配偶関係）と、②配偶者のいない人が親あるいは子供と同居していないこと（同居関係）、の２つの要因から形成されると考えられる（注2）。

各都道府県では両者の関係はどのようになっているのだろうか。

ここでは、「50代男性」「30代女性」「70歳以上男性（70代と80歳以上の合計）」「70歳以上女性（同）」の４つの年齢階層を取り上げて、上記２つの要因による都道府県ごとの差異をみていこう。先に見た通り、これらの年齢階層では、質的な変化による単身世帯の増加率が高く、注目すべき年齢階層と考えられる。

なお、質的な変化による単身男性の伸び率は、50代男性よりも60代男性のほうが高いが、60代は退職した高齢者を含むので70歳以上の高齢男性と近い特徴をもつことが考えられる。そこで、現役世代である50代男性をみていくことにする。

（1）50代単身男性の都道府県別要因分析

まず、50代男性の単身世帯比率について、都道府県ごとに「50代男性の未婚率」と「50代未婚男性のうち親と同居する者の割合（同居率）」をみていこう。これら２つの軸によって、50代の単身世帯比率が、50代男性の未婚率の影響なのか（配偶関係の影響）、あるいは未婚者による親との同居率の影響なのか（親と子の同居関係の影響）、各都道府県の大まかな特徴を探っていこう。

（注２）有配偶者であっても別居していれば単身世帯を形成する要因になるが、統計上の制約があるので、ここでは有配偶の別居者を除いて考察していく。

なお、50代単身男性の配偶関係としては、「未婚」以外にも、「離別」「死別」「有配偶での別居」が考えられるので、上記２つの軸から都道府県別の単身世帯比率の全てを説明できるわけではない。しかし、全国の50代単身男性の配偶関係をみると、50・２％は未婚者であり（離別者24・５％、有配偶者21・２％、死別者４・０％）、最も高い割合を占める。したがって、ある程度の傾向をつかむことはできよう。

もう一点留意すべきは、統計上の制約があって、２つの軸における「未婚者」には老人ホームや病院に入院している人など「施設等の世帯」に属する人も含むことである。都道府県別の単身世帯比率の順位は、「世帯人員が１人の一般世帯」の順位であって、本来ならば「施設等の世帯」に属する未婚者は除くべきである。しかし、統計上、除去することは不可能である（注３）。この点は、50代男性に限ったことではなく、後述する他の年齢階層の分析においても同様である。

このような点から、都道府県別の単身世帯比率の順位と、「未婚率」と「同居率」をプロットした図表にはきれいに相関しない部分もあるが、都道府県ごとの大まかな傾向を把握することはできよう。

（注３）ちなみに、２００５年の全国の50代未婚男性のうち、「施設等の世帯」に属す人の割合は６・８％である（総務省『国勢調査』２００５年版、第９表）。

図表2-4：都道府県ごとにみた50代男性の未婚率と親との同居率（2005年）

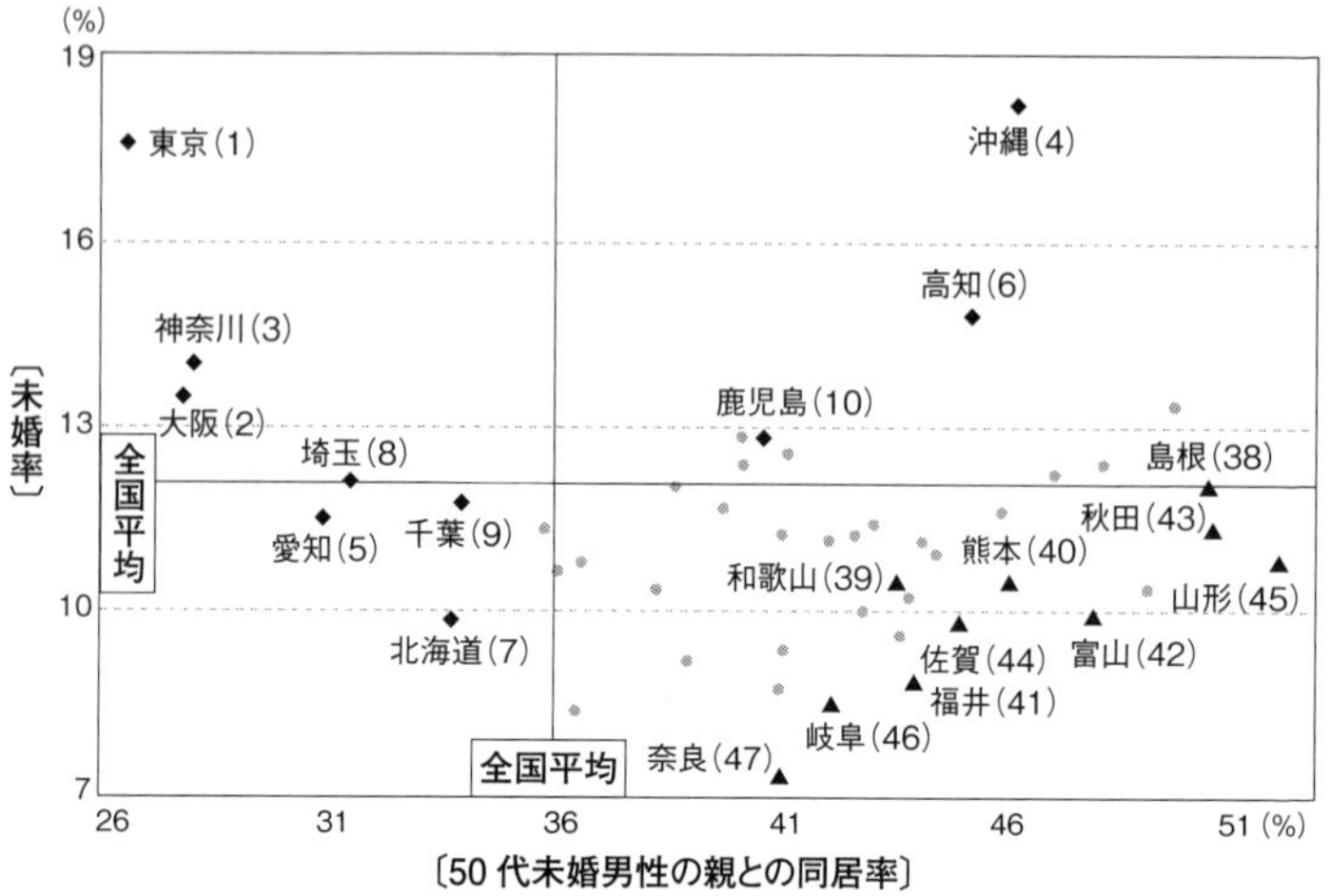

（注）1．「未婚率」とは、各都道府県における50代男性人口に占める未婚者の割合。「50代未婚男性の親との同居率」は、各都道府県の50代未婚男性のうち親と同居している者の割合。配偶関係、同居関係の不詳者を除いて算出。

2．50代男性の未婚率の全国平均は12.0％。50代未婚男性の親との同居率の全国平均は36.2％。

3．都道府県名の括弧内の番号は、各都道府県の50代男性人口に占める単身世帯比率の順位。

4．なお統計上の制約があるため、「未婚者」には「一般世帯」だけでなく、「施設等の世帯」に属する50代男性も含まれる。

5．「◆」は単身世帯比率上位10位。「▲」は下位10位。灰色の「・」は11～37位。

（資料）総務省『平成17年国勢調査』第3次基本集計により筆者作成。

「高い未婚率」と「低い同居率」の都道府県

図表2－4は、上記の2つの軸から都道府県をプロットするとともに、50代男性の単身世帯比率の上位10位と下位10位について都道府県名とその順位を記したものである。その上で、「50代男性の未婚率」と「50代未婚男性の親との同居率」について全国平均値を示して4つの領域に区分した。

左上の領域は、「50代男性の未婚率」が全国平均を上回り、かつ「50代未婚男性による親との同居率」が全国平均を下回る領域である。つまり「高い未婚率×低い同居率」の領域なので、２つの軸が共に単身世帯比率を高める要因になっている。この領域には、50代男性の単身世帯比率が上位の東京都（1位）、大阪府（2位）、神奈川県（3位）、埼玉県（8位）が入る。特に東京都では、未婚率が全国平均を大きく上回るとともに、同居率が非常に低い水準にある。

大都市圏で未婚者の比率が高いのは、先述の通り、多様なライフスタイルが発達していることや、一人暮らしを支えるインフラが整備されていることなどが大きい。一方、大都市圏で未婚者と親との同居率が低いのは、親を地方に残して大都市圏で就職した人が多いことや（注4）、住宅が狭いために地方圏よりも親との同居が難しいことなどの影響が考えられる。

高い未婚率が50代男性の単身世帯比率を高める地域――沖縄、高知、鹿児島

一方、右上の領域は「高い未婚率×高い同居率」であり、「高い未婚率」は単身世帯比率を高めるが、「高い同居率」は単身世帯比率を低める方向に作用する。この領域に入る上位10位の地域は、沖縄県（4位）、高知県（6位）、鹿児島県（10位）であり、いずれも非大都市圏であり、未婚率の高さが単身世帯比率を高めた要因と考えられる。

（注４）高塩純子（２００７ａ）「40歳代未婚者の家族との暮らし――２００５年国勢調査結果第一次基本集計及び第二次基本集計結果から」『統計』２００７年４月号、85頁。

実際、沖縄県の50代男性の未婚率は18・2％と東京都（17・6％）を上回り、全国で最も高い。また、高知県の50代男性の未婚率は14・8％と、沖縄県、東京都に次いで全国3位の水準である。

なお、上記の図表では未婚率しか示していないが、沖縄県や高知県では50代男性における離別者の割合（離別率）も高い。具体的には、2005年の全国の50代男性の離別率が5・7％なのに対して、高知県の同率は8・3％で全国1位、沖縄県は8・1％で全国2位となっている。離別率の高さも、単身世帯比率を高めた要因と考えられる。

また、鹿児島県についても、沖縄県と高知県と同様の点を指摘できる。鹿児島県の未婚率は全国平均を上回る水準であることに加えて、離別率は7・4％と全国4位である。50代男性の未婚率と離別率の高いことが、単身世帯比率を高めている。

低い同居率が50代男性の単身世帯比率を高める地域

他方、北海道（7位）は、沖縄県や高知県、鹿児島県とは異なる特徴をもつ。北海道では、「低い未婚率×低い同居率」の領域である。低い未婚率は単身世帯比率を抑制する要因になるので、北海道における50代男性の単身世帯比率の高さは、50代未婚男性の親との同居率が低いことが大きな要因と考えられる。

また、大都市圏ではあるが愛知県（5位）、千葉県（9位）も、北海道と同様の特徴をもつ。これらの県の未婚率は全国平均よりも低いが、同居率が全国平均を下回っているために、単身世帯比率が高いと考えられる。

単身世帯比率の低い県は「低い未婚率×高い同居率」に入る

右下の領域は「低い未婚率×高い同居率」であり、共に単身世帯を抑制する要因となる。この領域では、50代男性の単身世帯比率の下位10県（38～47位）が全て入る。

ただし、山形県（45位）のように、同居率が全国平均よりも著しく高い県もあれば、奈良県（47位）のように、未婚率が全国平均よりも著しく低い県もある。

(2) 30代単身女性の都道府県別要因分析

次に、30代女性の単身世帯比率の要因についてみていこう。図表２－５は、50代男性と同様に、都道府県別に「30代女性の未婚率」と「30代未婚女性の親との同居率」の２つを軸にとり、各都道府県の単身世帯比率の順位を記したものである。30代単身女性の配偶関係をみると、未婚者が９割程度を占めるので、50代男性よりも、単身世帯比率の順位と上記の２つの軸との関係が明確である。

具体的には、「高い未婚率×低い同居率」の左上の領域に、上位10位の都道府県のほとんどが入っている。具体的には、東京都（１位）、北海道（２位）、福岡県（３位）、鹿児島県（４位）、沖縄県（５位）、高知県（８位）である。その中でもトップの東京都は、未婚率の高さと、同居率の低さの両面で、他の道府県を圧倒している。

図表2-5：都道府県ごとにみた30代女性の未婚率と親との同居率（2005年）

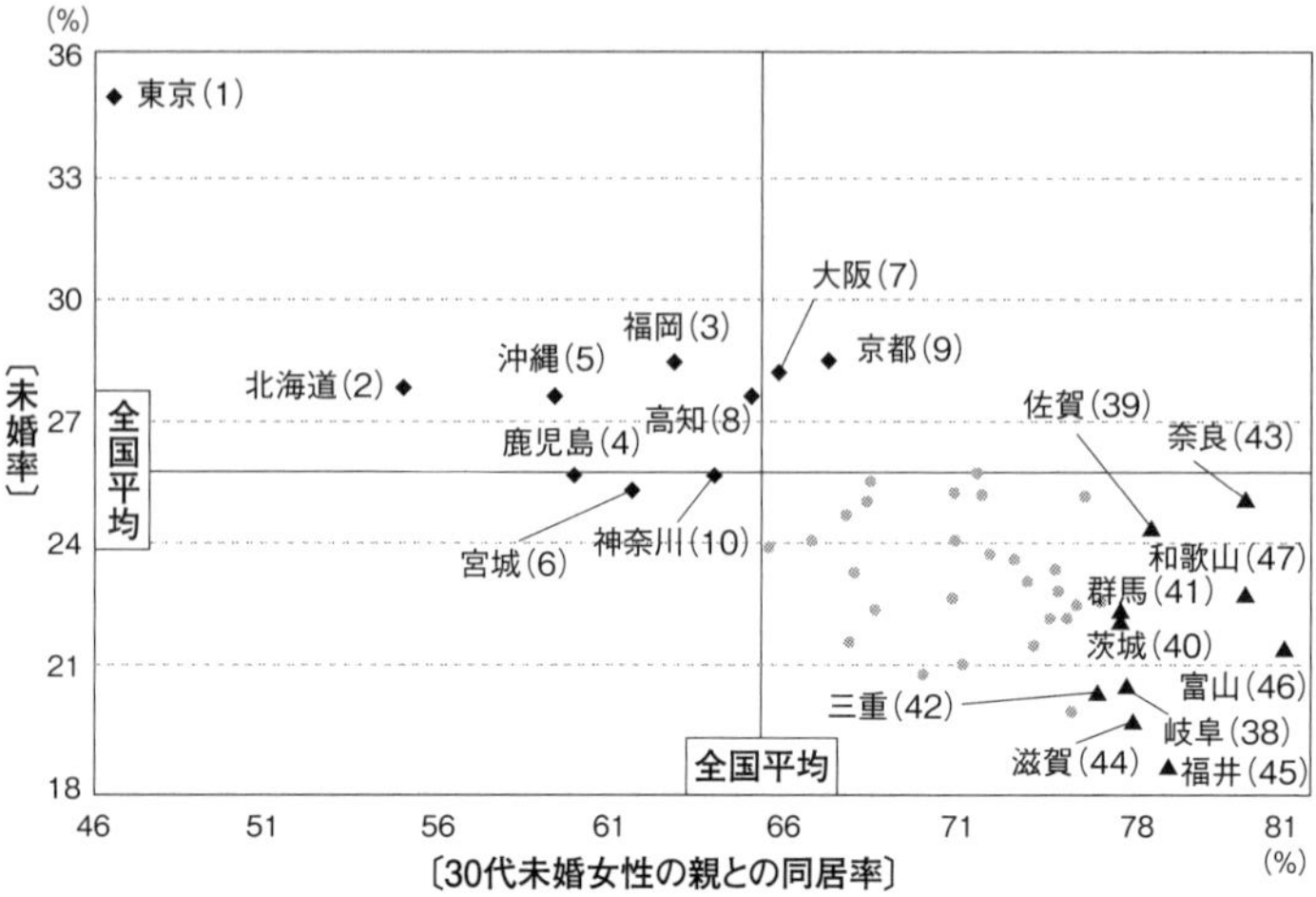

（注）1．「未婚率」とは、各都道府県における30代女性人口に占める未婚者の割合。「30代未婚女性の親との同居率」は、各都道府県の30代未婚女性のうち親と同居している者の割合。配偶関係、同居関係の不詳者を除いて算出。
2．30代女性の未婚率の全国平均は25.8％。30代未婚女性の親との同居率の全国平均は65.3％。
3．都道府県名の括弧内の番号は、30代女性人口に占める単身世帯比率の順位。
4．なお統計上の制約があるため、未婚率、同居率共に、「未婚者」には「一般世帯」だけでなく、「施設等の世帯」に属する30代女性が含まれる。
5．「◆」は単身世帯比率上位10位。「▲」は下位10位。灰色の「・」は11～37位。
（資料）総務省『平成17年国勢調査』第3次基本集計により筆者作成。

ちなみに、高知県の同居率は全国平均を若干下回る程度であるのに上位8位となっている。この背景には、同県の30代女性の離別者の割合の高さが影響している。全国の30代女性の離別者の割合は5・9％なのに対して、高知県の30代女性の離別率は8・9％となっていて、全国で最も高い。

「高い未婚率×高い同居率」と「低い未婚率×低い同居率」の都道府県

一方、上位10位のうち、大阪府（7位）と京都府（9位）は、右上の「高い未婚率×高い同居率」の領域に入る。大阪府と京都府では、高い未婚率が30代女性の単身世帯比率を高めている。

これに対して、宮城県（6位）と神奈川県（10位）は、「低い未婚率×低い同居率」の左下の領域に入る。ただし、両県の未婚率は全国平均を若干下回る程度であり、同居率の低さが単身世帯比率を高めた主因と考えられる。

単身世帯比率の低い県は全て「低い未婚率×高い同居率」の領域

そして「低い未婚率×高い同居率」を示す右下の領域には、30代女性の単身世帯比率の下位10位の全ての県が入る。未婚率については、全国平均を若干下回る奈良県（43位）から7％程度下回る福井県（45位）までやや幅がある。一方、下位10県の同居率は、全国平均を10％以上も上回っている。

（3）70歳以上の単身男性の都道府県別要因分析

次に、70歳以上の単身男性についてみていこう。図表2－6は、「70歳以上男性に占める死別者・離別者・未婚者の合計割合（死別・離別・未婚率）」（注5）を縦軸にとり、「70歳以上の死別者・離別者・未婚者に占める、子供と同居している者の割合（同居率）」を横軸にとったものである。縦軸については、死別者のみならず離別者や未婚者を加えて合計割合を求めたのは、70歳以上の単身男性では

図表2-6：都道府県別にみた70歳以上男性に占める「死別・離別・未婚者」の割合と「子供との同居率」(2005年)

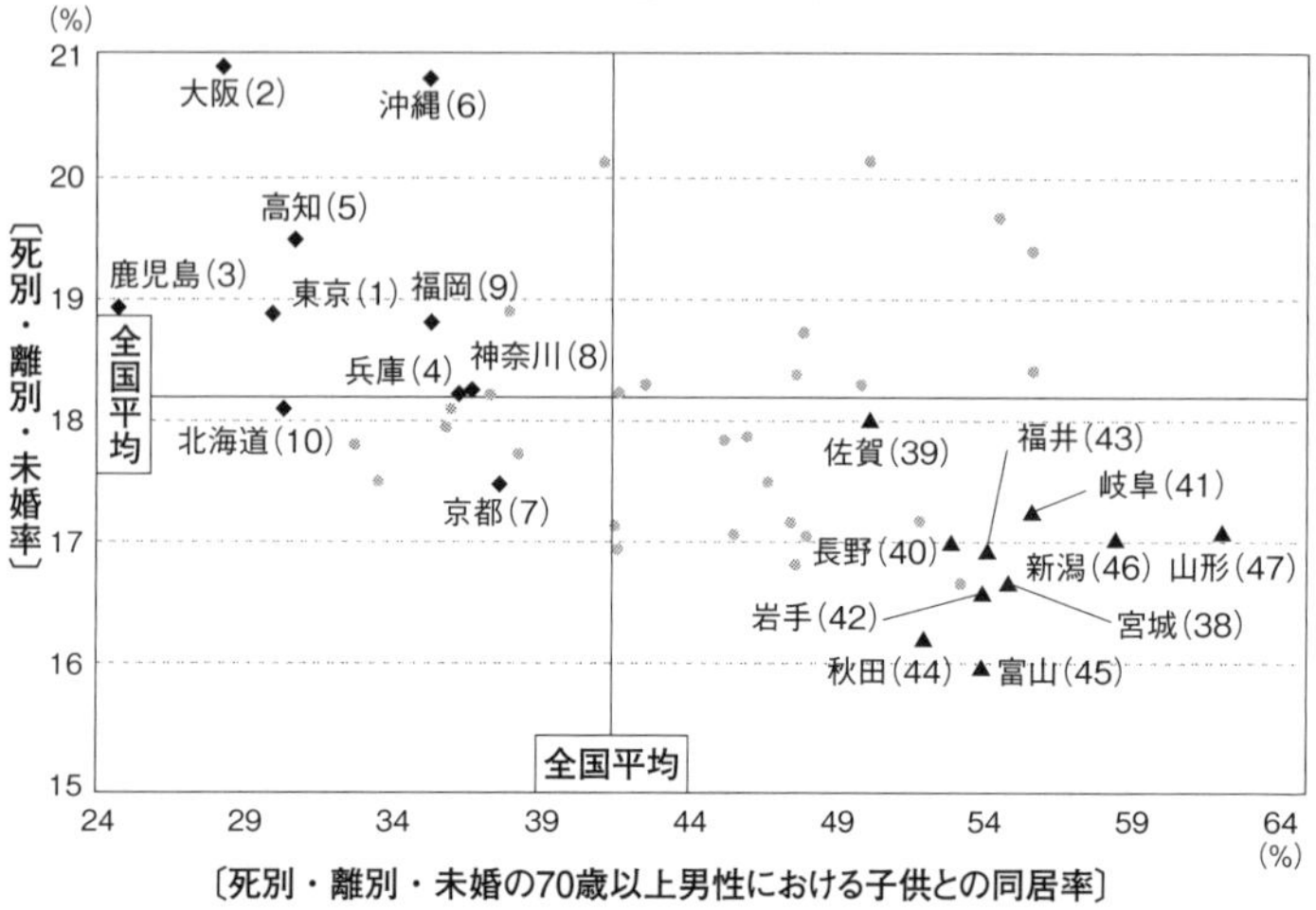

（注）１．縦軸は、各都道府県における70歳以上男性人口に占める「死別・離別・未婚者（合計）」の割合。全国平均は、18.2%。縦軸、横軸共に、不詳者を除いて算出。
２．横軸は、「死別・離別・未婚」した70歳以上男性の子供との同居率。全国平均は41.2%。
３．都道府県名の括弧内の番号は、70歳以上男性人口に占める単身世帯比率の順位。
４．なお統計上の制約があるため、縦軸と横軸の「死別・離別・未婚者」には「一般世帯」のみならず、「施設等の世帯」に属する人を含んでいる。
５．「◆」は単身世帯比率上位10位。「▲」は下位10位。灰色の「・」は11～37位。
（資料）総務省『平成17年国勢調査』第3次基本集計により筆者作成。

大都市圏を中心に未婚者や離別者の割合も相当程度高い水準となっているためである。

図表２－６をみると、左上の「高い死別・離別・未婚率×低い同居率」の領域に、単身世帯率の上位10位までの都道府県がほとんど入っている。例外は、京都府（７位）と北海道（10位）であり、両地域は「低い死別・離別・未婚率×低い同居率」の領域に入っており、同居率が低いことが単身世帯比率を高めた要因と

（注５）つまり、「(70歳以上の死別者＋離別者＋未婚者）／70歳以上男性人口」で算出。

考えられる。

他方、下位10位は全て右下の「低い死別・離別・未婚率×高い同居率」の領域に入っている。興味深いのは、「同居率」について地域差が大きい点である。最も同居率の低い鹿児島県では、死別・離別・未婚の70歳以上男性の25％しか子供と同居していないのに対して、最も同居率の高い山形県では61％の同男性が子供と同居をしている。

なお、70歳以上男性では、先述の50代男性や30代女性に比べて、単身世帯比率の順位と、２つの軸における位置づけがきれいに相関していない。これは、70歳以上になると、50代や30代に比べて老人ホームや病院などへの入院・入所者の割合が高くなるためと考えられる。

（4）70歳以上の単身女性の都道府県別要因分析

同様の方法で、70歳以上女性についても「死別・離別・未婚率」を縦軸にとり、死別・離別・未婚者の子供との「同居率」を横軸にして、70歳以上女性の単身世帯比率の順位をみていこう。左上の「高い死別・離別・未婚率×低い同居率」の領域に、上位10位のほとんどが入る（図表２－７）。

鹿児島県（１位）では、死別・離別・未婚の高齢女性の３割しか子供と同居しておらず、同居率が際立って低い。また、高知県（４位）、大阪府（３位）、山口県（６位）も、鹿児島県ほどではないが「同居率」が低く、「死別・離別・未婚率」が高い。一方、東京都（２位）、宮崎県（５位）、北海道（７位）は、「死別・離別・未婚率」は全国平均並みだが、「同居率」が低い。

図表2-7：都道府県別にみた70歳以上女性に占める「死別・離別・未婚者」の割合と「子供との同居率」(2005年)

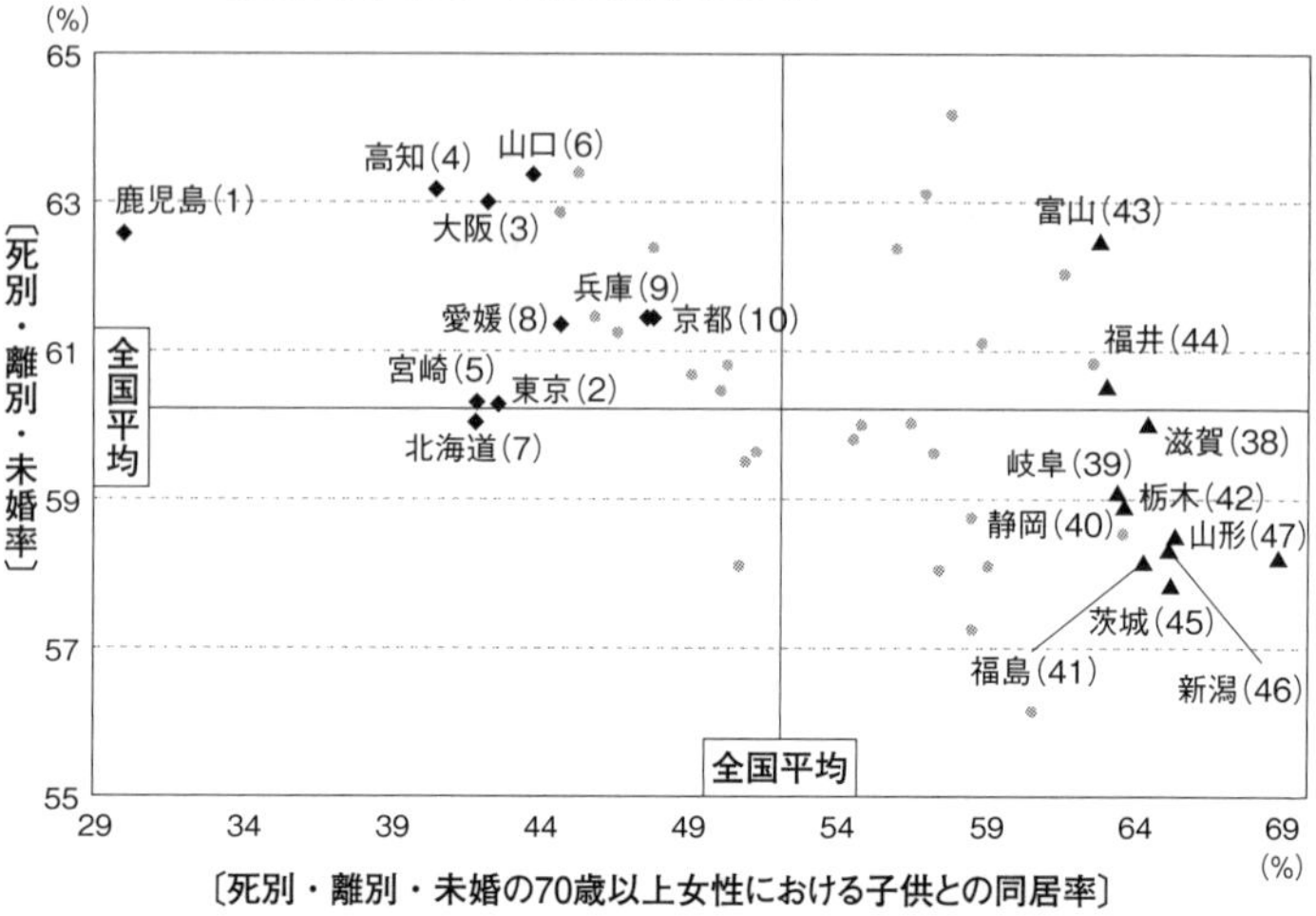

(注) 1．縦軸は、各都道府県における70歳以上女性人口に占める「死別・離別・未婚者(合計)」の割合。全国平均は、60.3%。縦軸、横軸共に、不詳者を除いて算出。
2．横軸は、「死別・離別・未婚」した70歳以上女性の子供との同居率。全国平均は51.6%。
3．都道府県名の括弧内の番号は、70歳以上女性人口に占める単身世帯比率の順位。
4．なお統計上の制約があるため、縦軸と横軸の「死別・離別・未婚者」には「一般世帯」のみならず、「施設等の世帯」に属する人を含んでいる。
5．「◆」は単身世帯比率上位10位。「▲」は下位10位。灰色の「・」は11〜37位。
(資料) 総務省『平成17年国勢調査』第3次基本集計により筆者作成。

他方、下位10位のほとんどは、「死別・離別・未婚率」が低く、「同居率」が高い右下の領域に入っている。

また、「同居率」は最も低い鹿児島県の30%から、最も高い山形県の68%まで大きな開きがある。

4 都道府県ごとにみた単身世帯の増加状況
――１９８５年から２００５年にかけての変化

以上、都道府県別の単身世帯比率について、配偶関係と同居関係から分析してきた。では、単身世帯はこれまでどの都道府県で増加してきたのであろうか。都道府県ごとに１９８５年から２００５年の単身世帯比率の増加状況をみていこう（図表２－８）。

都道府県別にみた男性の単身世帯比率の変化

男性の単身世帯比率について、都道府県別の変化（２００５年と１９８５年の単身世帯比率の差）をみていこう。40代以降は大都市圏が上位５位内のほとんどを占めており、大都市圏で単身世帯比率が大きく増加したことが示されている。中でも東京都は50代男性で14・４％ポイントも増加している。これは、85年から05年にかけて50代男性１００人に対して単身者が約14人増えたことを意味する。また東京都は、40代から80歳以上まで増加幅がトップであり、二桁前後の高い増加となっている。

一方、単身男性の増加幅の小さい下位５位の都道府県をみると、ほとんどが非大都市圏である。特に40歳以上の年齢階層になると、下位５位の県はいずれも非大都市圏の地域になり、非大都市圏ではこの20年間で単身世帯比率がそれほど増えていないことが分かる。

図表2-8：都道府県別にみた単身世帯比率の1985年から2005年にかけての変化（増減幅）

男性（2005年の比率－1985年の比率：%）

	20−29歳		30−39歳		40−49歳		50−59歳		60−69歳		70−79歳		80歳以上	
全国平均	0.6		7.7		7.7		8.5		6.2		4.5		5.6	
上位 1位	滋賀	7.4	北海道	11.0	東京	11.5	東京	14.4	東京	11.3	東京	8.4	東京	10.2
2位	富山	6.7	東京	9.5	北海道	9.7	大阪	10.1	沖縄	8.3	大阪	7.2	大阪	8.5
3位	徳島	6.3	福岡	9.2	神奈川	9.3	埼玉	9.5	大阪	7.4	埼玉	5.8	埼玉	7.6
4位	鳥取	6.3	鹿児島	8.9	愛知	8.6	神奈川	9.4	高知	6.9	神奈川	5.4	京都	6.8
5位	沖縄	5.4	三重	8.9	千葉	8.4	愛知	9.3	埼玉	6.4	千葉	5.4	神奈川	6.7
下位43位	埼玉	−0.8	秋田	5.1	岐阜	4.8	佐賀	5.6	島根	3.7	新潟	2.4	山形	3.3
44位	千葉	−1.0	青森	5.0	福井	4.7	福井	5.5	富山	3.6	山形	2.4	滋賀	3.3
45位	京都	−1.1	大阪	5.0	山形	4.6	和歌山	5.5	岐阜	3.5	鹿児島	2.3	島根	3.0
46位	奈良	−1.9	兵庫	4.9	秋田	4.5	岐阜	5.2	福井	3.4	福井	2.2	福井	2.8
47位	神奈川	−3.5	和歌山	3.8	和歌山	3.6	奈良	4.6	奈良	3.3	島根	1.9	沖縄	2.7

女性（2005年の比率－1985年の比率：%）

	20−29歳		30−39歳		40−49歳		50−59歳		60−69歳		70−79歳		80歳以上	
全国平均	6.6		5.4		2.4		0.9		0.7		7.1		10.9	
上位 1位	鳥取	9.7	東京	10.0	東京	5.9	沖縄	2.8	秋田	2.7	北海道	10.4	東京	16.9
2位	岡山	9.4	北海道	7.7	北海道	3.8	北海道	2.6	宮城	2.4	東京	9.8	北海道	15.9
3位	島根	9.4	鹿児島	6.5	大阪	3.0	宮城	2.0	埼玉	2.3	大阪	9.5	大阪	14.7
4位	福岡	9.3	宮城	6.5	神奈川	2.9	福島	1.9	栃木	2.3	神奈川	9.0	宮崎	13.5
5位	京都	9.0	福岡	6.4	京都	2.6	東京	1.9	群馬	2.3	埼玉	8.9	高知	13.2
下位43位	福島	4.8	奈良	3.1	秋田	0.8	岐阜	0.2	大分	−1.0	佐賀	4.4	滋賀	7.2
44位	埼玉	4.5	群馬	3.0	石川	0.8	愛知	0.1	長崎	−1.5	島根	3.5	山形	7.1
45位	青森	4.4	福井	2.8	和歌山	0.7	山口	0.1	宮崎	−1.5	長崎	3.2	福井	6.6
46位	和歌山	3.0	富山	2.7	岐阜	0.5	和歌山	0.1	高知	−2.1	沖縄	0.0	茨城	6.6
47位	奈良	2.4	和歌山	2.0	福井	0.5	石川	0.0	鹿児島	−5.8	鹿児島	−2.2	沖縄	3.5

（注）１．「全国平均」は、全国の年齢階層別人口に占める単身世帯の割合。
　　　２．都道府県の網掛け部分は、面積１平方キロメートルあたり1,000人以上の人口をもつ都道府県（2005年）を示した。埼玉、千葉、東京、神奈川、大阪、愛知、福岡の７つの都府県が該当する。
　　　３．上記変化は、2005年単身世帯比率から1985年の単身世帯比率を差し引いた値。
（資料）総務省『国勢調査』（時系列データ）により筆者作成。

都道府県別にみた女性の単身世帯比率の変化

次に女性の単身世帯比率の増加幅をみると、上位５位は男性に比べて非大都市圏の都道府県が多い。30代単身女性をみるとトップは東京都であるが、上位２位から４位は、北海道、鹿児島県、宮城県といった非大都市圏である。30代女性の単身世帯化は、大都市圏のみで進んできたわけではない。また、70代高齢女性の単身世帯比率の増加幅をみると、北海道が10・４％ポイントと最も大きな増加幅となっている。しかし、北海道以外はいずれも大都市圏であり、単身世帯化は大都市圏を中心に進んできた。一方、80歳以上になると、東京都、大阪府といった大都市圏のみならず、北海道、宮崎県、高知県でも13～16％ポイント増加しており、非大都市圏でも単身世帯化が進んだ地域がある。

単身世帯比率の増加幅下位５位の都道府県をみると、20代の埼玉県、50代の愛知県を除いて全て非大都市圏の地域である。興味深いのは、鹿児島県である。鹿児島県の60代、70代女性の単身世帯比率は85年以降減少している。鹿児島県では、85年の時点で既に60代と70代の単身女性の比率が相当程度高かったことから、85年から05年にかけて同比率が減少しても、実際にはかなり高い単身世帯比率を維持していると考えられる。

5　2030年における都道府県別の単身世帯比率

では、将来の都道府県ごとの単身世帯比率はどのようになっていくのであろうか。国立社会保障・

人口問題研究所では、２０３０年までの都道府県別の単身世帯数について将来推計をしているので、それに基づいて都道府県ごとの男女別・年齢階層別の単身世帯比率を概観していこう。

２０３０年には東京都と大阪府において50代・60代男性の３人に１人が一人暮らし

都道府県ごとに２０３０年の男女別・年齢階層別の単身世帯比率をみると、男性の単身世帯比率上位５位は、いくつかの順位の変動はあるものの、05年とほぼ同じ顔ぶれである（図表２－９）。新顔は、20代男性の４位に登場した石川県のみである。

年齢階層別に男性の単身世帯比率のトップの都道府県をみると、20代から60代までは東京都、70代と80歳以上では大阪府となる。特に注目すべきは、東京都と大阪府の50代と60代男性の単身世帯比率の高さである。東京都の50代男性の単身世帯比率は32・０％、大阪府では27・０％となる。また、60代男性の単身世帯比率は、東京都では35・７％、大阪府では31・４％と推計されている。つまり東京都と大阪府の50代と60代男性のほぼ３人に１人が一人暮らしとなる。

次に、男性の単身世帯比率下位５位をみると、05年と同様にいずれも非大都市圏である。また、年齢階層ごとにいくつか新顔が登場しているが、05年と大きな変更はない。

２０３０年の女性の単身世帯比率上位５位

２０３０年の女性の単身世帯比率の上位５位についても、年齢階層ごとに若干の順位の変動がある

図表2-9：2030年における都道府県別の単身世帯比率（将来推計）

男　性　（単位：%）

	20−29歳		30−39歳		40−49歳		50−59歳		60−69歳		70−79歳		80歳以上	
全国平均	24.8		16.5		17.0		22.8		24.9		18.5		13.1	
上位 1位	東京	34.3	東京	24.0	東京	23.7	東京	32.0	東京	35.7	大阪	25.7	大阪	16.5
2位	京都	28.9	神奈川	18.6	神奈川	19.2	大阪	27.0	大阪	31.4	東京	24.1	東京	16.2
3位	神奈川	28.1	北海道	18.3	北海道	19.1	神奈川	25.0	沖縄	30.9	兵庫	20.6	兵庫	14.8
4位	石川	27.2	愛知	17.0	大阪	18.1	沖縄	24.4	高知	28.3	沖縄	20.4	鹿児島	14.7
5位	北海道	26.7	千葉	16.7	愛知	17.9	愛知	23.6	神奈川	26.0	高知	20.0	京都	14.5
下位43位	佐賀	17.9	佐賀	12.8	奈良	12.4	佐賀	16.7	佐賀	17.7	富山	14.3	山形	10.1
44位	青森	17.6	青森	12.5	佐賀	12.4	岐阜	16.4	山形	17.6	秋田	14.3	島根	10.1
45位	秋田	17.0	島根	11.9	山形	11.9	秋田	16.2	奈良	17.0	岩手	14.0	岩手	9.9
46位	奈良	14.8	秋田	11.7	秋田	11.3	奈良	15.3	福井	16.5	新潟	14.0	福井	9.9
47位	和歌山	14.4	和歌山	11.6	和歌山	10.1	山形	15.3	富山	15.8	山形	13.4	岐阜	9.8

女　性　（単位：%）

	20−29歳		30−39歳		40−49歳		50−59歳		60−69歳		70−79歳		80歳以上	
全国平均	16.3		8.9		9.5		15.4		18.0		20.8		21.9	
上位 1位	東京	22.2	東京	16.6	東京	18.6	東京	21.5	北海道	22.5	大阪	25.2	鹿児島	32.6
2位	京都	21.3	北海道	11.9	北海道	11.5	北海道	20.7	東京	21.9	鹿児島	24.9	東京	28.9
3位	北海道	19.7	福岡	10.0	大阪	10.8	沖縄	19.6	高知	21.7	北海道	24.4	高知	27.3
4位	宮城	17.7	沖縄	9.7	福岡	10.1	高知	19.2	鹿児島	21.5	東京	23.7	大阪	26.8
5位	鹿児島	17.5	鹿児島	9.7	高知	10.0	鹿児島	17.8	大阪	20.6	高知	23.4	宮崎	26.3
下位43位	福島	13.1	滋賀	5.9	茨城	5.9	滋賀	11.3	茨城	14.8	茨城	17.3	岐阜	16.3
44位	栃木	13.1	福井	5.8	山形	5.8	茨城	11.3	新潟	14.7	鳥取	17.2	新潟	15.9
45位	佐賀	12.2	群馬	5.7	岐阜	5.7	山形	11.1	岐阜	14.7	新潟	17.2	茨城	15.1
46位	奈良	11.1	富山	5.4	福井	5.6	富山	10.5	富山	14.5	福井	16.4	富山	15.0
47位	和歌山	9.3	和歌山	4.8	富山	5.2	岐阜	10.4	山形	14.2	山形	16.4	山形	14.9

（注）１．「全国平均」は、全国の年齢階層別人口に占める単身世帯の割合。
２．四角で囲った都道府県は2005年の各年齢階層の単身世帯比率で上位5位あるいは下位５位に入っていなかった地域。
３．都道府県の網掛け部分は、面積１平方キロメートルあたり1,000人以上の人口をもつ都道府県（2005年）を示した。埼玉、千葉、東京、神奈川、大阪、愛知、福岡の７つの都府県が該当する。

（資料）国立社会保障・人口問題研究所編『日本の世帯数の将来推計（都道府県別推計）』(2009年12月推計)、同『日本の都道府県別将来人口』(2007年5月推計) により筆者作成。

ものの、全く同じ顔ぶれである。単身世帯比率のトップをみると、05年には20～60代が東京都、70代と80歳以上では鹿児島県であったが、2030年になると、20～50代は東京都、60代は北海道、70代は大阪府、80歳以上は鹿児島県がトップとなる。

下位5位の県をみると、いずれも非大都市圏であることは、05年と同様である。また、順位の入れ替えとともに、いくつかの年齢階層で新顔の県が登場している。

都道府県ごとの2005年から2030年にかけての単身世帯比率の変化

では、05年から2030年にかけてどの都道府県で単身世帯比率に大きな変化が生じるのであろうか。男女別・年齢階層別に、05年から2030年にかけて単身世帯比率の増加幅（2030年の単身世帯比率から05年の単身世帯比率を差し引いた差）が大きい都道府県をみていこう（図表2－10）。最も大きな変化があると推計されているのは、60代男性の東京都の単身男性比率であり、05年から2030年にかけて18・3％ポイントも上昇するとみられている。また、60代の単身男性比率は、大阪府、沖縄県、高知県、神奈川県でも約15％ポイント以上増えていく。さらに男性50代と70代においても上位5位では10％ポイント前後上昇していく。

一方、50～70代男性では、下位5位でも7～12％ポイントの単身世帯比率の上昇がみられる。今後、非大都市圏であっても50～70代男性の単身世帯化が進んでいく。

また、80歳以上をみると、北陸や東北地方を中心とした地域で、単身世帯比率が伸びる。ただし、

図表2-10：都道府県別にみた単身世帯比率の2005年から2030年にかけての変化（増減幅）

男性（2030年の比率－2005年の比率：%）														
	20−29歳		30−39歳		40−49歳		50−59歳		60−69歳		70−79歳		80歳以上	
全国平均	−1.0		−0.3		3.6		9.7		14.7		9.2		2.1	
上位 1位	沖縄	3.8	佐賀	3.6	佐賀	4.9	大阪	10.6	東京	18.3	大阪	11.0	山形	4.8
2位	岐阜	3.2	山形	3.4	岐阜	4.8	東京	10.4	大阪	17.4	兵庫	9.6	富山	4.4
3位	佐賀	2.4	奈良	3.3	奈良	4.8	神奈川	9.9	沖縄	17.4	沖縄	9.4	新潟	4.3
4位	和歌山	2.3	富山	3.2	熊本	4.5	沖縄	9.7	高知	16.1	東京	9.2	秋田	4.3
5位	奈良	2.3	岐阜	3.1	岡山	4.2	高知	9.5	神奈川	14.9	鳥取	9.2	静岡	4.0
下位43位	神奈川	-2.3	愛知	-0.5	秋田	3.5	福島	8.0	三重	11.5	大分	8.4	神奈川	1.1
44位	福岡	-2.4	千葉	-0.5	大阪	3.3	福井	7.9	佐賀	11.4	山梨	8.4	京都	1.0
45位	広島	-2.6	北海道	-1.0	神奈川	2.6	秋田	7.7	奈良	10.7	岩手	8.4	大阪	-0.3
46位	京都	-3.0	神奈川	-2.6	和歌山	2.2	山形	7.0	福井	10.4	滋賀	8.4	鹿児島	-0.3
47位	東京	-6.6	東京	-5.2	東京	1.3	和歌山	7.0	富山	10.1	群馬	8.3	東京	-2.1

女性（2030年の比率－2005年の比率：%）														
	20−29歳		30 39歳		40−49歳		50−59歳		60−69歳		70−79歳		80歳以上	
全国平均	-0.9		0.4		3.8		7.5		5.0		-0.3		2.3	
上位 1位	三重	3.3	福井	1.3	東京	6.1	北海道	9.7	山形	6.2	山形	5.0	山形	4.9
2位	群馬	3.0	奈良	1.3	大阪	3.7	東京	9.4	茨城	6.0	新潟	4.0	新潟	4.6
3位	埼玉	2.9	滋賀	1.3	北海道	3.5	沖縄	9.3	新潟	6.0	茨城	3.9	福井	4.5
4位	茨城	2.8	三重	1.3	京都	3.5	高知	8.4	滋賀	6.0	栃木	3.5	静岡	4.4
5位	富山	2.7	富山	1.2	高知	3.4	青森	8.1	長野	5.9	福島	3.3	福島	4.2
下位43位	鹿児島	-2.6	鹿児島	0.3	山形	2.7	茨城	6.1	鹿児島	4.4	山口	-2.9	高知	1.0
44位	北海道	-3.2	宮城	0.1	岐阜	2.7	栃木	6.0	山口	4.3	大阪	-3.4	愛媛	0.8
45位	宮城	-3.3	北海道	0.1	福井	2.6	福井	5.9	宮崎	4.3	高知	-3.8	大阪	-0.1
46位	京都	-4.2	福岡	0.1	和歌山	2.6	富山	5.5	福岡	4.0	東京	-4.4	東京	-0.8
47位	東京	-8.2	東京	-1.9	富山	2.0	岐阜	5.2	大阪	3.9	鹿児島	-5.7	鹿児島	-1.9

（注）１．上記変化は、2030年単身世帯比率から2005年の単身世帯比率を差し引いた値。
２．「全国平均」は、全国の年齢階層別人口に占める単身世帯の割合。
３．都道府県の網掛け部分は、面積1平方キロメートルあたり1,000人以上の人口をもつ都道府県（2005年）。埼玉、千葉、東京、神奈川、大阪、愛知、福岡の7つの都府県が該当する。

（資料）2005年の単身世帯数は、総務省『国勢調査』に基づく実績値。将来推計は、国立社会保障・人口問題研究所編『日本の世帯数の将来推計（都道府県別推計）』（2009年12月推計）、同『日本の都道府県別将来人口』（2007年5月推計）により筆者作成。

上昇幅は4～5％弱であり、それほど大きな上昇ではない。一方、下位5位では、神奈川県、大阪府、東京都といった大都市圏があげられているが、今後単身世帯比率はほぼ現状と同じ比率で推移するものとみられる。

2005年から2030年にかけての女性の単身世帯比率の増加幅

女性の単身世帯比率の増加幅をみると、50代女性の上位5位の都道府県で8～10％ポイントの高い上昇がみられる。具体的には、東京都は第2位であり、北海道（1位）、沖縄県（3位）、高知（4位）、青森県（5位）といった非大都市圏で上昇幅が大きい。また、50代女性では、下位5位の県でも5％以上の増加幅がある。

一方、70代と80歳以上について、女性の単身世帯比率の上昇が大きい上位5位の地域をみると、東北地方や北陸地方を中心とした非大都市圏である。ただし、これら年齢階層の上昇幅は3～5％程度にとどまる。

また、70代と80歳以上の単身世帯比率の上昇幅が小さい下位5位をみると、鹿児島県、東京都、大阪府、高知県が登場している。これら都府県は、2005年時点の単身世帯比率（水準）が上位5位の地域であったが、05年から2030年にかけて単身世帯比率がほとんど上昇しないか、減少していくとみられている。

2005年から2030年の増加倍率

以上、都道府県別の単身世帯比率の増加幅をみてきた。次に視点を変えて、2005年から2030年にかけての単身世帯数（実数）の変化をみていこう（図表2－11）。05年を1倍として、30年までの単身男性の増加倍率をみると、70代と80歳以上の年齢階層で大きく増加していく。70代では、沖縄県、茨城県、山形県などの非大都市圏で3倍程度に増加する。一方、80歳以上では、埼玉県、千葉県、愛知県といった大都市圏で4～5倍に増加する。また、静岡県、滋賀県といった非大都市圏でも、4倍程度になる。

一方、単身女性の増加倍率をみると、70代は上位5位でも1・6倍程度になるだけだが、80歳以上になると、埼玉県、千葉県、神奈川県、愛知県といった大都市圏で3～4倍強になる。

なお、先にみた単身世帯比率――「年齢階層別単身世帯数／年齢階層別人口」――の変化では、大都市圏における80歳以上の単身世帯比率の上昇が顕著ではなかった。これは、大都市圏において、長寿化によって死別せずに夫婦で暮らす80歳以上の人々も増えるため、「単身世帯比率」が高まらないことが考えられる。しかし、80歳以上の単身世帯数（実数）をみると、大都市圏を中心に4～5倍程度に増加するとみられている。

図表2-11：都道府県別にみた単身世帯数の2005年から2030年にかけての増加倍率

（単位：倍）

男性 (2030年／2005年)	20−29歳		30−39歳		40−49歳		50−59歳		60−69歳		70−79歳		80歳以上	
全国平均	0.7		0.7		1.1		1.6		2.4		2.4		3.4	
上位 1位	沖縄	1.0	佐賀	1.1	滋賀	1.5	滋賀	1.9	沖縄	3.0	沖縄	3.3	埼玉	5.2
2位	岐阜	0.9	沖縄	1.0	岐阜	1.4	愛知	1.9	滋賀	2.9	茨城	3.1	千葉	4.8
3位	佐賀	0.8	山形	1.0	佐賀	1.4	東京	1.9	神奈川	2.8	山形	3.1	静岡	4.5
4位	富山	0.8	鳥取	1.0	岡山	1.3	神奈川	1.9	岐阜	2.7	栃木	3.1	滋賀	4.4
5位	三重	0.8	熊本	0.9	鳥取	1.3	沖縄	1.7	愛知	2.7	宮城	3.1	愛知	4.4
下位43位	青森	0.6	大阪	0.6	鹿児島	1.0	秋田	1.2	徳島	2.1	京都	2.0	長崎	2.6
44位	山口	0.6	北海道	0.6	岩手	1.0	青森	1.2	大阪	1.9	大阪	1.9	愛媛	2.6
45位	秋田	0.6	千葉	0.6	青森	1.0	鹿児島	1.2	和歌山	1.9	山口	1.9	島根	2.4
46位	宮城	0.6	神奈川	0.6	秋田	0.9	和歌山	1.2	山口	1.9	和歌山	1.8	高知	2.2
47位	北海道	0.5	東京	0.6	和歌山	0.9	長崎	1.2	高知	1.8	高知	1.7	鹿児島	1.9

（単位：倍）

女性 (2030年／2005年)	20−29歳		30−39歳		40−49歳		50−59歳		60−69歳		70−79歳		80歳以上	
全国平均	0.7		0.7		1.5		1.8		1.3		1.1		2.6	
上位 1位	滋賀	1.0	滋賀	1.0	滋賀	2.0	滋賀	2.4	滋賀	1.9	茨城	1.6	埼玉	4.3
2位	三重	1.0	福井	0.9	愛知	1.7	東京	2.3	沖縄	1.8	埼玉	1.6	千葉	3.8
3位	沖縄	1.0	佐賀	0.9	東京	1.6	神奈川	2.2	茨城	1.6	沖縄	1.6	神奈川	3.5
4位	群馬	0.9	沖縄	0.9	沖縄	1.6	愛知	2.2	栃木	1.6	滋賀	1.5	愛知	3.2
5位	埼玉	0.9	山形	0.9	埼玉	1.6	沖縄	2.2	神奈川	1.6	栃木	1.5	静岡	3.1
下位43位	高知	0.6	愛媛	0.7	高知	1.2	高知	1.3	和歌山	1.1	和歌山	0.8	愛媛	1.9
44位	東京	0.6	高知	0.7	和歌山	1.2	宮崎	1.3	秋田	1.1	島根	0.8	長崎	1.8
45位	鹿児島	0.6	大阪	0.6	青森	1.1	青森	1.3	大分	1.1	鹿児島	0.8	島根	1.7
46位	宮城	0.5	東京	0.6	北海道	1.1	長崎	1.3	高知	1.0	山口	0.8	高知	1.7
47位	北海道	0.5	北海道	0.6	秋田	1.1	秋田	1.2	山口	0.9	高知	0.7	鹿児島	1.4

（注）1．上記変化は、2030年単身世帯数を2005年の単身世帯数で除した倍率。
2．「全国平均」は、全国の単身世帯についての年齢階層別増加倍率。
3．都道府県の網掛け部分は、面積1平方キロメートルあたり1,000人以上の人口をもつ都道府県（2005年）。埼玉、千葉、東京、神奈川、大阪、愛知、福岡の7つの都府県が該当する。

（資料）2005年の単身世帯数は、総務省『国勢調査』に基づく実績値。将来推計は、国立社会保障・人口問題研究所『日本の世帯数の将来推計（都道府県別推計）』（2009年12月推計）、により筆者作成。

本章のまとめ

本章の要点として、下記の点があげられる。

- 単身世帯は、他の世帯類型と比べて人口集中地区に居住する傾向がみられる。
- 都道府県別に男性の単身世帯比率（2005年）をみると、全ての年齢階層で東京都がトップである。特に東京都では、40代と50代男性の2割強が単身世帯となっている。一方、70代と80歳以上男性の単身世帯比率は東京都と大阪府が上位1位と2位になるが、鹿児島県、高知県などの非大都市圏も上位5位に入っている。
- 女性の単身世帯比率（05年）も20代から60代までは東京都がトップとなるが、70代と80歳以上では鹿児島県がトップとなる。同県の70歳以上の単身世帯比率は3割を超えている。鹿児島県で高齢女性の単身世帯比率が高いのは、子供との同居率が全国で最も低いことが一因と考えられる。
- 2030年になっても、男女の年齢階層別単身世帯比率の上位5位は2005年とほぼ同じ顔ぶれであるが、全体的に比率が高まる。特に、東京都の50代男性では10・4%ポイント、60代男性では18・3%ポイントも単身世帯比率が上昇し、50代男性の32・0%、60代男性の35・7%が単身世帯になると予測されている。大阪府や神奈川県、沖縄県でも、50代と60代男性の単身世帯比率が大幅に高まっていく。
- 2030年の女性の年齢階層別単身世帯比率をみると、50代の上位5位の都道県で8%ポイント以上も単身世帯比率が増え、東京都、北海道、沖縄県、高知県では、50代女性の約２割が単身世帯となる。一方、意外なことに、70代と80歳以上女性の上位５位（05年）の都道府県（鹿児島県、東京都、大阪府、高知県など）では、単身世帯比率が微増にとどまるか減少に転じる。

- 05年を1倍とした２０３０年までの都道府県別単身世帯の増加倍率をみると、80歳以上の年齢階層では、大都市圏の増加倍率が高い。今後、大都市圏に居住する中年男性と高齢男女の単身世帯の増加に留意していく必要がある。

第2部

単身世帯の増加が社会にもたらす影響

してきた。

第1部では、単身世帯のこれまでの増加状況と今後の動向について、全国と都道府県に分けて分析してきた。

では、単身世帯の増加は、社会にどのような影響をもたらすのであろうか。第２部では、二人以上世帯との比較から単身世帯の特徴を明らかにして、単身世帯の増加が社会に与える影響を考察していきたい。

ところで、単身世帯の増加が社会に与える影響について、筆者は悲観すべきことばかりではないと考えている。物事には光と影があり、単身世帯の増加にも光の部分がある。何より、単身世帯の増加の大きな背景には、女性の経済力の向上があげられる。「経済力がないばかりに望まない結婚をするよりは、一人暮らしのほうがよほどいい」と考える人も多いだろう。ライフスタイルの選択肢が広がったことは歓迎すべきことである。社会全体にとっても、多様な価値観をもつ人々が集まり、多様なライフスタイルを尊重し合える社会こそが、長期的には社会としての力を高めていくのだと思う。

また、マクロ経済に与える影響を考えても、単身世帯は二人以上世帯に比べて世帯員一人あたりの消費支出が大きいので、単身世帯の増加が個人消費を増やして経済成長に寄与する可能性もある。実際２００８年の世帯員一人あたりの消費支出（月額）は、単身世帯が17・2万円なのに対して、二人世帯では12・9万円、三人世帯では9・9万円、四人世帯では8・4万円となっている（注1）。単身世帯は、四人世帯の世帯員一人あたり消費支出の約2倍の水準になっている。無論、世帯員の年齢構成の違いが影響している面はあるが、単身世帯では光熱費などを他の世帯員と共有できないので、一人あたりの消費支出が高まる傾向がある。

しかし、以下では単身世帯の抱える負の影響――主にリスク――を中心に取り上げていく。というのも、本書が、社会保障を中心に単身世帯が陥りやすいリスクへの政策対応を考察することを主な目的にしているためである。

具体的には、単身世帯の増加がもたらす様々な影響の中で、①低所得者層の増加（第3章）、②介護需要の高まり（第4章）、③社会から孤立する人々の増加（第5章）、を考察する。そして現段階では単身世帯となっていないが、将来的に単身世帯になりうる「単身世帯予備軍」についてもみていこう（第6章）。

（注1）総務省（2009）『家計調査年報（家計収支編）平成20年家計の概況』、34－35頁。なお、各世帯の世帯主の平均年齢は、単身世帯（55・5歳）、二人世帯（63・8歳）、三人世帯（54・2歳）、四人世帯（47・0歳）となっている。

第3章 単身世帯と貧困

1 家計からみた単身世帯の平均像

単身世帯の貧困を考える前に、二人以上世帯との家計面の比較から、単身世帯の家計の特徴を明らかにしていきたい。

まず、単身世帯の所得を二人以上世帯の所得と比べていこう。この点、二人以上世帯は単身世帯よりも世帯員数が多いので、単純に世帯所得を比べても、世帯員数の多い二人以上世帯の所得のほうが高くなる。これでは生活実態を反映した所得の比較にはならない。

そこで、二人以上世帯については等価ベースの所得（等価所得）を算出して、単身世帯の所得と比較していく。「等価所得」とは、世帯所得を世帯人員一人あたりの生活水準を表すように調整した所得である。世帯人員一人あたり所得の最も単純な算出方法は、世帯所得を世帯人員で割り返すことであるが、この方法では、水道・光熱費や耐久消費財など世帯内で共通に消費される財・サービスが考慮されていない。そこでOECDなどの国際機関では、世帯所得を世帯員数の平方根で割ることによって「等価所得」を算出している（等価所得＝世帯所得／世帯人員数の平方根）。例えば、世帯員数が２人の世帯では、世帯所得を$\sqrt{2}$（約１・４１４）で除して、一人あたりの平均所得を求める。本章でも、この方法で等価所得を求めた。

中年期までは単身世帯が二人以上世帯よりも高所得

単身世帯と二人以上世帯の年間収入（等価所得ベース）を年齢階層別に比較すると、単身男性の所得は50代まで二人以上世帯を上回るが、60代以降になると、二人以上世帯の年収のほうが高くなる（図表３－１）。また、単身女性では、単身男性よりも10年早く50代で二人以上世帯との年収の逆転が起こる。

この点は、「34歳以下」と「35～59歳」の勤労者世帯、「65歳以上」の高齢無職世帯に分けて、単身世帯と二人以上世帯（高齢無職世帯は夫婦二人世帯）の家計収入を比較しても、ほぼ同様の傾向を指摘できる（図表３－２）。世帯規模を調整した「等価実収入」と「等価可処分所得」（月収）をみると、「34歳以下」と「35～59歳」の勤労者世帯では、単身男女のほうが二人以上世帯よりも高い。特に単身男性と二人以上世帯の「等価実収入」を比較すると、単身男性のほうが月額７万～10万円弱も高い

図表3-1：年齢階層別にみた単身男女と二人以上世帯の年収比較（等価所得ベース、2004年）

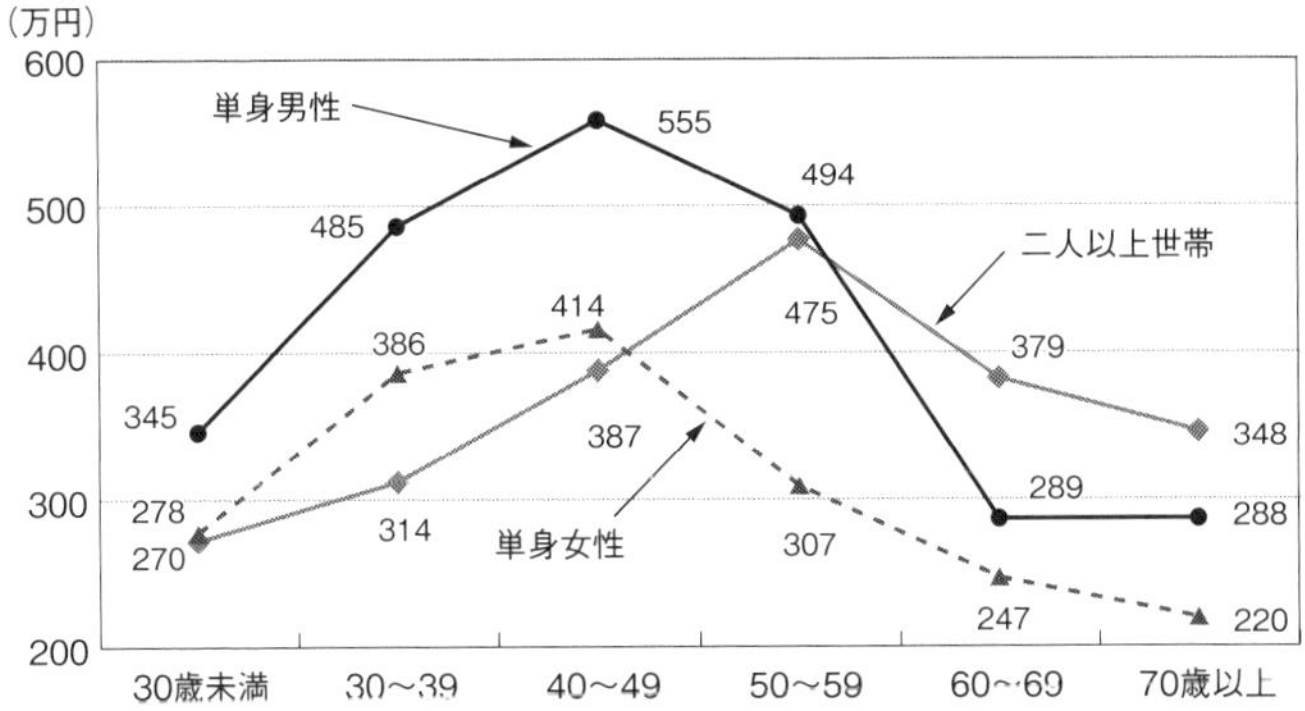

（注）二人以上世帯の年間収入は、「年間収入／世帯人員の平方根」によって世帯規模を調整した「等価所得」である（筆者計算）。
（資料）総務省『平成16年全国消費実態調査（家計資産編・純資産）』第4表、第17表により筆者作成。

水準にある。

なお、「実収入」とは、税金や社会保険料を差し引く前の収入――いわば、額面所得――のことであり、「可処分所得」とは実収入から税金や社会保険料を除いた後の自由に処分できる所得をいう。

高齢期は夫婦二人世帯が経済的に恵まれる

65歳以上の高齢無職世帯になると、夫婦二人世帯（夫婦とも65歳以上）の「等価実収入」「等価可処分所得」のほうが、単身世帯よりも若干高くなる。具体的には、「等価実収入」は月額3・8万円、「等価可処分所得」は月額2・8万円、二人以上世帯のほうが多い。したがって、高齢期になると単身世帯の生活のほうが、二人以上世帯よりもやや苦しくなると推察される。

図表3-2：年齢階層別にみた単身世帯と二人以上世帯の家計収支（月間）の比較（2009年）

	勤労者世帯						高齢無職世帯	
	34歳以下			35～59歳			65歳以上	
	単身男性	単身女性	二人以上世帯	単身男性	単身女性	二人以上世帯	単身世帯	夫婦二人世帯
世帯主年齢（歳）	27.2	26.7	30.7	45.7	49.8	46.8	74.9	74.5
世帯員数（人）	1.0	1.0	3.34	1.0	1.0	3.59	1.0	2.00
実収入（万円）	30.0	27.4	41.5	39.1	31.3	56.1	12.4	22.9
可処分所得（万円）	25.4	24.0	35.4	31.5	24.7	46.0	11.2	19.8
消費支出（万円）	16.7	18.5	25.2	19.7	19.7	33.4	13.8	23.3
黒字率（％）	34.1	23.0	28.7	37.3	20.4	27.5	−23.3	-17.4
等価実収入（万円）	30.0	27.4	22.7	39.1	31.3	29.6	12.4	16.2
等価可処分所得（万円）	25.4	24.0	19.4	31.5	24.7	24.3	11.2	14.0
消費支出	100%	100%	100%	100%	100%	100%	100%	100%
食料	26.0%	18.8%	20.6%	25.2%	18.4%	21.9%	23.3%	24.8%
外食	13.8%	8.9%	5.4%	11.0%	5.9%	4.5%	3.4%	2.5%
住居	18.5%	16.3%	12.4%	15.6%	11.0%	5.5%	9.5%	6.2%
家賃・地代	18.4%	16.2%	11.7%	14.9%	10.5%	3.7%	5.3%	1.7%
光熱・水道	3.7%	3.9%	6.6%	5.0%	5.8%	6.7%	8.9%	8.0%
家具・家事用品	1.8%	3.1%	3.3%	2.7%	2.6%	3.1%	3.6%	3.8%
被服および履物	4.7%	8.6%	4.5%	2.4%	6.2%	4.4%	3.4%	3.2%
保健医療	1.6%	1.8%	4.2%	2.0%	3.7%	3.5%	5.4%	6.8%
交通・通信	17.6%	20.8%	17.2%	15.5%	13.7%	14.8%	7.6%	9.8%
教育	0%	0%	3.3%	0%	0.1%	7.5%	0%	0%
教養娯楽	16.3%	10.9%	9.5%	14.8%	13.2%	10.6%	12.7%	11.7%
その他の消費支出	10.0%	15.8%	18.4%	16.8%	25.4%	22.1%	25.7%	25.8%
交際費	5.4%	6.7%	5.4%	7.6%	12.9%	6.2%	16.1%	14.1%

（注）１．「等価実収入」「等価可処分所得」は、世帯規模を調整した所得であり、実収入と可処分所得を世帯員数の平方根で除した値（筆者計算）。
２．実収入、可処分所得、消費支出については、1,000円未満を四捨五入。
３．単身世帯と二人以上世帯の年齢区分を揃えるために、二人以上世帯の家計収支について加重平均をして調整した。
（資料）総務省『平成21年家計調査』（家計収支編　詳細結果）より。二人以上の世帯（３－２表）、単身世帯（２表）、高齢無職世帯（９表）により筆者作成。

単身世帯は「外食費」への支出が高い

次に、単身世帯は、二人以上世帯と比べて、どのような費目に支出しているかをみていこう。単身世帯と二人以上世帯で消費支出に占める費目別構成比の違いが大きい費目をみると、まず、勤労者世帯の単身男性の「外食費」比率が、二人以上世帯の２倍以上の水準にのぼっている（図表３－２）。これは、単身男性では、外食の頻度が高いためであろう。単身女性でも二人以上世帯よりも外食比率が若干高いが、単身男性よりは低い。単身女性は相当程度、自炊をしていると思われる。

高齢無職世帯では、単身世帯と二人以上世帯の外食費の比率に大きな差はみられない。なお、統計上高齢無職世帯について単身男性と単身女性に区分できないが、実際は単身女性の外食費の比率が単身男性の同比率を抑えていることが推察される。

単身世帯と「家賃・地代」「教育費」

また、「家賃・地代」も、単身世帯と二人以上世帯の間で大きな差があり、単身世帯では「家賃・地代」の比率が高い。例えば、35～59歳の単身男性で「家賃・地代」に消費した割合は14・９%、単身女性では10・５%なのに対して、二人以上世帯ではわずか３・７%となっている。65歳以上の高齢無職世帯でも、単身世帯の家賃・地代の割合（５・３%）が、二人以上世帯（１・７%）よりも高くなっている。

単身世帯において「家賃・地代」の比率が高いのは、二人以上世帯に比べて持ち家率が低いためで

図表3-3：単身世帯と二人以上世帯の持ち家率の比較（2008年と2003年）

（単位：%）

		30歳未満	30代	40代	50代	60代	70歳以上
08年	二人以上世帯	18.7	49.1	71.3	82.5	86.7	87.8
	単身世帯	2.4	12.3	26.3	39.9	52.8	67.6
03年	単身男性	2.7	13.9	25.8	33.7	46.3	65.0
	単身女性	2.4	11.7	30.9	45.2	58.4	68.5

（注）１．二人以上世帯の年齢階層は、世帯主の年齢に基づく。
２．持ち家率は、「持ち家の世帯数／主世帯数」で算出。
３．2008年については単身男女に分けた持ち家率がまだ公表されていないため（2010年3月時点）、ここでは2003年（前回調査）の単身男女別持ち家率を示した。
（資料）総務省『平成20年住宅・土地統計調査』（確報集計第39表）、同『平成15年住宅・土地統計調査』（報告書非掲載表第31表）により、筆者作成。

ある（図表３－３）。特に40代では、二人以上世帯の持ち家率は71・３％の高い水準になるのに対して、単身世帯では26・３％の低い水準にとどまる。二人以上世帯では、結婚や出産などの世帯規模の拡大に合わせて、住居を住み替える必要が生じ、その際住宅を購入する世帯も多い。しかし、単身世帯ではこのような機会が乏しく、持ち家率が低いと推察される。

単身世帯の持ち家率も年齢が上がるにつれて上昇するが、二人以上世帯と比較すると70歳以上でも約20％の開きがある。なお、２００８年調査では単身世帯の男女別の持ち家率はまだ公表されていないので、前回の03年調査をみると、30代までは単身男女の持ち家率に大きな差はないが、50代から60代にかけて単身女性の持ち家率が単身男性のそれを10％強上回る。これは、持ち家で暮らしていた妻が、夫との死別によって単身世帯となった影響ではないかと推察される。女性の平均寿命は男性よりも長いため、死別による単身者は女性のほうが男性よりも早期に増えていく。

その他、注目すべき費目としては、単身世帯では子供がいないので、教育費負担がないことだ（図表３－２）。35～59歳の二人以上世帯が、教育費を７・５％も負担しているのに比べて大きな違いがある。また、35～59歳の単身女性では、「交際費」の比率が12・９％と高く、同年代の二人以上世帯（６・２％）や単身男性（７・６％）の２倍程度の水準になっている。中年の単身女性は、人との交流に積極的な傾向が窺える。

金融資産残高も中高年までは単身世帯のほうが高い

以上ではフローの家計収支をみてきたが、ストックの面はどうであろうか。単身世帯の金融資産を二人以上世帯と比較していこう。貯蓄現在高は、いずれの年齢階層においても二人以上世帯のほうが高いが、二人以上世帯では負債現在高も大きい（図表３－４）。このため、貯蓄現在高から負債現在高を差し引いた「金融資産」は、50代までは男女共に単身世帯のほうが二人以上世帯よりも多い。

では、なぜ二人以上世帯では負債が多いのか。これは、先にみた通り、二人以上世帯は単身世帯よりも持ち家率が高いため、住宅ローンを抱えていることが主因だと考えられる。このため、住宅ローンの返済終了時期にあたる60歳以降になると、二人以上世帯の負債現在高が減少し、二人以上世帯の金融資産が単身世帯を上回るようになる。

上記のように、所得や金融資産などから「単身世帯の平均像」をみる限り、少なくとも現役世代は

図表3-4：単身世帯と二人以上世帯の貯蓄と負債（2004年）

（単位：万円）

		30歳未満	30代	40代	50代	60代	70歳以上
単身男性	貯蓄現在高①	160	498	738	1,448	1,360	1,826
	負債現在高②	43	319	481	296	85	74
	金融資産（①−②）	117	179	257	1,152	1,275	1,752
単身女性	貯蓄現在高①	142	437	847	1,188	1,502	1,305
	負債現在高②	43	292	414	145	78	18
	金融資産（①−②）	99	145	433	1,043	1,424	1,287
二人以上世帯	貯蓄現在高①	341	644	1,092	1,610	2,159	2,211
	負債現在高②	349	856	944	591	275	185
	金融資産（①−②）	−8	−212	148	1,019	1,884	2,026

（資料）総務省『平成16年全国消費実態調査（家計資産編）』第4表、17表より筆者作成。

単身世帯のほうが二人以上世帯よりも経済面で恵まれているように思われる。

一方、高齢期になると、単身世帯の家計は二人以上世帯よりも苦しい面がみられるようになる。しかし、70歳以上の単身男性の平均金融資産は１７５２万円、単身女性は１２８７万円もある。単純計算すれば、これら金融資産によって、高齢単身世帯（無職）の月額１・４万円程度の赤字を十分賄えると推察される。

２　単身世帯における貧困の実態

しかし、単身世帯の経済的側面を平均像で捉えることには限界がある。というのも、単身世帯は、二人以上世帯よりも所得格差が大きい。２００４年のジニ係数をみると、二人以上世帯は０・３０８なのに対して、単身世帯で０・３２９となっている（注2）。特に貧困層に着目すると、年間可処分所得中央値の50％以下で生活する人々の割合（相対的貧困率）が、単身世帯では19・6％にのぼり、「2人以上の大人のみの世帯」や「大人2人以上と子供の世帯」よりも高い（注3）（図表3－5）。

また、どの世帯類型でも「無業」あるいは「有業なし」の世帯で貧困率が高くなるが、世帯内構成比をみると、単身世帯では他の世帯に比べて「無業」の割合が高い。これは、二人以上世帯では世帯員の一人が無業となっても、他の世帯員が就業することで「有業なし」を防げるが、単身世帯ではこうした同居家族による助け合いができないことが一因と考えられる（注4）。

（注2）経済財政諮問会議 有識者議員提出資料『所得格差の現状について』（2009年4月22日）。データは、総務省『平成16年全国消費実態調査』に基づく。なお、ジニ係数とは格差を測る指標であり、係数の範囲は0から1で、0に近いほど格差が小さく、1に近いほど格差が大きい状態を示す。

（注3）なお、図表には、母子・父子世帯である「大人1人と子供の世帯」が掲載されていない。同世帯の世帯員の相対的貧困率は59・0％であり、単身世帯の相対的貧困率を大きく上回っている。ちなみに厚生労働省は、『国民生活基礎調査』に基づいて、2007年の日本全体の相対的貧困率は15・7％（2009年10月20日発表）、一人親世帯の世帯員の相対的貧困率が54・3％であることを発表した（2009年11月13日発表）。本書では、『全国消費実態調査』に基づいて相対的貧困率を求めているのでベースとするデータは異なる。

（注4）ただし、同調査では、各世帯類型の世帯主年齢が明らかになっていない。「大人2人以上と子供の世帯」では、子供がいるので世帯主には現役世代が多いと考えられる。一方、単身世帯や二人以上世帯では「大人2人以上と子供の世帯」よりも高齢の世帯主が多い可能性もある。その結果、「単身世帯」と「大人2人以上のみの世帯」で「無業」「有業なし」の比率が高くなる可能性が考えられる。

図表3-5：世帯類型別にみた相対的貧困率（2004年）

（単位：%）

	全世帯	単身世帯			２人以上の大人のみの世帯				大人２人以上と子供の世帯			
		世帯員総数	無業	有業	世帯員総数	有業なし	有業１人	有業２人以上	世帯員総数	有業なし	有業１人	有業２人以上
相対的貧困率	9.5	19.6	32.1	9.2	0.4	14.6	6.9	4.2	7.8	54.6	9.0	6.0
世帯内構成比	—	100	45.5	54.5	100	29.1	25.1	45.8	100	0.9	44.7	54.4

（注）相対的貧困率は、各世帯類型の世帯員において、全人口の年間可処分所得中央値の50%以下の所得で生活する人々の割合を示す。なお、可処分所得は世帯規模を勘案し、「世帯員数の平方根」で所得を除した等価所得を用いている。
（資料）総務省『平成16年全国消費実態調査（各種係数・所得分布結果表）』第24表により、筆者作成。

年齢階級別にみた単身世帯の貧困

では、単身世帯はどの年齢階層で貧困に陥りやすいのだろうか。この点、単身男性と単身女性について年収１５０万円未満の低所得者の割合を年齢階層別にみていこう（図表３－６）。ちなみに、東京23区に住む20～40歳の単身世帯の最低生活費（生活保護基準）は、２００８年4月現在で年額１６４万８８００円（生活扶助１００・４４万円＋住宅扶助上限64・４４万円）となっている。

単身男性では50代以上、単身女性では40代以上の年齢階層で１割以上の人々が、年収１５０万円未満の低所得者となっている。特に、60代の単身男性と50歳以上の単身女性の同割合が高くなっていて2～3割程度にのぼる。

これに対して、夫婦のみ世帯では年収２００万円未満の世帯割合は１～６％の低水準にとどまっている。ちなみに、夫婦のみ世帯の年収２００万

図表3-6：単身世帯における年収150万円未満世帯の割合（2004年）

（単位：％）

			30歳未満	30代	40代	50代	60代	70歳以上
単身世帯	男性	150万円未満	5.2	2.1	4.2	13.0	20.4	14.3
	女性	150万円未満	9.6	7.7	13.3	25.3	25.6	29.4
夫婦のみ世帯		200万円未満	2.1	1.1	1.2	3.1	5.9（60歳以上）	

（注）網掛け部分は10％以上の年齢階層。下線部は20％以上の年齢階層。夫婦のみ世帯の年齢は夫の年齢。
（資料）総務省『平成16年全国消費実態調査（世帯分布編）』第３表、12表により筆者作成。

円は、世帯規模を調整した等価所得ベースに換算すると１４１万円に相当する。単身世帯の年収１５０万円よりも若干低い水準であるが、夫婦のみ世帯よりも単身世帯のほうが低所得世帯の割合が高いことが推察される。

単身世帯に占める生活保護受給者の割合

次に、年齢階層別にみた単身世帯の貧困を生活保護の受給状況からみていこう。２００７年に全国には１５０万人の生活保護受給者（被保護人員）がいるが、その53・6％（81万人）を単身者が占めている（注５）。男女別でみると、生活保護を受給する単身男性が41万人、単身女性が40万人であり、ほぼ同数になっている。

男女別・年齢階層別に「単身世帯に占める生活保護受給者の割合」を「二人以上世帯に属する世帯員の同割合」と比べていこう。二人以上世帯に属する人の生活保護受給者の割合は、どの年齢階層においても１％未満なのに対して、単身世帯における同割合は

（注５）厚生労働省（２００７）『被保護者全国一斉調査（基礎調査）』

図表3-7：単身世帯に占める生活保護受給者の割合（2007年）

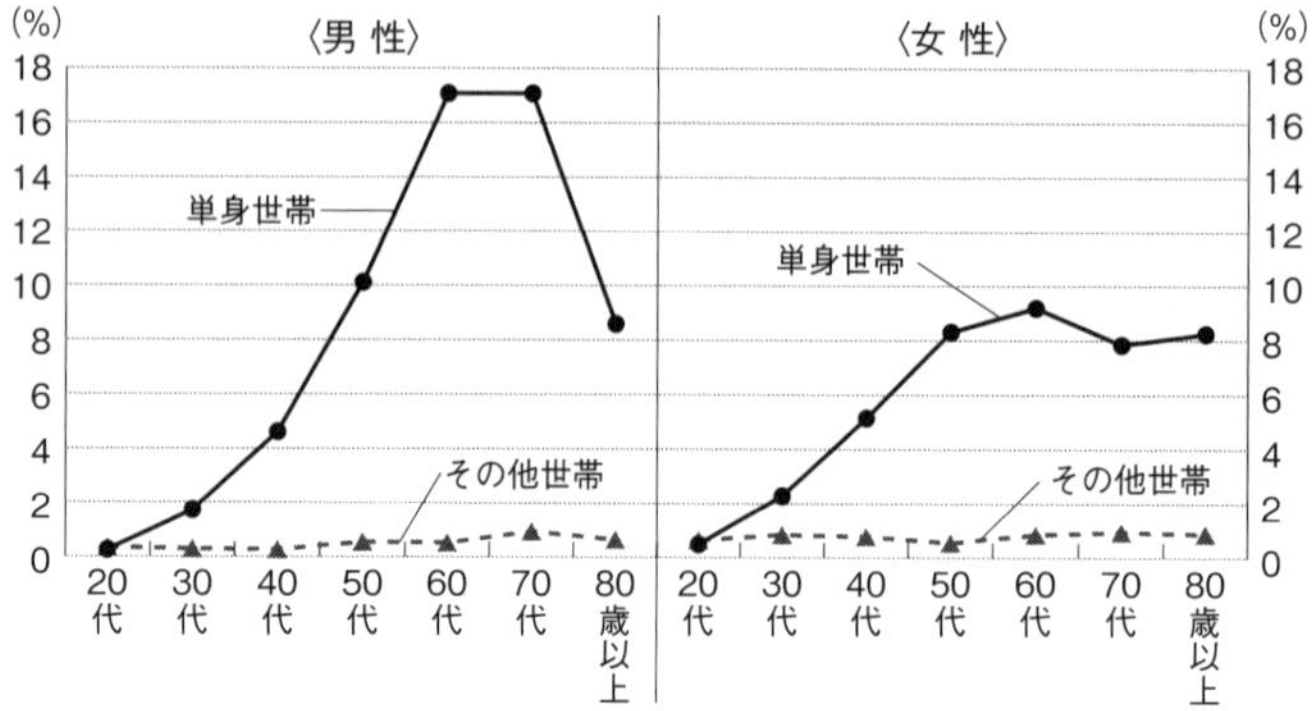

（注）「単身世帯に占める生活保護受給者の割合」は、単身世帯の被保護者数を、単身世帯数（単身者数）で割り返して算出。「二人以上世帯」については、「二人以上世帯」に属する被保護者数を、各年齢別人口から単身世帯数を差し引いた値で割り返して算出。

（資料）厚生労働省『平成19年被保護者世帯全国一斉調査』（第１表）、厚生労働省『平成19年国民生活基礎調査』（世帯票、第24表、第62表）により、筆者作成。

かなり高い水準である（図表３－７）。特に、60代と70代の単身男性では約17％が生活保護受給者となっている。また、50代の単身男性においても10％が生活保護受給者となっていて、80歳以上の単身男性よりも高い水準である。

他方、単身女性では、全体的に単身男性よりも低い水準である。しかし50代以上の年齢階層では、8～9％前後の単身女性が生活保護を受給している。

生活保護を受給できる世帯は貧困世帯の一部であり、生活保護受給者の割合が全ての貧困者の割合を示すものではない。というのも、日本の生活保護制度では、生活保護基準以下の所得で生活する世帯のうち、実際に生活保護を受給できている世帯の割合（捕捉率）は２割程度と言われている（注６）。つまり、生活保護基準以下で生活する世帯の８割は生活保護を受給できていない。

要因としては、生活保護を受給するには、単に低所得というだけでなく、稼働能力や保有資産の活用が困難といった要件を満たす必要があること、行政の生活保護申請窓口において過度に厳格な運用をする自治体があること、受給者が生活保護の申請に屈辱感をもつなどの理由から申請しないケースがある、といった点があげられる。

50代の貧困問題

実際には生活保護受給者の割合以上に貧困者がいることに留意しながら、単身世帯に占める生活保護受給者の割合をみると、50代の単身男女で約８～10％程度が生活保護受給者となっている点には驚かされる。一般に50代では稼働能力があるとみなされて生活保護を受けるのは難しいと言われている。それにもかかわらず、50代の単身者の１割弱が生活保護受給者となっているのは、50代における単身者の貧困が深刻な状況にあることを示しているように思われる。

後述するように、50代の単身世帯の就業率をみると、30代や40代に比べて働いていない人の割合が高い。病気によって働けないことや、失業して再就職しようにも職が見つからないという状況もある。ちなみに、２００８年の全国の自殺者約３・２万人のうち50代が19・７％を占め、最も自殺の起こ

（注６）駒村康平（２００５）「生活保護改革・障害者の所得保障」国立社会保障・人口問題研究所編『社会保障改革――日本と諸外国の選択』東京大学出版会、１８２頁。

図表3-8：性・年齢（5歳階級）別自殺死亡率（人口10万人対比）の年次比較

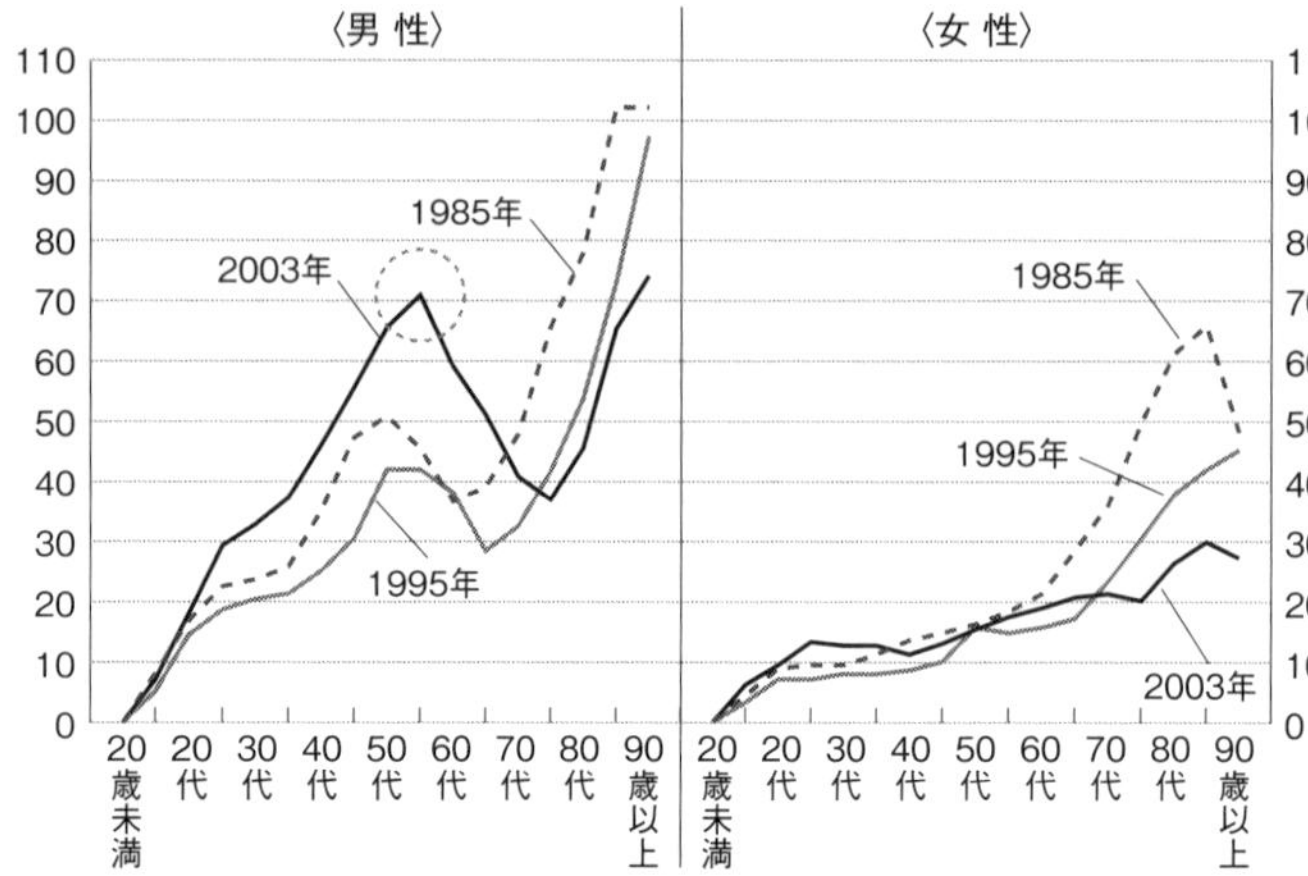

（資料）厚生労働省『自殺死亡統計の概況』（2005年）。

りやすい年齢階層となっている。そして50代自殺者の8割弱が男性であり、さらにその4割程度が経済・生活問題を動機としている（注7）。

しかも、男女別・年齢階層別の自殺死亡率（人口10万人対比）の1985年から2003年にかけての推移をみると、50代男性の自殺死亡率が高まっている（図表3－8）。一般に50代は、公的年金や介護保険の受給年齢には至らず、また稼働能力があるとみなされて生活保護の受給も難しい。いわば「公的な支援制度の谷間」の年齢階層といえる（注8）。今後、単身世帯を中心にした50代への支援は重要な課題になるであろう。

（注7）警視庁（2009）『平成20年中における自殺の概要資料』2009年5月。なお、自殺者に占める単身世帯の割合は不明である。

（注8）吉田太一（2008）『おひとりさまでもだいじょうぶ。』ポプラ社、168－169頁参照。

このように単身世帯の貧困は、高齢期の問題であると同時に、中年期の問題でもある。それでは、なぜ単身世帯では低所得者層の割合が高いのであろうか。以下では、勤労世代と高齢世代を分けて、その要因を探っていこう。

3 勤労世代における単身世帯の貧困要因

勤労世代の単身世帯で低所得者層の割合が高い要因としては、①非正規労働者として働く人の割合が高いこと、②失業や病気などによって無業者となる人の割合が高いこと、といった2つの要因が考えられる。

図表3－9は、単身男女と二人以上世帯の世帯主について、「常勤雇用」「臨時雇用」「自営・家族従事者」「完全失業者」「非労働力」のうち、どの状況に属するのか、各割合をみたものである。「常勤雇用」とは期間を定めずにまたは1年を超える雇用期間を定めて雇われている人を示し、「臨時雇用者」とは日々または1年以内の雇用期間を定めて雇用されている人をいう。

単身世帯では、二人以上世帯の世帯主よりも「臨時雇用者」の割合が高く、不安定な雇用となっていることが窺える。特に単身女性の臨時雇用の割合は、全年齢階層を通じて高い。

また、単身世帯では二人以上世帯の世帯主に比べて、働いていない「無業者」の割合も高い。20代から50代の単身男女では二人以上世帯の世帯主のほぼ2倍以上の水準にのぼる。特に50代では、単身

図表3-9：単身世帯と二人以上世帯の世帯主の就業状態の比較（2005年）

（単位：%）

		有業者			無業者		
		雇用者		自営・家族従業者			
		常雇	臨時雇			完全失業者	非労働力
20代	二人以上世帯の世帯主	84.2	4.9	3.9	6.9	3.7	3.2
	単身男性	64.3	10.3	1.1	24.3	4.2	20.1
	単身女性	65.3	12.5	0.7	21.5	4.3	17.2
30代	二人以上世帯の世帯主	84.9	3.0	7.6	4.6	2.7	1.8
	単身男性	80.2	6.6	4.8	8.5	6.6	1.9
	単身女性	74.5	10.8	3.3	11.4	7.0	4.4
40代	二人以上世帯の世帯主	80.1	3.2	11.5	5.2	2.7	2.5
	単身男性	75.2	6.4	7.8	10.7	8.3	2.4
	単身女性	67.9	9.3	7.1	15.7	8.1	7.6
50代	二人以上世帯の世帯主	69.3	4.1	17.8	8.9	4.2	4.7
	単身男性	62.3	7.5	10.6	19.5	12.5	7.1
	単身女性	53.5	10.0	9.7	26.8	7.3	19.5
60代前半	二人以上世帯の世帯主	32.3	12.8	20.8	34.1	6.7	27.4
	単身男性	30.3	12.0	11.7	46.0	13.3	32.7
	単身女性	25.4	11.7	10.1	52.9	4.3	48.6

（注）１．単身世帯では就業状態の不詳者が多数みられる。そこで二人以上世帯の世帯主も含め、不詳者は除外して把握できる就業状態数について割合を求めた。
　　２．「二人以上世帯の世帯主」は、男女を問わず、世帯主となっている者の就業状態を示す。
　　３．「臨時雇」とは、日々または1年以内の期間を定めて雇用されている人。「完全失業者」とは調査期間中、収入を伴う仕事を全くしなかった人のうち、仕事に就くことが可能で、かつ公共職業安定所に申し込むなどして積極的に仕事を探していた人。「非労働力」とは、同期間中に収入を伴う仕事を全くしなかった人のうち、休業者や完全失業者以外の人。

（資料）総務省『平成17年国勢調査』（第２次基本集計）第10表により筆者作成。

図表3-10：就業を希望しない無業の単身者（25～64歳）の理由（2007年）

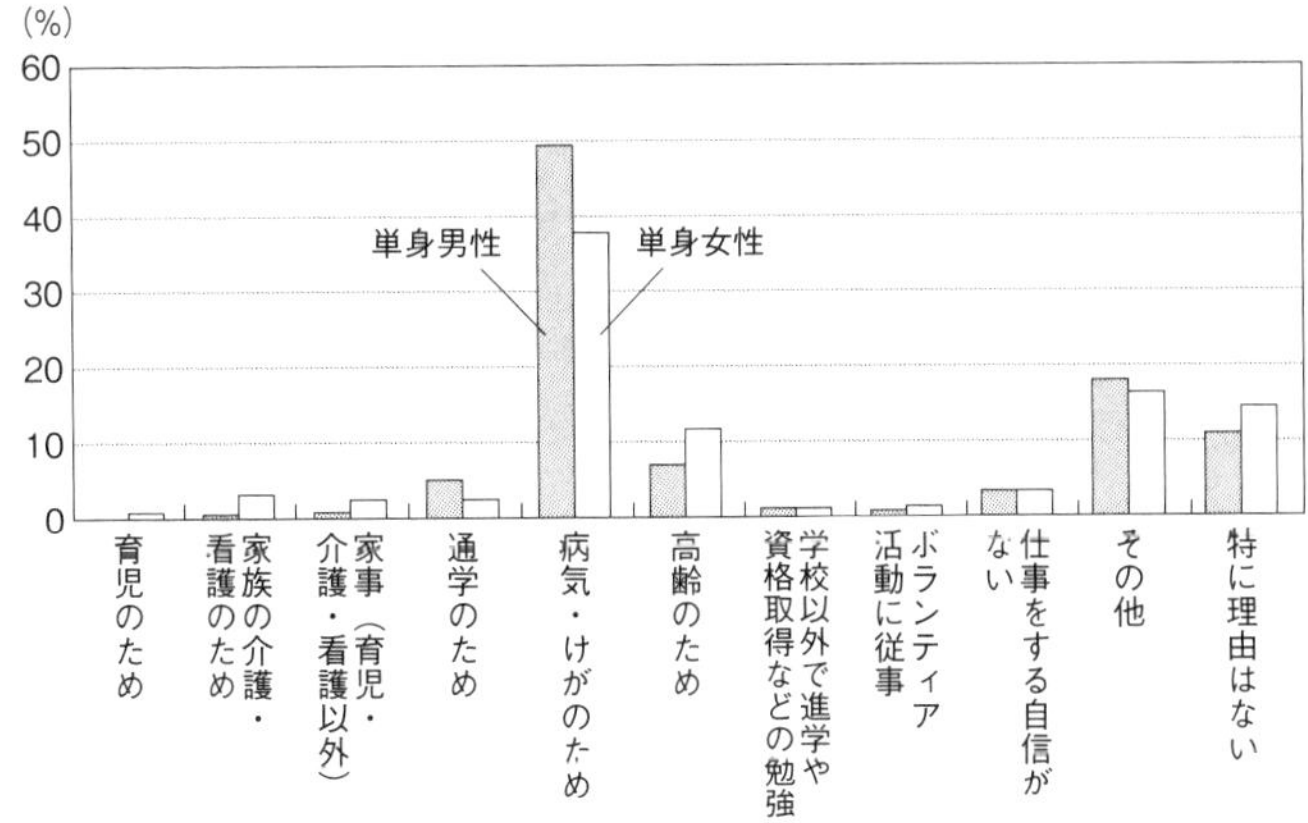

（注）就業を希望しない無業の単身者（25～64歳）に、その理由を尋ねた調査結果。主な理由を1つ回答してもらい、回答者総数に占める割合を示したもの。
（資料）総務省『平成19年就業構造基本調査』第111表により筆者作成。

男性の2割、単身女性の3割弱が無業者となっている。

無業者の内訳をみると、30代から50代の二人以上世帯の世帯主の「完全失業者」の割合は3～4％程度なのに対して、単身者では6～12％程度と高い。他方、「非労働力」の割合も、単身女性では40代以降、単身男性では50代以降で二人以上世帯の世帯主を大きく上回る。

この点、就業を希望しない無業の単身者（「非労働力」に該当）にその理由を尋ねると、男女共に「病気・けがのため」と回答する者の割合が高い（図表3－10）。単身世帯では稼ぎ手が本人のみのため、失業や病気などによって職を失うと、貧困に陥るリスクが高いことが考えられる。

単身世帯では、なぜ無業者や非正規労働者の割合が高いか

では、なぜ単身世帯では、二人以上世帯の世帯主に比べて、無業者や非正規労働者の割合が高いのだろうか。企業が社員を採用する際に、就職希望者が単身世帯に属するか、あるいは二人以上世帯に属するかといった点を判断材料とする合理性はない。したがって、「単身世帯であるがゆえに、無業者・非正規労働者になった」というよりも、「無業者・非正規労働者であるがゆえに単身世帯となった」という側面が強いであろう。つまり、無業者・非正規労働者であることから経済的に不安定なために結婚できなかったり、あるいは経済的な要因から離婚して単身世帯となったことが考えられる。

この点、厚生労働省『第６回21世紀成年者縦断調査結果の概要』（２００７年）によれば、02年に20～34歳であった独身者のうち、この５年間で結婚した人の割合をみると、男性の正規労働者では24・０％、同非正規労働者は12・１％、無業者では９・０％となっている（図表３－11）。非正規労働者で結婚した人は、正規労働者の半分程度であり、無業者では３分の１程度となっている。他方、女性では、男性ほど就業形態間に大きな差異はみられない。

非正規労働者の賃金

では、正規労働者と非正規労働者では、どの程度の賃金格差があるのだろうか。男性の正規労働者の賃金を１００とした場合の年齢階層別の賃金格差をみると、男性の非正規労働者では年齢階層が上がるにつれて格差が拡大し、40代後半から50代前半では男性正規労働者の６割弱の賃金水準となる

図表3-11：就業形態別にみた過去５年間に結婚した者（21～39歳）の割合

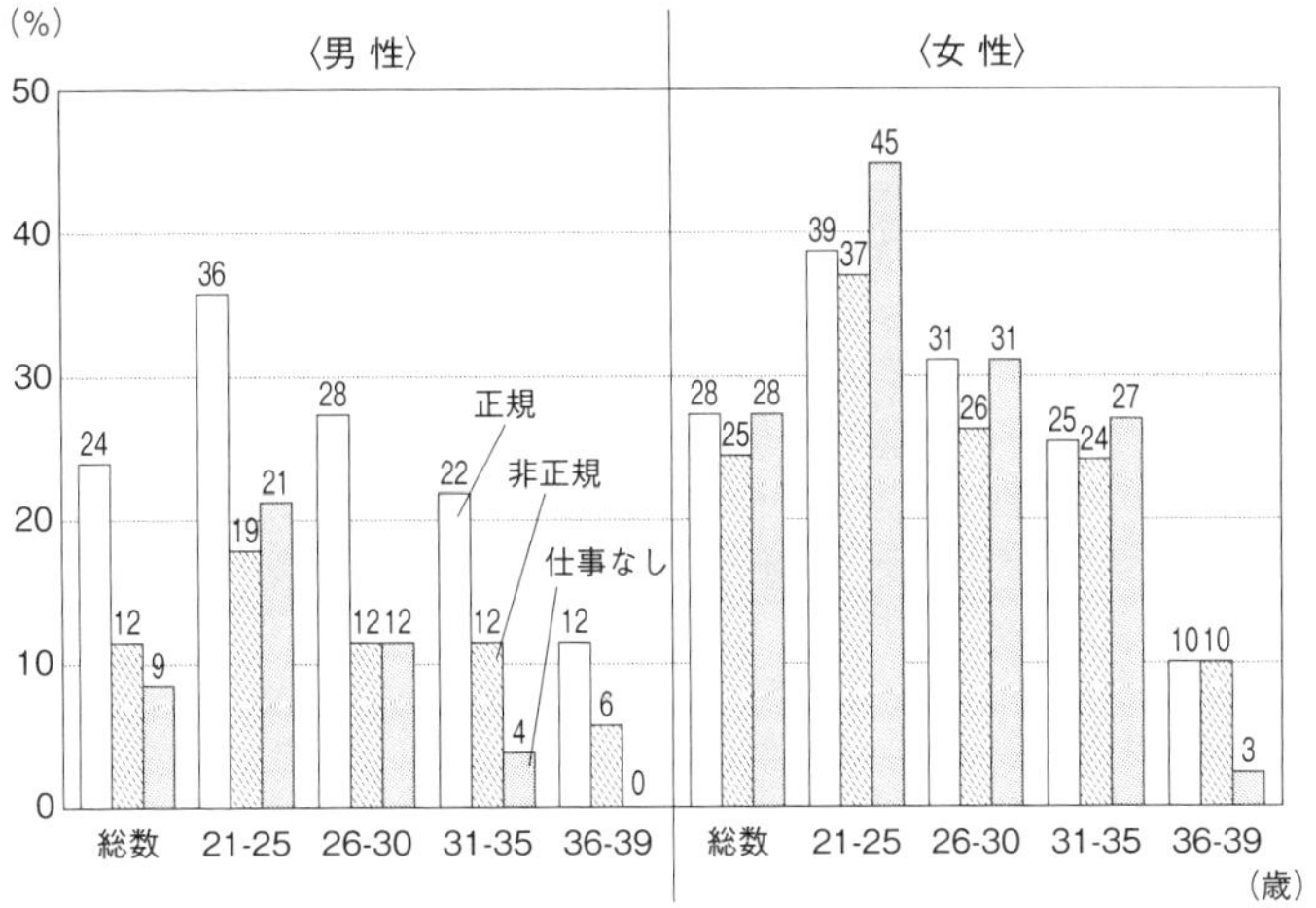

（注）１．調査対象は、2002年10月末時点で独身であった20～34歳の男女で第1回の調査対象となった者のうち、2007年11月時点の第6回調査を受けた者（男性6,386人、女性7,630人）。なお、2007年時点の年齢は、25～39歳である。
２．年齢は、結婚後の年齢である。
３．就業形態は、結婚前の状況である。
４．「結婚した」には、この５年間に結婚した後に離婚した者を含む。
５．５年間で２回以上結婚している場合、最新の結婚の状況について計上している。
（資料）厚生労働省『第６回21世紀成年者縦断調査結果の概況』（2007年）。

（図表３－12）。女性の正規労働者は男性の非正規労働者よりも賃金水準は高いが、男性の正規労働者の賃金と比べると40代後半から50代では６割強の水準である。女性の非正規労働者に至っては、最も格差の大きい40代前半から50代後半にかけて、男性正規労働者の賃金の４割程度の水準にとどまる。

結婚するための条件という観点でみると、特に男性の非正規労働者は、将来的な賃金上昇が見込めず雇用も安定しないため、結婚の機会に恵まれなかったり、結婚を躊躇す

図表3-12：男性正規雇用の賃金を100とした場合の賃金格差（2008年）

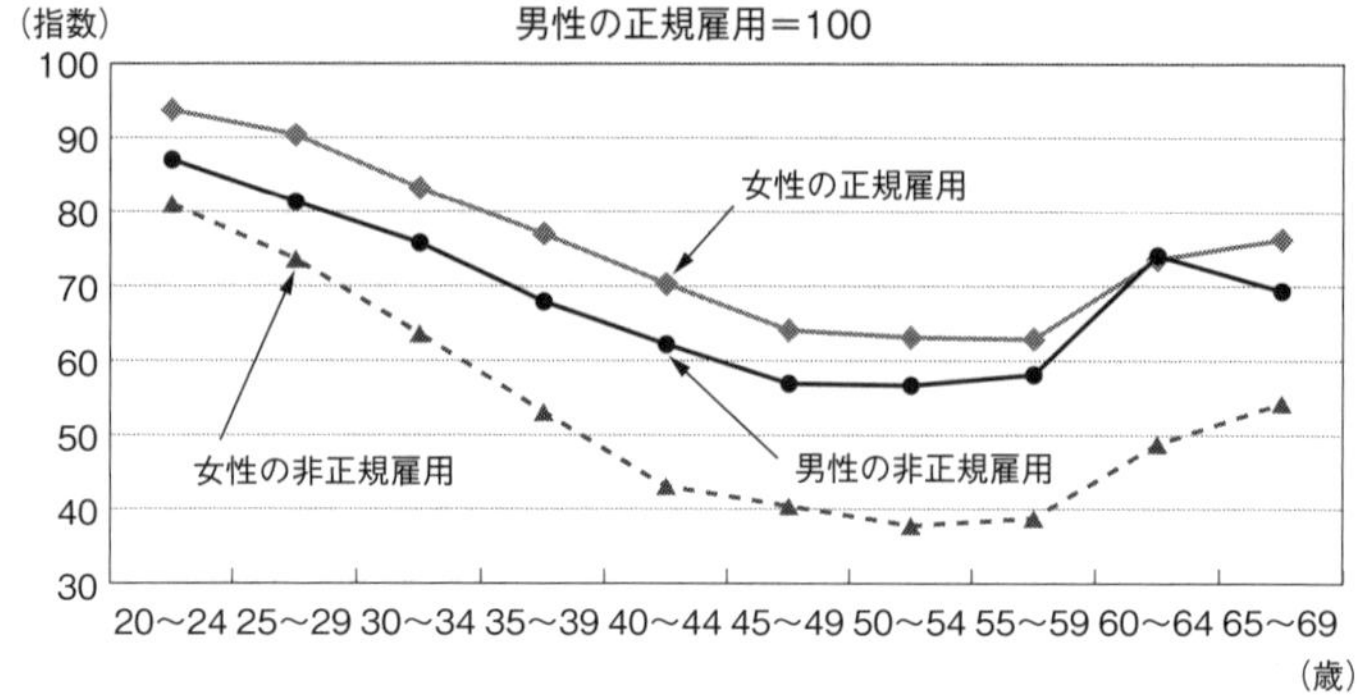

（注）「賃金」とは、平均所定内給与額のことであり、「きまって支給する現金給与額」のうち、時間外勤務手当などの「超過労働給与額」を差し引いた額。所得税などを控除する前の額をいう。なお、上記は2008年6月分の所定内給与額である。

（資料）厚生労働省『平成20年賃金構造基本統計調査（全国）結果の概況』2009年3月により筆者作成。

るケースが多いと思われる。

4　高齢期における単身世帯の貧困要因

次に、高齢期における単身世帯の貧困要因を考察していこう。高齢単身世帯の収入をみると、他の世帯類型に比べて公的年金の比重が大きい。具体的には、65歳以上の単身世帯の総所得に占める所得種類別金額割合をみると、公的年金74・1%、稼働所得13・3%、仕送り・企業年金5・2%、財産所得5・0%となっている（注9）。男女でみても、高齢単身男性の総所得の71・4%、高齢単身女性の同75・2%が公的年金となっている。

（注9）厚生労働省（2008）『平成20年国民生活基礎調査』所得表、第90表。

これに対して、高齢夫婦のみ世帯では、総所得に占める公的年金の割合は65・1％、稼働所得は22・7％となっていて、単身世帯に比べて公的年金の比重が小さい。また、三世代同居世帯では、同居の成人子の稼働所得などがあるため稼働所得の比率が78・8％と高く、公的年金は16・5％である。このように他の世帯類型と比較して、高齢単身世帯では公的年金の役割が大きい。そこで以下では、高齢単身世帯の公的年金の受給状況をみていこう。

公的年金の概要

公的年金の受給状況をみる前に、公的年金制度の概要を説明しておこう。公的年金は、20～60歳未満の全国民が加入する1階部分の国民年金（基礎年金）と、被用者（雇用者）が加入する被用者年金（厚生年金・共済年金）から構成される。厚生年金は会社などに勤務する一般被用者、共済年金は公務員に加入が義務付けられている。

厚生年金や共済年金では、労使折半で賃金に応じた一定割合の保険料を拠出し、基礎年金に上乗せする形で報酬比例の年金を受給できる。これに対して、国民年金は、定額保険料を支払って定額給付となっている。国民年金（老齢基礎年金）の満額給付は40年間保険料を拠出して月額6・6万円（2008年現在）である。ただし、月額6・6万円はあくまで40年間保険料を拠出した場合に受給できる満額であって、拠出期間が短ければそれに応じて国民年金の受給額も低下する。ちなみに、国民年金の保険料の最低拠出期間は25年間になっており、25年に満たなければ国民年金を受給できない。

高齢単身世帯の公的年金の受給状況

図表３－13は、高齢単身男女と高齢夫婦世帯について、厚生年金・共済年金（遺族厚生年金、遺族共済年金を含む）の受給の有無を尋ねたものである。夫婦世帯と単身男性では８割以上が厚生年金・共済年金を受給しているのに対して、単身女性では７割にとどまっている（注10）。

厚生年金・共済年金を受給しない単身女性としては、非正規労働者として国民年金に加入してきた単身女性や、夫婦で自営業を営み夫と死別した単身女性などが考えられる。ちなみに、55～74歳の単身男女にこれまでの就労経歴を尋ねると、「非正規雇用が最も長い」と回答した単身男性は８・７％なのに対して単身女性は21・４％となっていて、非正規労働者の比率が高い（注11）。

そして、厚生年金・共済年金を受給しない単身世帯の公的年金受給額は、それらを受給する単身世帯の年金額の３～４割弱の水準になっている。また、世帯収入を比較しても、厚生年金・共済年金を受給する単身世帯の５割程度の水準にとどまる。さらに、世帯収入１５０万円以下の低所得世帯の割合も、厚生年金・共済年金を受給する単身世帯では２～３割なのに対して、同年金を受給しない単身世帯では５～６割程度にのぼる。厚生年金・共済年金を受給できるか否かは、世帯収入に大きな影響

（注10）夫婦世帯では83・８％が「厚生年金・共済年金あり」と回答しているが、「不明」と回答した13・５％の中にも、厚生年金・共済年金の受給者がいると推測される。したがって、厚生年金・共済年金を有する世帯の割合は、単身世帯よりも夫婦世帯のほうが相当程度高いと考えられる。

（注11）内閣府男女共同参画局（２００８）『高齢男女の自立した生活に関する調査結果』２００８年６月。

図表3-13：世帯類型別にみた公的年金の受給状況　(2006年)

	受給者に占める構成比（%）		公的年金受給額（万円）		世帯収入（万円）		世帯収入150万円未満世帯の割合（%）	
厚生年金・共済年金の有無（注1）	あり	なし	あり	なし	あり	なし	あり	なし
単身男性	82.5	17.5	171.2	50.9	254.9	137.9	20.8	50.5
単身女性	71.3	28.8	145.4	53.4	200.1	94.9	31.4	64.6
夫婦世帯	83.8（注2）	2.7（注2）	198.3（注3）	86.7（注3）	288.4（注4）	162.7（注4）	11.2（注5）	54.7（注5）

（注）1．調査対象は、厚生年金および国民年金の受給者2万3,000人（有効回答数1万2,153件、回収率52.9%）。夫婦世帯の場合、夫婦のどちらかに厚生年金・共済年金があれば、「あり」となる。
2．夫婦世帯では「あり」「なし」を合計しても100%にならない。これは「有無不明」（13.5%）があるため。
3．夫婦世帯の年金額や世帯収入は、世帯員数の平方根で除した「等価所得」を示した。原数値は、あり（280.4万円）、なし（122.6万円）。
4．上記注3と同じ。原数値は、あり（407.8万円）、なし（230.1万円）。
5．夫婦世帯では、200万円未満（等価所得ベースで141万円未満）の世帯割合を示した。
（資料）厚生労働省『老齢年金受給者実態調査』（2006年）により、筆者作成。

を与えている。

一方、厚生年金・共済年金を受給する単身世帯であっても、単身女性では3割程度が世帯収入150万円未満となっている。これは正規労働者であっても、女性は男性よりも平均就業年数が短いことや、男女の賃金格差が年金受給額に反映するためと考えられる。実際、55～74歳で正規労働者としての就業経験をもつ単身世帯に正規雇用としての就業年数を尋ねると、単身男性の平均正規雇用年数は33・1年なのに対して、単身女性の同年数は21・0年と10年以上も短い（注12）。また、男女の賃金格差については、図表3－12でみた通り、例えば45～54歳の女性正規労働者の賃金は、同年齢の男性正規労働者の6割強の水準である。

（注12）内閣府男女共同参画局（2008）『高齢男女の自立した生活に関する調査』2008年6月。

このように高齢単身世帯——特に高齢単身女性——の貧困要因としては、公的年金の２階部分にあたる厚生年金や共済年金を受給しない者の割合が高いことがあげられる。また、厚生年金・共済年金の受給者であっても現役時代の所得が低いことや、保険料の拠出期間が短いことが影響している。

単身世帯と無年金者

なお、上記の調査では無年金者の割合が不明である。厚生労働省『平成19年国民生活基礎調査』に基づいて、65歳以上の者のいる世帯について「公的年金・恩給受給者のない世帯」の割合をみると、世帯全体では３・３％なのに対して、高齢単身男性では11・３％、同単身女性では３・９％となっている（注13）。高齢単身男性の１割強が公的年金を受給しておらず、他の世帯類型と比較して著しく高い。

先に、60代と70代の単身男性における生活保護受給者の割合が17％前後にのぼることを指摘したが（前掲、図表３－７）、この背景のひとつとして、無年金者の比率が高いことが推測される。

（注13）他の世帯類型（65歳以上の者がいる世帯）で、公的年金・恩給受給者のいない世帯の割合は、夫婦のみ世帯２・０％、夫婦と未婚の子のみの世帯３・２％、一人親と未婚の子のみの世帯４・３％、三世代世帯２・３％となっている（厚生労働省『平成19年国民生活基礎調査』第１巻、第１０３表、３１５頁）。

高齢単身女性では離別者の生活が苦しい

ところで、単身世帯と一口にいっても、「配偶者と死別した単身者」「離別した単身者」「未婚の単身者」というように異なる配偶関係が考えられる。では、配偶関係の違いによって、単身世帯の収入にどのような違いがあるのだろうか。この点、内閣府では、55〜74歳の単身男女について配偶関係別に年収を調査している（注14）（図表3－14）。

その結果をみると、単身女性の中で年収120万円未満の低所得者層の割合が最も高いのは、離別した単身女性である。離別した単身女性は33％が年収120万円未満となっており、死別した単身女性の21％、未婚の単身女性の19％に比べて低所得者層の比率が高い。

では、なぜ離別した単身女性において低所得者層の割合が高いのか。この点、配偶関係別に就業経歴を尋ねると、離別女性の30・0％が「非正規雇用が最も長い」と回答しており、未婚単身女性の16・7％、死別単身女性の18・7％に比べて高い比率になっている。離別女性において低所得者層が高いのは、「非正規労働」に従事する人の割合が高いことが一因である。ここからは、専業主婦などをしていた女性が、離婚後に新たな正規労働の職を見つけるのが難しいという状況が推察される。

一方、現行の公的年金制度では、夫（あるいは妻）の厚生年金を主たる収入とする夫婦において夫

（注14）なお、本調査の対象は55歳以上となっているので、年金受給者のみを対象としているわけではない。また、この調査は55〜74歳の4000人の男女を対象にした調査の中から単身世帯のみを抽出して分析したため、サンプル数が少ない点にも留意が必要である。しかし、日本では単身世帯の家計状況を配偶関係別に考察した調査は少なく、貴重なものである。

図表3-14：単身世帯（55〜74歳）の配偶関係別にみた年間収入

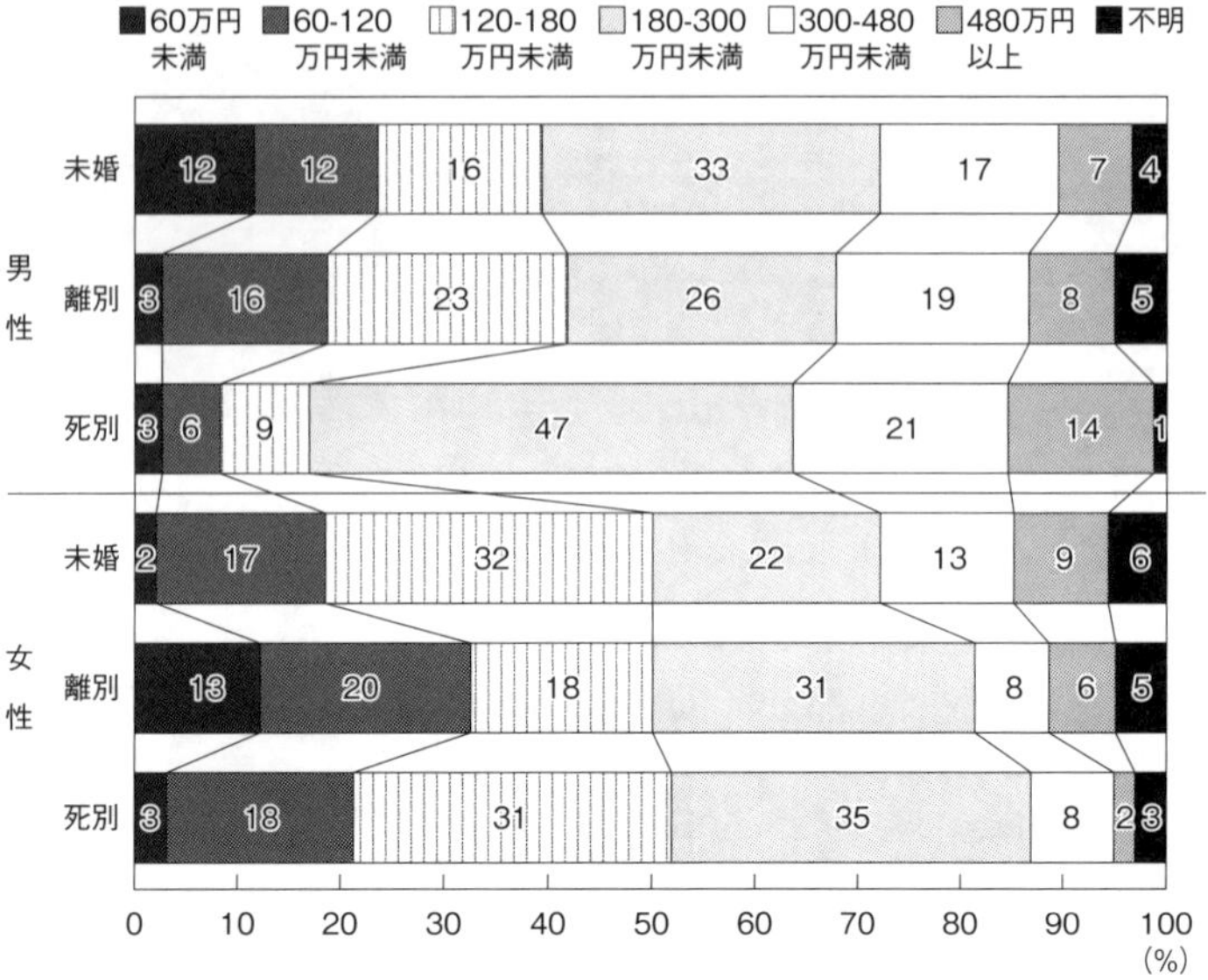

（注）1．平均所得は、未婚男性240.7万円、離別男性258.9万円、死別男性331.7万円。未婚女性245.3万円、離別女性205.7万円、死別女性202.9万円、となっている。
2．サンプル数は、未婚男性86人、離別男性74人、死別男性71人、未婚女性54人、離別女性80人、死別女性166人。
（資料）内閣府男女共同参画局『高齢男女の自立した生活に関する調査結果』2008年6月。

（あるいは妻）が死亡した場合、残された妻（あるいは夫）には当該厚生年金の4分の3が遺族厚生年金として支給される。死別した単身女性は、遺族年金によって老後の生活が悪化しないように配慮されている。

離別した単身女性にはこのような制度がなかったが、2004年度の年金改正によって、離婚時の厚生年金について分割制度が導入された。これは、保険料や年金給付額の算定基準となる標準報酬を離婚した当事者間で分割するというものである。離婚した人の各年金額は分割された標準報酬に基づき支給される。分割制度には2種類の制度があり、当事者間の合意や裁判手続きによって分割割合を定める「合意分割制度」と、第3号被保険者であった扶養配偶者からの請求によって自動的に2分の1に分割される「3号分割制度」がある。こうした制度が設けられたことは、離別した単身女性の老後の所得保障にとって大きなプラスである。

しかし「合意分割制度」は07年度、「3号分割制度」は08年度から開始され、両年以前に離別した人々には適用されない。当分の間は、離別した単身女性の貧困問題は続くことが考えられる。

また、当然のことながら、未婚の単身女性も遺族年金などの制度によって救済されることはない。しかし、未婚単身女性の低所得者層の割合は、離別した単身女性よりも低い。一方、未婚の単身女性では年収300万円以上の所得をもつ者の割合も高い。未婚女性の中には、生涯未婚を覚悟して将来に備えてある程度の経済的な基盤を築いてきた人が多いのではないかと推測される。

高齢単身男性では未婚者の生活が厳しい

一方、単身男性では、未婚者の24％が年収120万円未満となっており、離別者の19％、死別者の9％に比べて低所得者層の割合が高い。また、単身未婚者では年収60万円未満の層も12％もいる。この点、未婚単身男性の就業経歴をみると、「主に正規雇用に従事」と答える人の割合が65・1％となっていて、単身離別男性の70・3％、単身死別男性の77・5％に比べて低い（注15）。年収が低く、雇用が不安定なために、結婚が難しいという状況が窺える。

このように、55～74歳の単身男女について配偶関係別に年収を比べると、単身男性では未婚者、単身女性では離別者が、特に厳しい経済状況にあると推察される。

5 低所得の単身世帯の貯蓄

ここまで述べてきたように、単身世帯では低所得者の割合が高い。しかし、フローの所得が低くても、老後や失業・病気といったリスクに対して金融資産で備える方法も考えられる。先述の通り、単身世帯の金融資産をみると、50代までは男女共に単身世帯のほうが二人以上世帯よりも高い水準にある。また、70歳以上の単身者も、老後生活の赤字を賄うのに十分な金融資産を有していた。

しかし、これはあくまで単身世帯の平均像であり、単身世帯では金融資産の格差が大きい。そこで単身世帯の貯蓄残高をみると、貯蓄残高１５０万円未満の者の割合が、単身男性では各年齢階層共に2～3割弱にものぼっている（図表３－15）。単身女性でも1～2割強となっている。

しかも、低所得世帯ほど貯蓄残高が低い傾向がみられる。例えば、年収１５０万円未満の勤労単身世帯のうち貯蓄残高１００万円未満の世帯割合は、単身男性で59・８％、単身女性で42・６％となっている（注16）。

（注15）内閣府男女共同参画局（２００８）『高齢男女の自立した生活に関する調査』47頁、56頁。

図表3-15：貯蓄現在高150万円未満の単身世帯の割合（2004年）

（単位：％）

			30代	40代	50代	60代	70歳以上
単身世帯	男性	150万円未満	20.1	23.3	26.1	20.6	17.4
	女性	150万円未満	25.7	18.1	18.4	12.4	12.3
（参考）二人以上世帯		300万円未満	33.8	18.9	13.4	10.0	10.5

（注）１．二人以上世帯の年齢階層は、世帯主の年齢に基づく。
２．網掛けは、20％以上の箇所。
（資料）総務省『平成16年全国消費実態調査（家計資産編）』第16表、20表により筆者作成。

また、高齢単身世帯でも、公的年金受給額が１５０万円未満の単身世帯のうち貯蓄残高が１００万円未満の世帯割合は、単身男性で51・１％、単身女性で42・４％にのぼる（注17）。低所得の単身世帯は、老後や失業というリスクを金融資産で補うことが難しい。

さらに、先述の通り、単身世帯では、二人以上世帯に比べて持ち家率が低い。借家に住む単身者は、無業になれば家賃を払えず住居を失うリスクも抱えている。

本章のまとめ

本章の要点をまとめると、下記の点があげられる。

・単身世帯の所得や金融資産の水準を二人以上世帯と比べると、現役世代であれば単身世帯が上回るが、高齢期に入ると二人以上世帯よりも低い水準となる。また、単身世帯は

（注16）総務省『平成16年全国消費実態調査（世帯分布編）』（２００４年）、12表。
（注17）厚生労働省『老齢年金受給者実態調査』（２００６年）、39表。

二人以上世帯に比べて持ち家率が低い。
- 単身世帯では二人以上世帯よりも所得格差が大きく、平均像では単身世帯の実態を捉えられない。単身世帯では二人以上の世帯よりも年収150万円以下の低所得者層の割合が高く、また現役世代であっても50代を中心に生活保護受給者の割合が高い。単身世帯の貧困は、高齢期の問題であると同時に、中年期の問題でもある。
- 勤労世代の単身世帯で低所得者層の割合が高い要因としては、非正規労働者として働く人の割合が高いことや、失業や病気などによって無業者となる人の割合が高いことなどがあげられる。
- 一方、高齢期における単身世帯の貧困要因としては、単身女性を中心に、現役時代に非正規労働に従事する者が多いことから、公的年金の2階部分にあたる厚生年金や共済年金を受給しない者の割合が高いことや、厚生年金・共済年金の受給者であっても現役時代の所得が低いために年金額が低いことがあげられる。また、高齢単身男性の1割強が無年金者となっていて、他の世帯類型と比較して著しく高い。
- 55～74歳の単身世帯について配偶関係別に年収をみると、離別した単身女性と未婚の単身男性において低所得者層の割合が高い。
- 今後単身世帯の増加に伴い、貧困問題が深刻化していくことが予想される。

第4章 単身世帯と介護

単身世帯では、同居家族による介護を期待できない。単身高齢者が介護を必要とする状態（要介護状態）になった場合、同居家族のいる高齢者とは異なる問題を抱えることが考えられる。

ところで、日本では2000年に「介護の社会化」を目的に公的介護保険が導入された。公的介護保険によって家族に頼らずとも必要な介護サービスを受けられるのならば、単身世帯の抱える介護への懸念は相当程度緩和されるはずである。

介護保険導入後の状況をみると、様々な問題点が残されているものの、介護保険は要介護者を抱える家族にとって大きな助けとなっていると筆者は考える。ただ、依然として家族介護が中心的な役割を果たす状況は続いている。「介護の社会化」が家族介護を不要とする状態を意味するのであれば、現時点ではそれは「幻想」と言わざるをえない。北欧のように、公的介護サービスを中核に要介護高齢者に対応していくには、財源もマンパワーも絶対的に不足している。

今後高齢単身世帯が増加していけば、介護をめぐる問題が一層深刻化していくことが予想される。特に配偶者と死別した高齢単身者のみならず、今後は未婚の高齢単身者が増加していく。未婚の高齢単身者は、配偶者だけでなく子供もいないので、家族介護の余地は小さく、今よりも「介護の社会化」が求められていくであろう。

そこで本章では、まず２０００年に導入された公的介護保険制度の目的と導入後の利用状況をみながら「介護の社会化」の実態を概観する。その上で、単身者が要介護状態となった場合の介護の実態について、他の世帯類型と比較しながら特徴を探る。そして、単身世帯の増加に伴う介護保険制度の課題を考察していこう。

1　介護保険制度の利用状況

介護保険導入の背景

２０００年に導入された公的介護保険の目的は、「介護の社会化」である。この背景には、高齢化の進展に伴って介護を必要とする高齢者が増加してきたことと、核家族化の進行・女性の社会進出・兄弟姉妹数の減少などによって、家族介護では十分な対応が困難になってきたことがあげられる。そこで、要介護高齢者の不安や、介護を担う家族の負担を軽減するため、家族が介護を一身に引き受けるのではなく、社会全体で分担すべきだと考えられるようになってきた。

もうひとつの目的は、「社会的入院」の是正である。「社会的入院」とは、治療が終了した後に、医学的には入院の必要性が乏しいのにもかかわらず、患者や家族の生活上の都合や、福祉施設に入所できないなどの社会的理由によって、長期間——一般に6カ月以上——入院することをいう。ちなみに介護保険制度開始前は、「65歳以上の高齢者の入院患者のうち約4〜5割が6カ月以上の長期入院であった」と指摘されている（注1）。社会的入院は、医療費の無駄遣いにつながるばかりでなく、入院している本人にとっても適切な療養環境とはいえない。そこで公的介護保険によって在宅介護などを充実させて、社会的入院を減少させることが考えられた。

介護保険の利用状況

では、介護保険の導入によって日本の介護はどのように変わったのだろうか。

まず、介護が必要と認定された「要介護認定者」の人数は、介護保険を導入した2000年4月からの8年間で2・12倍にもなり、現在全国に463万人（08年4月末現在）もいる。要介護認定者は、65歳以上の高齢者人口の16％程度を占めている。もっとも、「前期高齢者（65〜74歳）」と「後期高齢者（75歳以上）」では、各人口に占める要介護認定者の割合（要介護認定率）は大きく異なる。

（注1）二木立（2007）『介護保険制度の総合的研究』勁草書房、271頁。なお同論文の初出は2006年1月。

前期高齢者の要介護認定率は４・５％なのに対して、後期高齢者に占める同認定率は29・８％と約６・６倍の水準である（注２）。つまり、後期高齢者では、ほぼ３人に１人弱が要介護者と認定されている。

ただし、要介護認定者が全て公的介護保険を利用しているわけではない。08年４月の利用者は３６９万人となっていて、実際の利用者は要介護認定者数の８割程度である（注３）。介護保険サービスを全く利用していない残りの２割の人々は、家族介護などで対応しているものと考えられる。しかし、介護保険サービスを全く利用しない人の割合は低下し、利用者数も介護保険導入当初と比べて８年間で２・４８倍に増加している。

こうした介護保険利用者の拡大に伴い、介護保険の総費用（保険給付と１割の自己負担の合計額）も大きく増加している。２０００年度には３・６兆円（実績）だったが、09年度には７・７兆円（予算ベース）となり、２・１４倍に増えている（注４）。

（注２）社会保障国民会議・サービス保障分科会（２００８年４月９日）、資料３、８頁。
（注３）厚生労働省（２００９）『平成19年度介護給付費実態調査結果の概要』
（注４）週刊社会保障編集部（２００９）「介護保険制度の現状と課題」『週刊社会保障』２５４８号、２００９年９月21日－28日号、１０８頁。

介護保険導入後も「家族介護」が中心

このように介護保険が導入された2000年から08年の8年間で、要介護認定者数は2・12倍、介護サービスの利用者数は2・48倍、介護保険の総費用は2000年度から2009年度までに2・14倍に増加した。ちなみに、この間、65歳以上人口は1・28倍（08年）、75歳以上人口は1・47倍（08年）になったので、要介護認定者数、利用者数は、高齢者人口の伸びを大きく上回っている。

次に在宅と施設に分けて、介護サービスの利用者数をみていこう。まず、在宅で介護サービスを利用する者は、01年5月から09年5月にかけて2・1倍に増加している（注5）（図表4－1）。

では、在宅介護において「介護の社会化」は達成されたのであろうか。この点、在宅で要介護者を抱える世帯に「主な介護者」を尋ねると、71％の世帯が「家族等の介護者」と回答し、「事業者」と回答した世帯はわずか12％にすぎない（注6）。要介護者を抱える多くの世帯が公的な居宅サービスを利用しているものの、事業者が「主たる介護者」までにはなりえておらず、依然として家族介護が主体となっている。

そして、家族を「主たる介護者」とする世帯71％の内訳をみると、同居家族による介護が60％、別居家族による介護が11％となっている。さらに、同居家族による介護について、要介護者からみた主

（注5）統計上の制約があって、2001年5月審査分～2009年5月審査分の比較。先に示した利用者数とは期間が異なる点に注意。
（注6）厚生労働省（2008）『平成19年国民生活基礎調査』第2巻、全国編（健康・介護）第42表、380頁。

図表4-1：主な介護サービス受給者数の変化
―2001年5月と2009年5月審査分―

（単位：万人）

			2001年5月	2009年5月	倍　率
受給者総数			**197.2**	**382.5**	**1.9**
居宅サービス受給者計			**133.7**	**283.9**	**2.1**
	訪問通所受給者計		128.0	260.2	2.0
		訪問介護	51.8	115.8	2.2
		訪問入浴介護	6.9	7.9	1.1
		訪問看護	18.8	25.8	1.4
		訪問リハビリテーション	1.4	5.5	3.9
		通所介護	53.7	126.8	2.4
		通所リハビリテーション	29.5	47.4	1.6
		福祉用具貸与	28.8	104.7	3.6
	短期入所受給者計		12.5	31.3	2.5
		短期入所生活介護	9.5	26.2	2.8
		短期入所療養介護（老健）	2.8	5.1	1.8
		短期入所療養介護（病院など）	0.3	0.4	1.3
	居宅療養管理指導		13.8	26.2	1.9
地域密着型サービス	認知症対応型共同生活介護（グループホーム）		0.9	13.7	15.8
	特定施設入所者生活介護（有料老人ホームなど）		1.0	12.6	12.9
施設サービス受給者計			**61.3**	**83.9**	**1.4**
	特別養護老人ホーム（特養）		28.7	42.8	1.5
	老人保健施設（老健）		22.5	32.2	1.4
	介護療養型医療施設		10.4	9.5	0.9

（注）１．2008年の「訪問介護」には、地域密着型サービスにおける「夜間対応型訪問介護」の利用者数を加算。また同様に、「通所介護」には「認知症対応型通所介護」を加算。
２．2001年には「地域密着型サービス」という分類はなく、居宅サービスに区分された。
（資料）厚生労働省『介護給付費実態調査月報』2001年5月審査分、2009年5月審査分により筆者作成。

な介護者の続柄は、配偶者（25％）、子供（18％）、子供の配偶者（14％）、その他（3％）となっている。

施設介護の利用状況

では、施設介護は、どのような利用状況であろうか。施設介護であれば、24時間施設で対応してもらえるので、基本的には家族介護は不要である。

施設介護の利用者数をみると、２００１年５月から09年５月にかけて、１・４倍になっている（図表４－１）。施設ごとの伸びをみると、特別養護老人ホームは1・5倍、老人保健施設は1・4倍、介護療養型医療施設は0・9倍になっている。なお、介護療養型医療施設の利用者数が01年と比較して減少しているのは、2011年度末までに同施設は廃止の予定になっていたことなどが影響している（注7）。

居宅サービスの利用者が2倍程度になったのに比べて、施設介護の利用者の伸びは低い。これは、施設サービスへの需要が低いためではない。介護施設には、首都圏を中心に多数の入所待ちの要介護高齢者がいる。例えば、09年の特別養護老人ホームの入所申込者数は全国で42・1万人である（注8）。内訳としては、在宅で入所待機している要介護者が20万人、病院や介護老人保健施設（老健）などで待機している人が22万人いる状況だ。要介護度が4～5であっても、6・7万人が在宅で待機している。ちなみに、要介護4と5の要介護者を抱える同居家族（主な介護者）に介護時間を尋ねると、要介護4では44％、要介護5では53％が「ほとんど終日」と回答している（注9）。「老老介護」が増える中で、「在宅介護は限界にきている」という声が聞かれる。

そもそも介護保険の創設によって、在宅介護が充実すれば、施設介護への需要は減少するとみられ

（注7）自民党政権下では社会的入院の解消に向けて、介護型療養病床を2011年度末までに廃止する予定であった。しかし、2009年の総選挙で政権を獲得した民主党のマニフェストでは「当面、療養病床削減計画を凍結し、必要な病床数を確保する」（19頁）ことが示されている。今後の行方は不透明である。
（注8）厚生労働省（2009a）『特別養護老人ホームの入所申込者の状況』2009年12月22日。
（注9）厚生労働省（2008）『平成19年度国民生活基礎調査』第2巻、全国編（健康・介護）第50表、391頁。

ていた（注10）。しかし、実際には施設サービスへの需要は高まっている。この背景には、後述する通り、現在の在宅サービスの支給限度額では、重度の要介護者が必要とする介護を充足できず、家族の負担が重いことが考えられる。一方で、施設介護は在宅介護よりもコストがかかると指摘されており、自治体などが財政上の事情から施設の拡充を抑制してきたこともあげられる。

二桁の伸びを示す居住系サービス

このような中で、前記の介護施設の不足を補うものとして、認知症高齢者が共同で生活する「グループホーム」や、一定の基準を満たして介護保険上「特定施設」に指定された有料老人ホームやケアハウスで介護サービスを受ける利用者が大きく増加している。グループホームの利用者は、８年間で15・８倍に伸び、特定施設の利用者も12・９倍になっている（図表４－１）。

特定施設におけるサービスは、介護保険上は「施設介護」に位置づけられておらず、「在宅」と「施設」の中間で、要介護高齢者に多様な住まいの選択肢を付与するために設定されたものである。「居住系サービス」と呼ばれ、２００６年度からは従来の有料老人ホームとケアハウスのみならず、一定の要件を満たす高齢者向け住宅（高齢者専用賃貸住宅、高齢者向け特定優良賃貸住宅）も特定施設の

（注10）この点、二木（２００７）は、２００１年の段階で「在宅ケアを拡充すれば施設ケアを減らせる、わけではない」ことを指摘している。つまり、施設ケアと在宅ケアの関係は「代替的というよりは、補足的である」と指摘する（２６４頁）。

対象として指定を受けられるようになった。つまり、高齢者が賃貸契約などを結んで居住する住まいにおいて、介護保険からサービスを受ける。

ただし、自治体にとって居住系サービスは、施設サービスよりもコストは低いが(注11)、居宅サービスよりはコストが高い。このため、保険者である地方自治体が施設と同様に、特定施設の新設を規制する動きもみられる(注12)。

「介護の社会化」という理念

そもそも公的介護保険は、「介護の社会化」を目的に導入された。介護保険の検討段階で開催された1994年の研究会の報告書をみると、「家族による介護に過度に依存し、家族が過重な負担を負うようなことがあってはならない。在宅ケアにおける家族の最大の役割は、高齢者を精神的に支えること」であると記されている(注13)。また、「特に重度の障害があるような高齢者や一人暮らしで介護が必要な高齢者については、24時間対応を基本としたサービスの体制の整備が求められる」とも述

(注11) 特別養護老人ホームなどの介護施設においても、2005年10月から居住費と食費の全額が自己負担となった。しかし、居住費や食費は、有料老人ホームと比較して安価に設定されている。その分、介護施設では自治体の負担が重くなる。
(注12) 池上直己（2009）「ゼミナール　疲弊する地域医療　第25回」日本経済新聞2009年11月11日付朝刊参照。
(注13) 高齢者介護・自立支援システム研究会（1994）『新たな高齢者介護システムの構築を目指して』1994年12月。厚生省の内部検討組織である高齢者介護対策本部の本部長（事務次官）の私的研究会。

べている。

さらに２００３年には、介護保険導入後の３年間の状況を踏まえながら今後の公的介護保険の見直しの方向性を検討した厚生労働省老健局長の私的検討会の報告書（高齢者介護研究会『２０１５年の高齢者介護』２００３年）が発表されている。そこには、「高齢者の尊厳を支えるケア」を基本理念として、「在宅で３６５日・24時間の安心を提供する」として「切れ目のない在宅サービスの提供」を新しいサービス体系として確立することを提案している。

このように「介護の社会化」は、公的介護保険の導入後も重要な理念となっている。しかし、要介護者を抱える7割の世帯が「主な介護者は家族」と回答するように、現行の公的介護保険の給付水準は、「介護の社会化」というよりも、家族介護を前提とした上でそれを社会的に補完するレベルのように思われる。実際、要介護高齢者が1カ月に利用できる在宅介護サービス給付の支給限度額をみると、最も支給限度額の高い「要介護５」の場合、支給限度額は月額35万８３００円となっている。仮に支給限度額全てを在宅の「身体介護」に充てた場合でも、１日5時間のサービスしか受けられない。「３６５日・24時間」のサービスを提供できる設計にはなっておらず、家族介護に頼らざるをえない実態がある。

依然として「家族介護」が中心となっている背景

では、なぜ「介護の社会化」が謳われながら、実現できないのか。この最大の要因は、財政上の制約であろう。「介護の社会化」を実現するには、財源が絶対的に不足している。具体的には、「３６５日・24時間」のサービス提供の体制を整備するには、介護職員数を増やさなくてはならない。そのためには、介護職員の待遇改善も必要である。さらに、施設介護を希望する要介護高齢者に向けて介護施設の増加も必要であり、それには介護保険料の引き上げや増税による財源確保が必要になる。

ちなみに、概ね「３６５日・24時間」の公的介護サービスを実現している北欧諸国の公的介護費用の対ＧＤＰ比（２００５年）と比べてみると、日本が０・９％なのに対して、スウェーデン（３・３％）、フィンランド（２・９％）、デンマーク（２・６％）、ノルウェー（２・６％）は、日本の３〜４倍程度の高い水準にある（注14）。どの程度の「介護の社会化」を実現していくかは、負担との関係も含めて今後国民全体で議論を深めていく必要があるが、日本が現在の負担水準のままであれば「介護の社会化」は実現できない。

また、家族介護が中心になっているもうひとつの背景として、要介護高齢者側の経済的事情があげられる。公的介護保険では、利用者に１割の自己負担が求められている。もし「要介護５」の高齢者が支給限度額の枠一杯の介護サービスを受けた場合、毎月３万５８３０円の自己負担を負うことになる（注15）。これに対して家族介護は無償である。自己負担額を抑制するために、家族介護を選択する

（注14）OECD（2006）Projecting OECD Health and Long-term Care Expenditures: What are the Main Drivers?, Economic Department Working Papers, No.477, p.31.

要介護高齢者も少なくないと思われる。

2 単身世帯の介護の実態

以上のように、介護保険は創設されたものの、依然として家族が「主たる介護者」となっている。真の意味での「介護の社会化」は実現できていない状況である。

問題は、今後増えていく単身世帯では、少なくとも同居家族による介護を期待できないことである。そこで、以下では単身者が要介護者となった場合、どこからどのような介護を受けているのかその実態をみていこう。

高齢単身者の子供の居住場所

まず、高齢単身世帯の中で、家族介護を期待できない人はどの程度いるのだろうか。一口に「高齢単身世帯」といっても、子供が近くに住む高齢単身者も相当程度いるはずである。子供が近所に住んでいれば、家族介護を行いやすい環境にあり、遠方に子供が住む高齢単身者の置かれている状況とは

（注15）ちなみに介護保険では、１カ月の利用者負担額の世帯合計が一定の限度額を超えた場合、その超過額を介護保険から払い戻す制度がある（高額介護サービス費の支給）。限度額は所得によって３段階に区分されている。

異なる。

この点、総務省『平成20年住宅・土地統計調査（確報集計）』（２０１０年）によれば、65歳以上の単身世帯の52・９％は、子供が片道1時間以上の場所に住んでいるか、そもそも子供がいない（図表１－２）。したがって、単身者の５割強は、要介護状態になった場合、日常的に家族介護を受けることは難しいと考えられる。

単身世帯の５割は「事業者」が主な介護者

では、介護保険導入後も依然として家族介護の比重が大きい中で、誰が単身者の介護を担っているのだろうか。ここでは要介護者を抱える「単身世帯」「三世代世帯」「夫婦のみ世帯」を比較していこう。

まず、要介護者を抱える各世帯に「主な介護者は誰か」を尋ねると、単身世帯と他の世帯では回答が大きく異なる（図表４－２）。単身世帯では、「事業者」が５割強と最も高い割合を占め、「子供」「子供の配偶者」「その他親族」といった別居家族による介護の割合を上回っている。

これに対し、三世代世帯では家族介護が中心になっている。「配偶者」「子供」「子供の配偶者」「その他親族」でほぼ9割強を占め、事業者の割合は5％にも満たない。また、夫婦のみ世帯でも「配偶者」「子供」などによる家族介護の割合が9割以上を占め、事業者は1割以下である（注16）。

このように、在宅介護を受けている単身者のうち、家族が「主たる介護者」になっている者の割合は他の世帯類型よりも少なく、５割強が事業者によって担われている。事業者によって担われている

図表4-2：要介護者を抱える世帯について世帯類型別にみた「主な介護者」の続柄
(2007年)

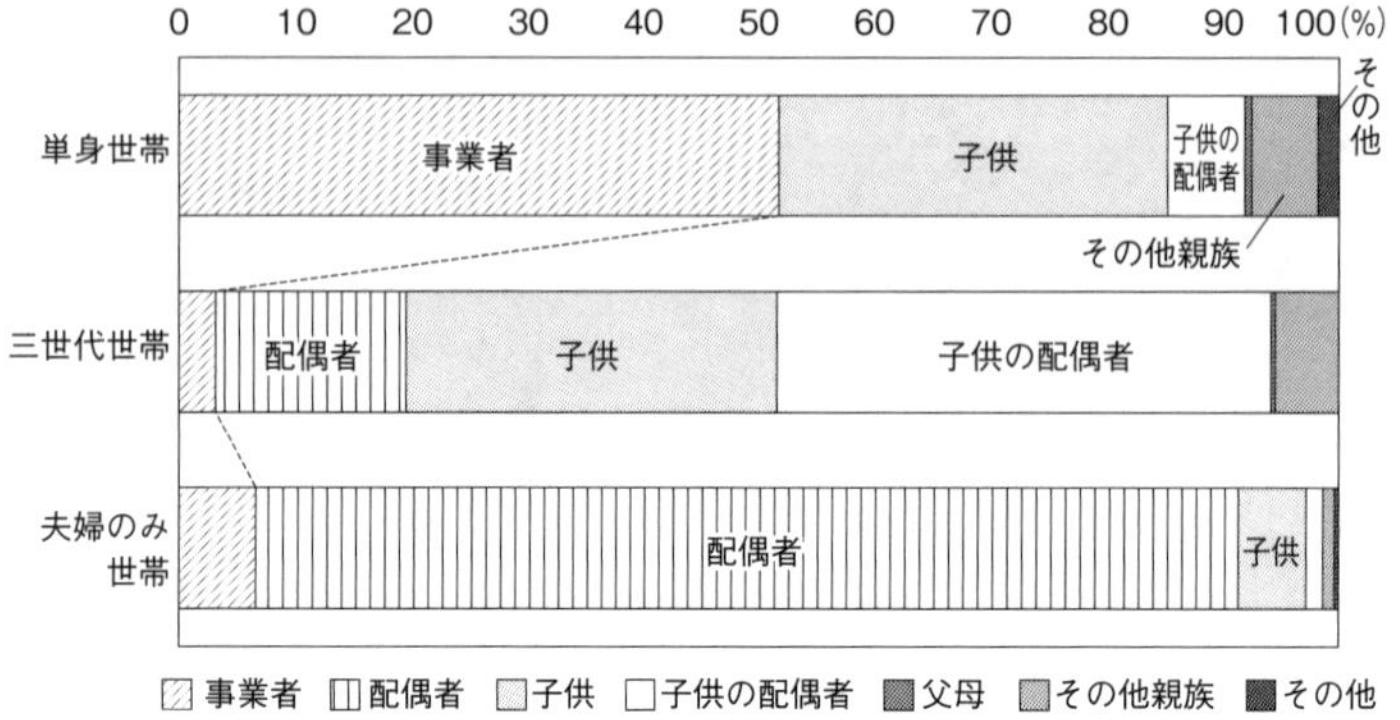

(注) 1．各世帯に属す要介護者数を100とした場合の主な介護者の属性。
2．各世帯において、主な介護者が「不詳」と回答した世帯を除いて算出。
(資料) 厚生労働省『平成19年国民生活基礎調査』第2巻44表により、筆者作成。

介護の多くは公的介護保険による給付と推測されるので、単身世帯の増加は公的介護サービスへの需要を高めていくと考えられる。

単身世帯が利用する居宅サービス

では、単身世帯はどのような居宅サービスを利用しているのであろうか。単身世帯が利用している居宅サービスの内容をみると、訪問介護、訪問

(注16) 世帯類型別に外部からの居宅サービスを利用する世帯の割合をみると、当然のことながら、単身世帯による居宅サービスの利用割合が最も高い。要介護の単身世帯の85・2%が外部の居宅サービスを利用している。しかし単身世帯ほどではないにせよ、三世代世帯や夫婦のみ世帯でも居宅サービスを利用しており、三世代世帯における居宅サービスの利用率は75・4%、夫婦のみ世帯では71・2%となっている(厚生労働省〈2008〉『平成19年国民生活基礎調査〈介護票〉』)。つまり、これらの世帯では、「主たる介護者が家族」ということであって、外部の居宅サービスを利用していないわけではない。

入浴介護、訪問看護、訪問リハビリ、夜間対応型訪問介護など「訪問系サービス」の利用率が78％となっていて、三世代世帯の51％、夫婦のみ世帯の53％よりも高い。また、単身世帯では、「配食サービス」を利用する世帯が12％いて、三世代世帯の２％、夫婦のみ世帯の８％に比較して高くなっている（注17）。

一方、単身世帯では、通所介護、通所リハビリなど日帰りで施設を訪問する「通所系サービス」の利用率は低い。単身世帯で「通所系サービス」を利用する世帯の割合は30％なのに対して、夫婦のみ世帯では39％、三世代世帯54％となっている。通所系サービスは、要介護高齢者が家族以外の人と触れ合う場をもつとともに、家族介護者が介護から解放される時間をもてることなどを目的としている。単身世帯の場合、同居家族がいないので、家族介護者への負担軽減の必要性は他の世帯類型よりも小さい。このため、通所系サービスの利用率が低いと推測される。

では単身世帯では、在宅でどのような介護を事業者に任せているのだろうか。上記の３つの世帯類型で「事業者のみに行ってもらう主な介護内容」の上位5位を比べてみよう。単身世帯が事業者のみから受ける介護サービスの内容をみると、「掃除」「食事の準備」「買い物」といった「生活援助」が上位にあり、その割合も高い（図表４－３）。三世代世帯や夫婦のみ世帯では、「入浴介助」「洗髪」といった「身体介護」が上位になっており対照的である。また、図表にはないが、単身世帯の上位6

（注17）厚生労働省（２００８）『平成19年国民生活基礎調査』第2巻、第25表、３５６頁。

図表4-3：世帯類型別にみた「事業者のみ」が担う主な居宅介護の内容—上位5位—

	単身世帯	三世代世帯	夫婦のみ世帯
1位	掃　除（46.7%）	入浴介助（33.8%）	入浴介助（21.9%）
2位	食事の準備（37.6%）	洗　髪（30.6%）	掃　除（17.3%）
3位	買い物（32.6%）	身体の清拭（17.1%）	洗　髪（16.3%）
4位	入浴介助（29.5%）	散歩（8.5%）	食事の準備（11.7%）
5位	洗　濯（25.8%）	口腔清潔（6.7%）	身体の清拭（10.2%）

（注）要介護者を抱える各世帯類型において、「事業者のみ」にやってもらうと回答した主な介護内容の上位５位。複数回答可能。
（資料）厚生労働省『平成19年国民生活基礎調査』介護（第2巻、第2章）第65表、419-422頁。

位には、「話し相手」という回答がみられ、他の世帯類型との違いが大きい。

これは、同居家族のいない要介護単身者にとっては、「生活援助」が非常に重要なサービスとなっていることを示している。この点、事業者に支払われる介護報酬単価をみると、生活援助は身体介護のほぼ半分程度に抑えられ、しかも２００６年の介護報酬改訂によって生活援助は一日90分までしか報酬が支払われないことになった。単身世帯が増加する中で、生活援助を一律に制限することの妥当性を再検討する必要があろう。

単身世帯では軽度の要介護高齢者が多い

ところで、在宅で要介護者を抱える「単身世帯」「三世代世帯」「夫婦のみ世帯」について要介護度分布をみると、不思議なことに単身世帯では要介護度の軽い者の割合が高い。単身世帯では

図表4-4：世帯類型別にみた要介護者（居宅）の要介護度分布（2007年）

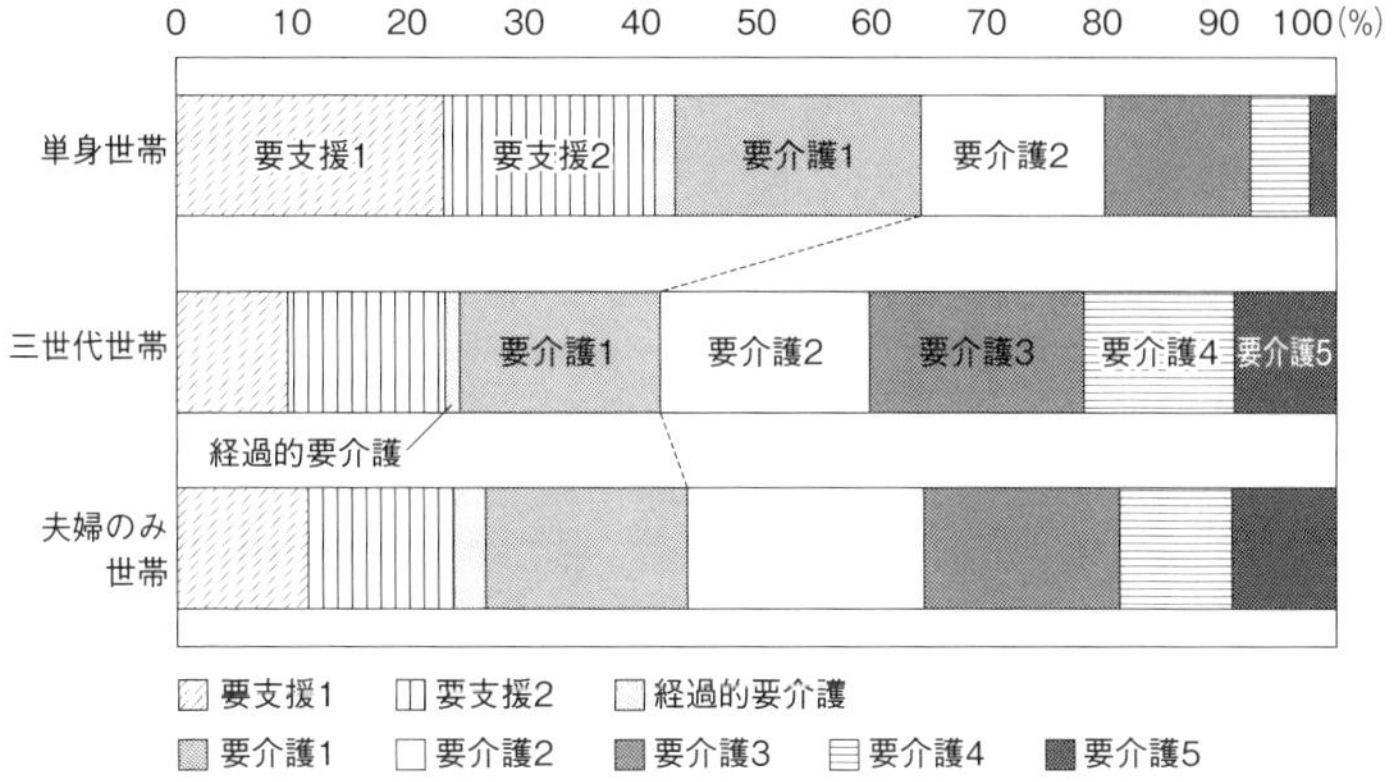

（資料）厚生労働省『平成19年国民生活基礎調査』概要、第20表により、筆者作成。

「要支援1・2」と「要介護1」で6割強を占めているのに対して、三世代世帯や夫婦のみ世帯の同割合は4割強となっている（図表4－4）。

　単身で生活していれば、重度の要介護状態に陥らないという合理的理由はない。では、なぜ単身世帯では、要介護度の低い人の割合が高いのであろうか。これは、単身世帯では要介護度が重くなると一人暮らしの継続が難しくなるので、早めに介護施設や病院などに移転したり、あるいは家族との同居を始めるためではないかと考えられる。なお、単身者が介護施設や病院に移転すれば、統計上「単身世帯」としてカウントされない。「単身世帯」の定義は、「世帯人員が一人の一般世帯」であるため、介護施設や病院に移転すれば「施設等の世帯」となって「一般世帯」に該当しないことになる。

図表4-5：配偶関係別人口に占める社会施設・病院への入所者・入院者の割合（2005年）

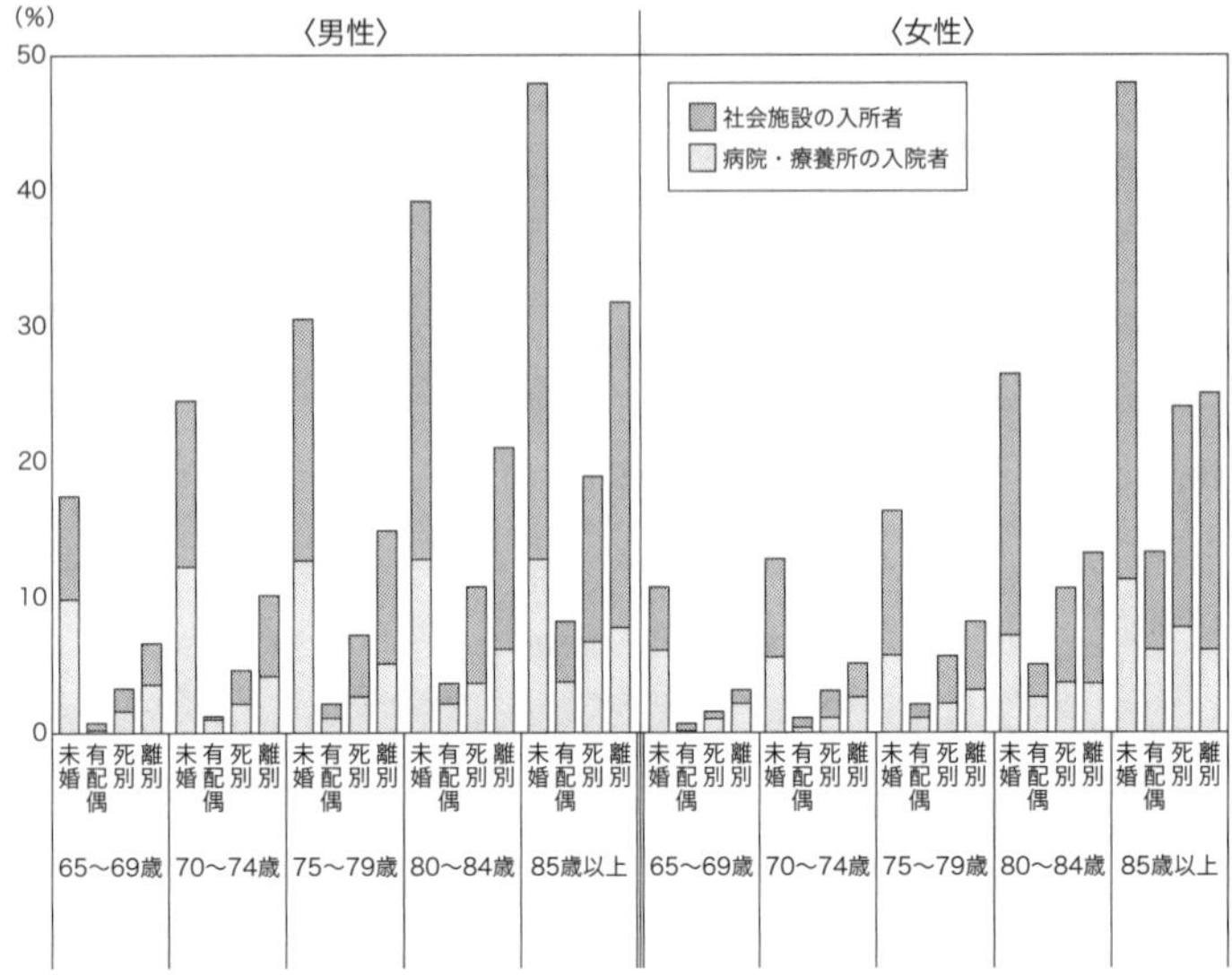

（注）1．年齢階層ごとに、各配偶関係別人口に占める入所者・入院者数の割合を求めた。例えば、未婚者に占める入院・入所者の割合は、「（未婚の入院者・入所者数）／（未婚者総数）」で算出。

2．なお、「病院・診療所の入院者」「社会施設の入所者」は「施設等の世帯」に属し、「一般世帯」には分類されていない。

（資料）総務省『平成17年国勢調査』により筆者作成。

高齢未婚者は早期に施設や病院に入る傾向がある

では、介護施設や病院には、入所前に単身世帯であった人の割合が高いのであろうか。この点、統計上の制約があり、現在施設や病院に入所・入院している高齢者について、入所前に単身世帯であったかどうかを把握できない。

しかし、介護施設や病院といった施設（施設等の世帯）に居住する高齢者の配偶関係を把握することはできる。「高齢未婚者」であれば、配偶者も子供もいないと考えられるので、入所前は単身世帯であった人が相当程度含まれていると推察される。

そこで、65歳以上の配偶関係別人口に占める「社会施設の入所者」と「病院・療養所の入所者」の割合（合計）を求めると、「未婚者」で社会施設や病院への入所者の割合が非常に高い（図表４－５）。例えば、70代後半の未婚男性に占める「社会施設・病院の入所・入院者」の割合は32・０％にのぼるのに対して、同年齢階層の有配偶男性の割合は１・９％にすぎない。

このように高齢未婚者では、他の配偶関係と比較して、介護施設や病院に入所する人の割合が高い。この要因としては、未婚者は子供や配偶者がいないために、早期に入院・入所しているのではないかと推察される。病院や施設に入ることが、高齢未婚者の安心した生活につながっている可能性がある。

実際、高齢者に「介護を必要とする場合に、どこで介護を受けたいか」を尋ねると、単身世帯では、介護場所として「自宅」よりも各種「施設」を希望する人の割合が高い（図表４－６）。他の世帯類型と比較した場合の顕著な特徴となっている。現在の居宅サービスの供給量が不足していることの影響も大きいが、単身世帯の増加は、在宅のみならず施設介護サービスへの需要も高めていくものと考えられる。

3　今後高齢単身者はどの程度増えていくか

以上のように、単身世帯の増加は、居宅系サービスと施設系サービス、さらに居住系サービスへの

図表4-6：介護を必要になったときにどこで介護を受けたいか（高齢者調査）

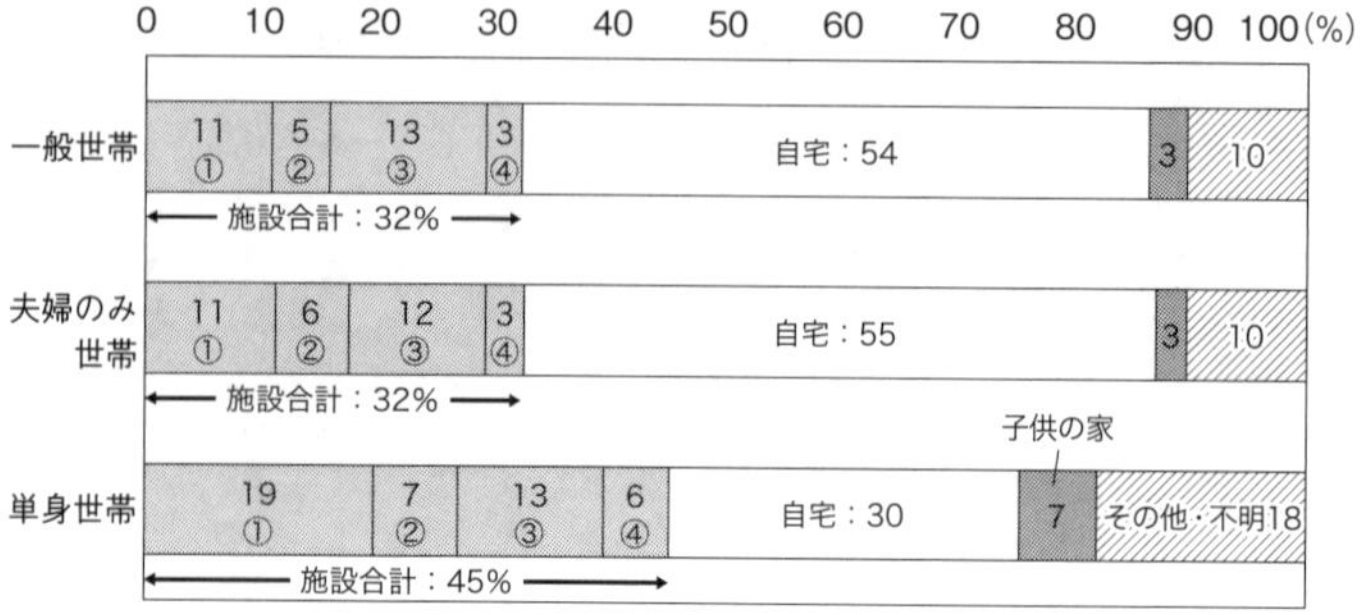

（注）1．調査対象は、65歳以上の男女。有効回答数2,756人（回収率61.2%）。なお、一般世帯（特に属性を限定しない世帯）の中には、一人暮らし世帯や夫婦のみ世帯も含まれる。
2．施設の内訳は、①特別養護老人ホーム、②老人保健施設、③医療施設、④有料老人ホームなど、である。

（資料）内閣府『世帯類型に応じた高齢者の生活実態等に関する意識調査結果（平成17年度）』111頁により、筆者作成。

需要を高めていくものと思われる。

そして、男女別に今後の高齢単身世帯の増加ペースを比べると、特に高齢単身男性の増加が著しい（前掲、図表１－３）。２００５年現在、75歳以上の単身男性は44万人（75歳以上男性人口の10・２％）いるが、２０３０年には１２９万人（同14・４％）と２・９倍に増加するとみられている。一方、75歳以上の単身女性は、05年の１５３万人（75歳以上女性人口の20・９％）から２０３０年の２９９万人（同21・９％）と約２・０倍になる。

未婚の高齢者の増加

また、今後は男性を中心に「未婚の高齢者」が急増していく。「高齢未婚者」数をみると、２００５年時点で、65歳以上の高齢未婚男性は26万人（65歳以上男性人口の２・４％）だったが、２０３０年には１６８万人（同10・８％）になると推計されている（前掲、図表１－３）。つまり２０３０年には、65歳以上高齢男性の10人に１人が未婚者となり、高齢未婚者数も05年の６・５倍になる。さらに、75歳以上の高齢未婚者は、05年の６万人（75歳以上男性人口の１・３％）から、２０３０年には59万人（同６・６％）へと、実に９・８倍になる。

他方、05年から２０３０年にかけての65歳以上の未婚女性と75歳以上の未婚女性の人数は、共に２・３倍になるだけだ。高齢未婚男性が各々６・５倍、９・８倍になるのに対して、高齢未婚女性の増加倍率は男性ほど大きくない。

また、２０３０年において、高齢者人口は現在と同様に男性よりも女性のほうが多いと見込まれているが、高齢未婚者の人数については、女性よりも男性のほうが50万人程度多くなると予想されている。「高齢未婚者」の増加は、男性に顕著な問題である。

高齢未婚者には配偶者も子供もいない

高齢未婚者の多くは、単身世帯になる可能性が高い。「未婚」の単身者も「死別」の単身者も、配偶者のいない点は共通であるが、大きく異なるのは「未婚単身者」には子供がいないことだ。つまり未婚の単身者の多くは、配偶者にも子供にも介護を委ねることができない。

先ほど単身世帯の主たる介護の担い手は、５割強が「事業者」であり、５割弱が家族介護と指摘した。しかし、今後増加していく「未婚単身者」では、５割弱の家族介護も期待できず、その分、事業者による介護が増えていくであろう。

これまで、高齢単身者の介護問題は、長寿化によって長生きをする単身女性の問題とみられてきたが、今後は単身男性の介護問題が深刻化していくことが分かる。

4 介護労働力の不足と労働力人口の減少

２０２５年に必要となる介護職員数

このように、高齢単身世帯の増加によって、今後介護サービスへの需要は急速に高まることが予想される。懸念されるのは、こうした介護需要を充足できるだけの介護スタッフを増やしていけるのか、という点である。

２００８年の社会保障国民会議の試算によれば、今後の介護需要の増加に応じて介護職員を拡充していくと、必要となる介護職員数は07年の１１７万人から２０２５年には２１２万人へと95万人ほど増加させていく必要がある。つまり、年平均で07年から２０２５年までに毎年５・３万人の増加が必要と推計されている。

上記はあくまで現行の介護職員数を前提に、今後の介護需要に基づいて推計したものである。しかし、現時点で既に介護職員数は不足している。そこで、社会保障国民会議では、本来「あるべき介護供給量」についても推計している。それによれば、２０２５年には２５０万～２５５万人の介護職員の増加が必要となる。つまり、「あるべき介護供給量」のためには、年平均で７・４万～７・７万人

図表4-7：労働力人口の将来推計

（単位：万人）

	実績値	推計値			30年－06年
	2006年	2012年	2017年	2030年	（年平均減少数）
労働市場への参加が進まないケース　（ケースA）	6,657	6,426	6,217	5,584	－1,073 （－45）
労働市場への参加が一定程度進むケース　（ケースB）	6,657	6,524	6,392	5,907	－750 （－31）
労働市場への参加が進むケース　（ケースC）	6,657	6,628	6,556	6,180	－477 （－20）

（注）1．2006年は総務省『労働力調査』による実績値、その他の年は推計値。
2．ケースA：性、年齢別の労働力率が現在（2006年）と同じ水準で推移すると仮定したケース。
3．ケースB：各種雇用施策によって、女性、若年者、高齢者などの労働市場への参加が一定程度進むケース。
4．ケースC：各種雇用施策によって、女性、若年者、高齢者などの労働市場への参加が進むと仮定したケース。
（資料）独立行政法人労働政策研究・研修機構『平成19年労働力需給の推計』（2008年2月22日）。

（2007～2025年）の介護職員の増加が必要となる。

労働力人口の減少

一方、日本の労働力人口に目を移すと、既に労働力人口は減少局面にある。そして、独立行政法人労働政策研究・研修機構によれば、日本の労働力人口は2030年には5584万人となり、06年（6657万人）よりも1073万人も減少していく（図表4－7）。つまり、年平均で45万人（2006～2030年）の労働力人口が減少していくとみられている。

ただし、労働力人口の減少を緩和させる方策がないわけではない。同機構の試算によれば、ワークライフバランス関連施策などを充実させて女性や高齢者が働けるようになれば、労働力人口の減少をある程度緩和できるという。具体的には、ワークライフバランス施策が充実すると、２０３０年の労働力人口は６１８０万人となり、06年と比べて４７７万人の減少にとどめることができる。この場合には、毎年20万人程度の労働力人口の減少となる。

したがって、今後日本では、労働力人口が年平均で20万～45万人（２００６～２０３０年）減少していく中で、介護職員を毎年５・３万～７・７万人（２００７～２０２５年）程度増加させていく必要がある。これは、容易なことではない。現在の厳しい不況下においても、介護職員の有効求人倍率は１倍を超えている。景気が良くなれば、介護職員の求人を充足することが今よりも難しくなる。介護報酬を引き上げて介護職員の待遇を改善することは必須であり、そのためには財源確保が求められる。

本章のまとめ

本章をまとめると下記の通りになる。

- ２０００年の公的介護保険導入後も、要介護者を抱える世帯の約７割が家族を主たる介護者としており、「介護の社会化」には至っていない。この背景には、財政上の制約や利用者負担が重く利用を抑制していることなどが考えられる。
- 高齢単身世帯の５割強は、子供が片道１時間以上の場所に住んでいるか、そもそも子供がいない。したがって、これらの単身世帯が要介護状態になった場合には、日常的に別居家族による介護を受けることは難しいと考えられる。

- 要介護単身者の「主たる介護者」をみると、５割強が事業者、５割弱が別居の家族となっている。三世代世帯や夫婦のみ世帯では、９割程度が家族介護で占められているのとは対照的である。単身世帯の増加は、公的介護サービスへの需要を高めていくであろう。
- 単身世帯で「事業者のみに行ってもらう主な介護内容」をみると、生活援助が上位になっていて、身体介護が上位にある三世代世帯や夫婦のみ世帯とは異なる。同居家族のいない単身世帯にとっては、生活援助は重要なサービスとなっている。
- 在宅の要介護単身者の要介護度をみると、三世代世帯や夫婦のみ世帯に比べて、軽度の人の比率が高い。これは、早めに介護施設や病院などに移転したり、家族との同居を始めるためと考えられる。特に未婚の高齢者では、有配偶高齢者に比較して、施設や病院などに入院・入所する者の割合が高い。単身世帯の増加は、施設サービスへの需要も高める。
- 今後、介護需要の高まりを充足できるだけの介護職員を増やしていけるかが懸念される。労働力人口が年平均で20万～45万人程度減少（２００６～２０３０年）していく中で、介護職員数を年平均５・３万～７・７万人増加（２００７～２０２５年）させていかなくてはいけない状況と考えられる。

第5章 単身世帯と社会的孤立

「毎日、寂しい日が続き、この苦しみを何とかしたい。96歳、永い生涯です。死んでよし生きてよしの端まで生きることの難しさに弱っています」（96歳）、「12月に肝臓癌の治療のため、入院します。精神的不安と物理的不安を感じています。以前は来て下さる友人がいましたが、亡くなってしまい、休日にご家族のお見舞いのある方々が多いとつくづく寂しさを感じます」（70歳）、「現在は頑張っていますが、目にみえてお世話になる日が近づいており、その時どうしたいかも思いつきません」（72歳）――これは、東京都にある港区社会福祉協議会による高齢単身者に関する調査において、高齢単身者自身が自由回答欄に記述した内容である（注1）。

単身世帯は、同居家族がいないので、別居家族や友人・地域の人々などとネットワークをもたないと孤立しやすい。特に、今後増加していく未婚の単身者は、配偶者と子供がいないので、友人や地域社会とのつながりが一層重要になるだろう。

無論、他者との付き合いがなくても孤独感や寂しさを感じない人はいる。逆に家族と一緒に暮らしていても孤独を感じる人もいる。主観的にどのように感じるかは個々人によって異なる。

しかし、いざというときに支えてもらえる人的ネットワークをもっていることは重要だ。例えば、病気や要介護状態に陥った場合に周囲の支えがなければ、手遅れになることもある。一概に論じることはできないが、近年マスコミで取り上げられる「孤独死（孤立死）」のいくつかは、その典型であろう。

そこで本章では、単身世帯の「社会的孤立」について考えていく。社会的孤立には一義的な定義があるわけではないが、ここでは家族や友人、近隣の人々などとの交流が乏しいことと定義する。寂しさや孤独感といった主観的な側面よりも、人々がどの程度、家族や家族以外の人々と交流があるのかといった客観的な側面を中心に考察していく。

具体的には、まず高齢単身者について一日あたりの生活行動時間から社会的孤立の状況を探る。次にどのような高齢単身者が社会的孤立に陥りやすいかという点を、先述の港区社会福祉協議会の報告書から紹介したい。さらに、近年マスコミなどで取り上げられて注目を集める高齢単身者の「孤立

（注１）港区社会福祉協議会（２００６）『港区におけるひとり暮らし高齢者の生活実態と社会的孤立に関する調査報告書』２００６年８月、１３６頁。

死」について考察する。そして、65歳未満の現役世代の単身世帯の社会的孤立について同じく生活時間調査からみた上で、最後に社会的孤立を促進する社会的要因などについて指摘していこう。

1 生活時間からみた高齢単身世帯における社会的孤立

まず、一日の生活行動時間から、高齢単身世帯の社会的孤立の状況をみていこう。総務省『社会生活基本調査』は、国民の生活時間などを調査し、国民生活の実態を明らかにしている。特に、65歳以上の高齢単身者については、一緒に行動した人の有無とその行動時間を共に把握できる。調査対象は全国の約８万世帯の世帯員である。「一日の生活時間」調査については、２００６年10月14日から10月22日までの９日間のうち連続する２日間を調査日としている。

以下では、高齢単身世帯の生活時間（週平均）について「一人で過ごす時間」「家族と過ごす時間」「家族以外の人と過ごす時間」に分けて考察していこう。

(1) 高齢単身世帯の「一人で過ごす時間」

65歳以上の単身者は、一日のうちどの程度の時間を一人で過ごしているのだろうか。睡眠時間も含めた一日あたりの「一人で過ごす時間」をみると、単身男性では20時間31分（睡眠時間を除けば12時間５分）、単身女性では20時間19分（同12時間２分）となっている（図表５－１）。つまり、高齢単身

図表5-1：一緒にいた人別の一日あたりの総平均時間（週平均）
—65歳以上の単身世帯と高齢夫婦のみ世帯—

（時間：分）

		男性				女性			
		一人で	睡眠を除く	家族	家族以外の人	一人で	睡眠を除く	家族	家族以外の人
高齢単身世帯		**20：31**	**12：05**	**0：45**	**2：11**	**20：19**	**12：02**	**0：52**	**2：06**
	子供はいない	21：16	12：56	0：10	1：50	20：48	12：45	0：08	2：29
	子供がいる	20：18	11：49	0：55	2：18	20：12	11：51	1：03	2：00
子供の居住地	同一敷地内	19：36	10：39	1：54	1：46	18：59	10：23	2：38	2：01
	近所	20：21	12：04	1：25	2：04	19：54	11：30	1：17	1：46
	同一市町村	20：49	12：16	0：37	2：09	20：20	12：06	0：54	2：07
	他の地域	20：34	12：12	0：33	2：33	20：36	12：16	0：34	1：59
高齢夫婦のみ世帯		**13：19**	**4：52**	**8：19**	**2：01**	**13：20**	**5：21**	**8：46**	**1：29**
	子供はいない	12：30	3：57	8：47	1：57	12：54	4：58	9：16	1：06
	子供がいる	13：23	4：56	8：17	2：01	13：22	5：23	8：44	1：30
子供の居住地	同一敷地内	13：24	4：52	8：15	2：00	13：22	5：05	8：50	1：30
	近所	13：13	4：35	8：09	2：11	13：01	5：05	9：01	1：39
	同一市町村	13：11	4：46	8：27	2：02	13：08	5：08	9：03	1：30
	他の地域	13：34	5：09	8：13	1：58	13：43	5：44	8：25	1：28

（注）1．一日あたりの平均行動時間数で、行動しなかった人を含む全員についての平均時間であり、週全体を平均して算出したもの。
2．この調査は2006年10月14日から10月22日までの9日間のうち、連続する２日間を調査日としている。平日と土・日では、行動パターンが異なることが考えられるが、上記時間はその区別を設けずに、週全体から一日あたりの平均行動時間を示している。
3．「高齢夫婦のみ世帯」とは、夫が65歳以上、妻が60歳以上の世帯。
4．「近所」とは、徒歩で5分程度。
（資料）総務省『平成18年社会生活基本調査』第12表（週全体）より、筆者作成。

世帯の平均的な生活時間としては、一日24時間のうち睡眠時間も含めて85％を一人で過ごしていることになる。

ちなみに、高齢夫婦のみ世帯（夫が65歳以上、妻が60歳以上の世帯）に属する夫が「一人で過ごす時間」は13時間19分（睡眠時間を除けば4時間52分）、妻は13時間20分（睡眠時間を除けば5時間21分）であり、夫も妻も24時間のうち55％を一人で過ごす。

したがって高齢の単身男女は、高齢夫婦世帯に比べて、一日あたり7時間ほど一人で過ごす時間が長くなっている。

高齢単身者は一人で何をしているのか

では、高齢単身者は、一人で何をしているのであろうか。睡眠時間を除いて、単身男性が費やす時間が最も長いのは、「テレビ・ラジオ・新聞・雑誌」であり、一日あたり４時間となっている。単身女性も「テレビ・ラジオ・新聞・雑誌」が最長であり、一日あたり３時間17分を費やしている。つまり、「テレビ・ラジオ・新聞・雑誌」で「一人で過ごす時間（睡眠時間を除く）」の３割前後（男性33％、女性27％）を占めている（注２）。

「テレビ・ラジオ・新聞・雑誌」に次いで、一人で過ごす時間が長いのは、単身男性では、「食事」（１時間36分）、「休養・くつろぎ」（１時間14分）、「身の回りの用事」（１時間13分）、「家事」（１時間８分）、となっている（注３）。

一方、単身女性では、「家事」（２時間12分）、「食事」（１時間34分）、「休養・くつろぎ」（１時間28分）、「身の回りの用事」（１時間26分）となっており、単身女性は、単身男性に比べて、「家事」の時間が１時間程度長い。

（注２）なお、これは「テレビ・ラジオ・新聞・雑誌」に費やす時間がゼロであった人も合わせた平均時間である。ゼロ時間の人を除いた「テレビ・ラジオ・新聞・雑誌」の平均時間は、単身男性４時間42分、同女性３時間58分となる（総務省〈２００７〉『社会生活基本調査』第51－２表）。

（注３）ちなみに、この調査では、２つの活動を同時にしていた場合には、主な活動を答えることにしているが、その判断は回答者に委ねられている。

（２）高齢単身者が家族と過ごす時間

次に、高齢単身世帯が「家族と過ごす時間」をみていこう。高齢単身世帯が「家族と過ごす時間」は、単身男性で一日あたり平均45分、単身女性で52分となっている（前掲、図表５－１）。高齢夫婦のみ世帯の「家族と過ごす時間」をみると、夫が８時間19分、妻が８時間46分であるのに比べて、単身世帯の家族との交流時間は非常に短い。配偶者と一緒に暮らしているかどうかによって、「家族と過ごす時間」に大きな違いが生じている。

無論、高齢単身世帯の中でも、子供が同一敷地内に住んでいれば、家族と過ごす時間が長くなり、単身男性で１時間54分、単身女性で２時間38分となる。しかし、それでも高齢夫婦のみ世帯の家族と過ごす時間の４分の１程度の水準である。配偶者と死別して単身世帯となる人は多いが、平均時間からすると、たとえ子供と近居であっても家族と過ごす時間は大きく減少する。

また、「子供のいない」高齢単身世帯は、家族と過ごす時間はごくわずかだ。高齢単身男性では一日あたり10分、同女性では８分となっている。

家族と過ごす時間を全くもたない高齢単身世帯の割合

注意を要するのは、右の「家族と過ごす時間」には、家族と過ごす時間を一切もたなかった高齢単身世帯も含めた平均時間という点だ。ゼロ時間の人を除いて「家族と過ごす時間」を求めると、単身男性で一日あたり４時間34分、単身女性で４時間57分となる。家族との交流時間をもった人に限定す

図表5-2：「家族と過ごす時間」／「家族以外の人と過ごす時間」を全くもたない65歳以上高齢者の割合

（単位：％）

		男性		女性	
		「家族と過ごす時間」を全くもたない人の割合	「家族以外の人と過ごす時間」を全くもたない人の割合（最低値）	「家族と過ごす時間」を全くもたない人の割合	「家族以外の人と過ごす時間」を全くもたない人の割合（最低値）
高齢単身世帯		**84.0**	**52.7**	**82.7**	**49.1**
	子供はいない	95.7	59.2	96.8	45.1
	子供がいる	80.4	50.7	79.1	50.0
子供の居住	同一敷地内	57.9	54.9	50.7	53.3
	近　所	71.4	46.2	70.9	53.2
	同一市町村	87.3	51.8	79.7	46.2
	他の地域	86.3	48.3	89.2	51.0
高齢夫婦のみ世帯		**4.5**	**59.2**	**4.8**	**62.2**
	子供はいない	7.1	63.0	6.1	67.8
	子供がいる	4.3	59.0	4.7	61.8
子供の居住	同一敷地内	3.6	60.1	4.2	60.7
	近　所	5.9	57.5	5.5	58.7
	同一市町村	4.1	57.6	3.9	62.1
	他の地域	4.0	60.0	4.7	62.9

（注）1．「社会生活基本調査」では、一緒に過ごした人別に行動者率（行動者数／人口）が示されている。上記表は、筆者が「100％－行動者率」を行って、一緒に過ごした人別の「非行動者率」を求めた。1分でも高齢単身者と行動を共にすれば、上記の非行動者率には含まれない。

2．「家族以外の人と過ごす時間をもたなかった人の割合（最低値）」は、「100％－学校・職場の人と行動した人の割合－その他の人と行動した人の割合」で算出。「学校・職場の人」とも「その他の人」とも一緒にいなかった人の割合が不明なため、上記はあくまで「最低値」である。

（資料）総務省『平成18年社会生活基本調査』第51－３表（週全体）により、筆者作成。

れば、単身世帯であっても一日あたり４～５時間程度を家族と過ごしている。

社会的孤立という点から問題なのは、多くの高齢単身世帯は「家族と過ごす時間」を全くもっていない点である。具体的には、単身男性の84・0％、同女性の82・7％が、家族との交流時間が全くない（図表５－２）。特に、「子供のいない」単身世帯では、男性で95・7％、女性では96・8％が家族との交流時間をもたない。今後、未婚の単身者が増加していくにつれて、「家族と過ごす時間」をもたない単身者が増えていくことが予想される。

近居の子供のいる高齢単身世帯

これに対して、「同一敷地内に子供がいる」高齢単身世帯では、そうでない高齢単身世帯に比べて家族と過ごす時間をもたない人の割合は減少する。しかし同一敷地内に子供がいても、単身男性の57・9％、単身女性の50・7％が家族との交流時間をもっていない。また、子供が５分以内の近所に住む単身世帯であっても、７割程度は家族との交流時間がない。

内閣府の調査によれば、別居家族との付き合い方について、１９８５年から２００７年にかけて「家を訪ねて行ったり来たりする」と回答する人の割合が66・1％から57・9％に低下している。その一方で、「困ったことがあったら相談をしたり受けたりする」と回答する人の割合が41・8％から52・0％に増加した。このことから、別居家族の付き合い方について「用事がなくても日常的に付き合うというものから、必要のあるときに付き合うとの方向に変化している」と指摘している（注４）。

子供が近くに住む単身世帯であれば、単身者が病気や要介護状況になった場合に、近居の子供から支援を受けられる可能性は高い。しかし、近居の子供がいても、日常的な交流が乏しい単身世帯は多く、社会的孤立と無縁とはいえない。

（注４）内閣府（２００７ａ）『平成19年版国民生活白書』

（3）高齢単身者が家族以外の人と過ごす時間

次に、高齢単身者が「家族以外の人と過ごす時間」をみると、単身男性が一日あたり２時間11分、単身女性は２時間６分となっている（前掲、図表５－１）。高齢夫婦のみ世帯の夫は２時間１分なので、単身男性とほぼ同程度である。他方、高齢夫婦のみ世帯の妻は１時間29分であり、単身女性のほうが家族以外の人と過ごす時間が長くなっている。

なお、上記時間も、家族以外の人と過ごす時間を一切もたなかった人も合わせた平均時間である。ゼロ時間の人を除くと、単身男性の「家族以外の人と過ごす時間」は一日あたり10時間37分、単身女性では９時間35分となる。「家族以外の人」と交流をもつ高齢単身世帯に限れば、案外長い時間を友人や知人と過ごしている。

「家族以外の人と過ごす時間」を一切もたない人

一方、「家族以外の人と過ごす時間」を全くもたない高齢単身世帯が相当程度いる。『社会生活基本調査』では、「家族以外の人と過ごす時間」を、「職場・学校の人と過ごす時間」と「その他の人と過ごす時間」に分けているが、残念ながら「職場・学校の人」と「その他の人」と過ごす時間を共にもたなかった人の割合が示されていない。しかし、最低でも単身男性の52・７％、単身女性の49・１％は、「職場・学校の人」とも「その他の人」とも時間を共有していないと考えられる（前掲、図表５－２）。

(4) 高齢単身世帯と社会的孤立

以上のように、高齢単身世帯のうち「家族と過ごす時間」を一切もたない人の割合は8割強、「家族以外の人と過ごす時間」を一切もたない人の割合は最低でも5割程度と考えられる（前掲、図表5−2）。

では、「家族」とも「家族以外の人」とも過ごす時間をもたない高齢単身世帯——つまり社会的孤立に陥っている可能性の高い人々——はどの程度いるのか。この点も、統計上の制約があって、正確には把握することができない。しかし、生活時間調査からすれば、少なくとも高齢単身世帯の3割程度は、家族とも家族以外の人とも交流時間を共有していないと考えられる（注5）。当該調査期間中の連続する2日間という限定はあるものの、社会的孤立の状況に陥っている可能性がある。

高齢単身世帯の隣近所との交流

上記の生活行動時間調査以外にも、単身世帯が家族以外の人々との交流が希薄であることを示すデータがある。例えば、町内会・自治会の活動に参加していない世帯割合を世帯類型別にみると、「夫婦のみ世帯」では41%、「夫婦と子供からなる世帯」では52%であるのに対して、単身世帯では

（注5）「家族と過ごす時間」をもたない人が8割強いて、「家族以外の人と過ごす時間」をもたない人が少なくとも5割程度いるので、最低でも3割程度の人々は、家族とも家族以外の人とも交流時間をもたなかったと推測される。

図表5-3：65歳以上高齢者について世帯類型別にみた地域社会との関係

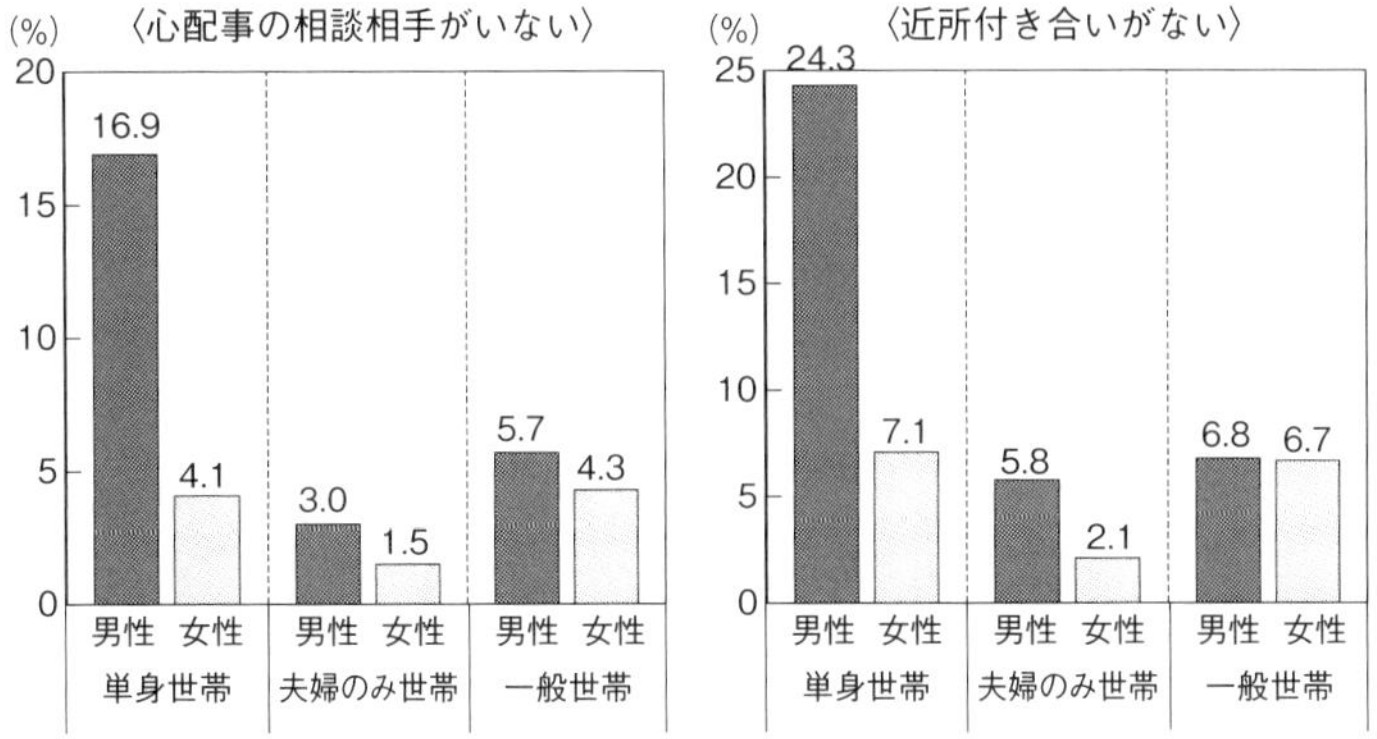

（注）上記3つの世帯類型に属する65歳以上の高齢者2,756人による回答。なお、一般世帯とは、属性を特定しない世帯をいい、単身世帯、夫婦のみ世帯を含む。
（資料）内閣府『世帯類型に応じた高齢者の生活実態等に関する意識調査』（2006年度）により、筆者作成。

70％にのぼる（注6）。

また、「心配事の相談相手」や「近所付き合い」の有無を尋ねると、高齢単身男性で「心配事の相談相手がいない」「近所付き合いがない」と回答する者の割合が高くなっている（図表5－3）。

今後、中高年男性の単身者が増加していく中で、地域社会とのつながりをもちにくい人々が増えることが予想される。

（注6）内閣府（2007b）『国民生活選好度調査』に基づく特別集計（内閣府『国民生活白書』〈2007年a〉に掲載）。回答者は、全国の15歳以上80歳未満の男女3347人。

2 社会的孤立に陥る高齢単身者はどのような人々か

――港区社会福祉協議会による一人暮らし高齢者の調査結果から

では、高齢単身者の中で、社会的孤立に陥る人は、どのような人々なのだろうか。この点を、東京都の港区社会福祉協議会がまとめた『港区におけるひとり暮らし高齢者の生活実態と社会的孤立に関する調査報告書』（２００６年８月）の研究結果を紹介していきたい（注７）。今後、大都市圏で高齢単身者の増加が著しいため参考になる。

この調査では、社会的孤立を、①親族、友人・知人、近隣の人々との交流がないこと、②緊急時に支援者がいないこと、という２つの側面から捉えている。いわば、前者が「広義の社会的孤立」であり、後者が「狭義の社会的孤立」といえる。以下では、各指標に従った社会的孤立状況について概観していこう。

なお、東京都港区の人口は17・1万人（05年）であり、高齢化率は18・1％となっている。一人暮らし高齢者は1・1万人いるが、同一敷地内に子供が住んでいる場合などを除いた「実質的一人暮らし」の高齢者は４３１６人である（注８）。

親族、友人・知人、近隣の人々との交流がないこと

まず、「親族、友人・知人、近隣の人々との交流がないこと」については、①「正月三が日を一人で過ごした」、②「社会参加活動をしていない」、③「親しい友人・知人がいない」という３つの項目を用いて測定している。そして、２つ以上の項目に該当する人々を「社会的に孤立状態にある人」と規定している（注９）。

「実質的一人暮らし高齢者」に占める各割合をみると、「親しい友人・知人がいない人」の割合が12・９％、「正月三が日を一人で過ごした人」の割合が35・１％、「社会参加活動をしていない人」が42・５％いる。そして、２つ以上の項目に該当する人は22・８％おり、「港区の一人暮らし高齢者の約４分の１弱が孤立状況にある」とみている（注10）。なお、３つとも該当する一人暮らし高齢者は、一人暮らし高齢者全体の５・５％にのぼる。

（注７）同調査は、港区社会福祉協議会が主体となって、明治学院大学社会学部地域福祉研究室（河合克義教授）とともに企画したものである。報告書の執筆は河合教授による。同調査の調査時点は２００４年12月１日現在。
（注８）港区社会福祉協議会（２００６）、１－４頁。
（注９）港区社会福祉協議会（２００６）、１３５頁。
（注10）港区社会福祉協議会（２００６）、１３５頁。

「緊急時に支援者がいない」高齢単身者の属性

もうひとつの社会的孤立の指標として、「病気で体が不自由なときなどの緊急時に来てくれる人がいない（以下、緊急時に支援者がいない）」があげられる。実質的一人暮らし高齢者の中で、「緊急時に支援者がいない」と回答した人は15・９％にのぼっている。先の「親族、友人・知人、近隣の人々との交流がない」と回答した人の割合（22・８％）よりも低い。

では、「緊急時に支援者がいない」と回答した高齢単身者は、どのような属性をもつ人なのだろうか。回答者の属性をみると、年齢階層では前期高齢者が62・１％、男女別では男性が22・９％となっている。調査対象となった一人暮らし高齢者全体では、前期高齢者の割合が49・４％、男性の割合が16・６％なので、「支援者がいない」と回答する一人暮らし高齢者には、前期高齢者や男性の割合が相対的に高い。後期高齢者よりも前期高齢者で「支援者がいない」と回答する人の割合が高まるのは、後期高齢者は前期高齢者よりも相対的に要介護の状況に陥りやすいので、介護ヘルパーなどが「救急時の支援者」になりうるためではないかと推察される。

また、「支援者がいない」と回答する高齢単身者に一人暮らしとなった主たる理由を尋ねると、「未婚」が45・１％、「配偶者との死別」が22・３％、「離別」が13・１％となっている。調査対象全体の配偶関係は、未婚者24・０％、死別者42・３％、離別者12・３％であるので、「緊急時に支援者がいない」と回答する高齢単身者には未婚者の割合が高い（注11）。

ちなみに、「緊急時に来てくれる人がいる」と回答した一人暮らし高齢者に、「来てくれる人」は誰かを尋ねると、「子供」「子供の配偶者」が49・８％を占める（注12）。未婚の単身者には、配偶者も子供もいないために、「支援者がいない」という回答が高くなると考えられる。

さらに年間収入別に「支援者がいない」と回答した高齢単身者の割合をみると、４００万円以上が10・１％、２００万～４００万円未満が13・０％、２００万円未満が19・１％となっていて収入の低下に伴って「緊急時に支援者がいない」と回答する人の割合が高くなる。

また、住宅の種類別に「支援者がいない」と回答した人の割合をみると、持ち家で12・８％、民間賃貸マンション・公社公団賃貸住宅が20・８％、都営住宅17・１％、民間賃貸アパート・借家・間借り21・１％となっていて、賃貸住宅で「支援者がいない」と回答する高齢単身者の割合が高い（注13）。

社会団体への参加状況をみると、「支援者がいない人」のうち「町内会」「老人クラブ」「趣味の会」などに参加していない人が45・８％いる。調査対象である一人暮らし高齢者全体では不参加者の割合が42・３％であったので、若干高い水準にある。

以上の点から「緊急時に支援者がいない」と回答する高齢単身者は、前期高齢者、男性、未婚者、低所得者、賃貸住宅居住者に多い。これらの特徴をもつ人々が、相対的に「社会的孤立」に陥りやすいと考えられる。

（注11）港区社会福祉協議会（２００６）、11頁、１１２頁。
（注12）港区社会福祉協議会（２００６）、１１４頁。
（注13）港区社会福祉協議会（２００６）、１１２頁。

3 高齢単身世帯と孤独死

単身世帯の「社会的孤立」は周囲の人々から認識されにくい面があるが、それが顕在化した出来事が「孤独死（孤立死）」であろう。

「孤立死」についても、統一的な定義があるわけではないが、生前に社会から「孤立」したために、死後、長期間放置される死と考えられる（注14）。つまり、「亡くなる瞬間」に親族や友人がいたかどうかが問題ではなく、生前から社会的に孤立していたために、亡くなったことが数日間誰にも気づかれず、放置された場合などが「孤立死」にあたる。

高齢単身者の「孤立死」はどの程度発生しているのか

では、高齢単身者の「孤立死」はどの程度発生しているのだろうか。「孤立死」の全国的な状況は統計上把握されていないが、下記の２つの統計から類推することができる（注15）。

ひとつは、東京都監察医務院による65歳以上の一人暮らし高齢者が自宅で死亡した場合の検案数で

（注14）高齢者等が一人でも安心して暮らせるコミュニティづくり推進会議（２００８）『高齢者等が一人でも安心して暮らせるコミュニティづくり推進会議（孤立死ゼロを目指して）報告書』２００８年３月、11頁。

（注15）ＮＨＫスペシャル取材班・佐々木とく子（２００７）『ひとり誰にも看取られず』阪急コミュニケーションズ、28頁。

ある。「検案」とは法医学用語であり、医師が死体に対し、死因や死亡時刻、異常死との鑑別を総合的に判断することをいう。東京都監察医務院では、東京23区内で発生した全ての不自然死（死因不明の急性死や事故死など、自殺も含む）について、死体の検案および解剖を行いその死因を明らかにしている〈注16〉。65歳以上の自宅で亡くなった高齢単身者についても検案数が公表されており、これが東京23区内の高齢単身者の「孤立死」の数に近いと考えられる。

２００８年に東京都監察医務院が行った「自宅で死亡した高齢単身者」に対する検案数は、２２１１件である。これは、08年の東京23区内における全死亡者数（６万８０１３人〈注17〉）の約３・３％にあたる。また、同監察医務院では、08年に１万２９８９件の検案を行っており、高齢単身者の検案数は08年の全検案数の２割弱を占めている。

そして東京23区内の自宅で死亡した高齢単身者の検案数は増加している。02年には１３６４件であったので、この６年間で１・６倍に増えている。

自宅で亡くなった高齢単身者の孤立死の発見者

自宅で亡くなった高齢単身者の発見者をみると、「家人」の割合が最も高く、「保健所・福祉事務所

（注16）東京都監察医務院ホームページ（http://www.fukushihoken.metro.tokyo.jp/kansatsu/index.html）
（注17）東京都福祉保健局資料（２００８年）。なお、同死亡者数には65歳未満の死亡者も含んでいる。

図表5-4：高齢単身者が自宅で死亡した際の発見者（2008年）

発見者		総数	65－69歳	70－74歳	75－79歳	80歳以上
総　数（件数）		2,211 （100％）	441 （100％）	493 （100％）	456 （100％）	821 （100％）
内訳	家　人	34.6%	23.4%	30.2%	36.4%	42.3%
	保健・福祉	16.8%	13.2%	16.6%	15.1%	19.7%
	隣　人	14.3%	16.6%	14.2%	13.8%	13.4%
	管理人	14.1%	22.4%	16.2%	13.8%	8.5%
	知　人	11.2%	16.6%	13.4%	10.7%	7.3%
	警察官	1.2%	1.6%	1.2%	0.7%	1.2%
	配達人	2.9%	2.0%	2.6%	3.3%	3.2%
	その他	4.9%	4.3%	5.5%	6.1%	4.4%

（注）１．2008年1月1日から2008年12月31日における件数と割合。
　　　２．「保健・福祉」は、保健所または福祉事務所職員。
（資料）東京都監察医務院『平成21年版統計表及び統計図表』。

職員」「隣人」「管理人」「知人」の順になっている（図表５－４）。死亡した高齢単身者の年齢が上がるにつれて、「家人」と「保健所・福祉事務所職員」による発見が高くなる。一方、「管理人」「知人」の割合は年齢階層が上がるにつれて低下している。

死後から発見までの時間あるいは期間が不明なため推測にすぎないが、年齢が高まるにつれて「家人」や「保健所・福祉事務所職員」による発見の割合が高まるのは、加齢によって高齢単身者の病状や要介護度が重くなるのに伴って、別居家族や介護サービス事業者などの訪問の頻度が高くなるためではないかと考えられる（注18）。一方、「管理人」や「知人」による発見が前期高齢者の

（注18）青柳涼子（２００８）「孤独死の社会的背景」（中沢卓実・淑徳大学孤独死研究会編『団地と孤独死』中央法規、88－89頁）。

ほうが高いのは、こうした外部の介護サービスの利用者がまだ低いためと思われる。

都市再生機構（UR都市機構）による統計

もうひとつの統計は、独立行政法人都市再生機構（UR都市機構）によるものだ。同機構では「孤独死（孤立死）」を「病死または変死事故の一態様で、死亡時に単身居住している賃借人が、誰にも看取られることもなく、賃貸住宅内で死亡した事故をいい、自殺または他殺を除く」と定義している。

そして同機構では運営管理する賃貸住宅約77万戸（1811団地）（注19）の「孤立死」の件数を集計しており、2006年には517件の孤立死があり、うち高齢単身者の孤立死は326件と63％を占めている（注20）。換言すれば、現役世代の単身世帯の孤立死が4割弱も発生している。孤立死は高齢単身者の問題にとどまらない。

過去からの推移をみると、住戸内の高齢単身者の「孤立死」の件数は、1999年の94件から06年の326件へと3・5倍に増加している。全体の「孤立死」件数に占める高齢単身者の割合も、99年の45％から06年の63％へと上昇している。

（注19）内閣府（2009）『平成21年版・高齢社会白書』55頁。
（注20）独立行政法人都市再生機構（2007）「孤独死に関する対策等について」2007年8月28日。

「孤立死」の防止に向けた取り組み

孤立死は、亡くなった本人にとっても、また遺された家族にとっても痛ましいものである。また、共同住宅での「孤立死」であれば、同じ団地に住んでいた住民にも精神的なダメージを与える。さらに賃貸住宅の場合、大家には精神的なダメージに加え、その後の入居者を見つけにくくなるといった面で経済的な損失も生じうる。

近年、高齢単身者の「孤立死」を防止するための活動が、厚生労働省や自治体を中心に始まっている。例えば、近隣住民や郵便局外務職員による定期的な安否確認や、24時間対応電話をはじめとする緊急情報システムがある（注21）。

「孤立死」は、社会的孤立が顕在化した現象と考えられる。とすれば、その原因としての社会的孤立をいかに防止するかという視点が重要になるだろう。「孤立死」の防止を目指したこれら活動を通じて、住民による地域ネットワークづくりに発展していくことが重要である。

4　現役世代（65歳未満）の単身世帯における社会的孤立

次に、現役世代の単身世帯について社会的孤立の状況をみていこう。一般に65歳未満であれば仕事

（注21）内閣府（２００９）『平成21年版・高齢社会白書』55頁。

図表5-5：平日の無業単身世帯の生活行動時間

（時間：分）

	無業単身男性						無業単身女性					
	第１次活動		第２次活動		第３次活動		第１次活動		第２次活動		第３次活動	
		有業者と比較（倍）		有業者と比較（倍）		有業者と比較（倍）		有業者と比較（倍）		有業者と比較（倍）		有業者と比較（倍）
総計	11:15	1.2	3:02	0.3	9:43	2.2	11:47	1.2	3:36	0.4	8:37	1.7
20〜29歳	9:59	1.1	6:14	0.6	7:47	1.7	10:25	1.0	6:31	0.7	7:05	1.5
30〜39歳	11:33	1.2	2:09	0.2	10:17	2.5	10:12	1.1	3:43	0.4	10:05	2.3
40〜49歳	10:06	1.1	1:07	0.1	**12:47**	**3.1**	12:14	1.2	2:33	0.3	9:14	2.1
50〜59歳	11:22	1.2	1:36	0.2	**11:02**	**2.4**	10:59	1.1	3:57	0.4	9:04	1.8
60〜69歳	11:26	1.1	2:10	0.3	10:24	2.0	11:36	1.1	3:46	0.5	8:38	1.6
70〜79歳	11:46	1.1	2:13	0.4	10:01	1.4	11:45	1.1	3:31	0.6	8:44	1.3
80歳以上	12:42	1.1	1:59	0.3	9:19	1.5	12:30	1.0	2:44	0.4	8:46	1.8

（注）１．20種類の行動を大きく３つの活動にまとめ、「１次活動」とは、睡眠、食事など生理的に必要な活動、「２次活動」とは仕事、家事など社会生活を営むうえで義務的な性格の強い活動、「３次活動」とは、これら以外の各人が自由に使える時間における活動。
２．「有業者との比較」とは、年齢階層別に「無業単身世帯の各活動時間／有業単身世帯の各活動時間」を計算して倍率を求めたもの。
（資料）総務省『平成18年社会生活基本調査』第48表（平日）により、筆者作成。

に従事している人が多く、職場における人間関係をもっている。そのため現役世代の単身者は、高齢単身者よりも社会的孤立に陥りにくいと考えられる。

しかし、現役世代であっても無業の単身者は職場の人間関係をもたないので、社会的孤立に陥りやすいように思われる。実際、40代の単身男女の10〜16％、50代の単身男女の20〜27％が無業者となっている（前掲、図表３－９）。

ところで、先の『社会生活基本調査』では、現役世代の単身世帯については、一緒に行動した人の有無とその時間が示されていない。そこで、65歳未満の無業の単身世帯について、平日の生活行動時間を1次活動、2次活動、3次活動に分けて、生活状況を探っていこう（図表５－５）。1次活動とは、睡眠、食事など生理的に必要な活動であり、2次活動とは、仕事や家事など社会生活を営む上で義務的な性格の強い活動をいう。そして3次活動とは、これら以外の時間であり、各人が自由に使える時間における活動――テレビ等の視聴、休養、趣味娯楽など――をいう。

現役世代の無業の単身者の生活時間

無業の単身世帯の中でも、40代と50代の単身男性において、仕事や家事などの義務的な性格の強い活動（2次活動）時間（平日、以下同様）が1時間7分～1時間36分と極端に短くなっている。単身女性を含むどの年齢階層よりも短い。

他方、自由に使える3次活動の時間は長い。40代の無業単身男性で12時間47分、50代の無業単身男性では11時間2分となっていて、どの年齢階層よりも長い。ちなみに、有業単身男性の3次活動時間と比べると、40代の無業単身男性は3・3倍、50代の無業単身男性では2・4倍になっている。

そして、40～50代の無業単身男性の3次活動の内容をみると、最も長いのが「テレビ・ラジオ・新聞・雑誌」であり、40代で5時間35分、50代で5時間16分となっている。65歳以上の無業の単身男性の平日の「テレビ・ラジオ・新聞・雑誌」の時間（4時間48分）よりも、約30分程度長い。

無業の単身男性で「交際・付き合い」時間をもつ人の割合は小さい

無業の単身男性は、同居家族がおらず職場での人間関係をもたないので、積極的に人的ネットワークを築くことが社会的孤立の防止につながるように思われる。この点、40代の無業の単身男性のうち、週全体で「交際・付き合い」を行う時間をもつ男性の割合は14・２％、50代では13・９％となっており、８割強の無業の単身男性が「交際・付き合い」の時間をもっていない。

40代の無業単身女性では交流時間をもつ人の割合が27・０％、50代では24・７％となっているのに比べて、積極的に人との交流時間をもつ単身男性の割合は低い。

40代と50代単身男性の社会的孤立

以上、総務省『社会生活基本調査』から現役世代の単身世帯の生活時間をみてきた。確かに、生活時間配分だけで社会的孤立状況か否かを見極めることは難しいが、40代と50代の無業の単身男性の生活時間配分は、高齢単身世帯と似た構造がみられる。現役世代だからといって社会的孤立と無関係とはいえないように思われる。

一般に40代・50代といった働き盛りの年代では、職場における人間関係が中心になるが、無業の単身男性は職場における人的ネットワークをもたない。また、現役世代の無業の単身世帯は、高齢単身世帯に比べて行政の目が届きにくい面がある。例えば介護保険制度の導入によって、65歳以上の要介護高齢者には担当のケアマネージャーやヘルパーが訪問し、社会的孤立を防ぐ一翼を担っている。それに対して、現役世代である65歳未満の単身者は、こうした公的サービスの対象になりにくい。第３章で指摘した通り、２００８年における全国の自殺者数をみても、最も多いのが50代男性である（注22）。今後、無業の40代・50代の単身男性の社会的孤立について調査を深めていく必要があろう。

5 「社会的孤立」を進める社会的要因や環境の変化

以上、高齢単身世帯と現役世代の単身世帯について、社会的孤立の状況をみてきた。単身世帯では同居家族がいない点で社会的に孤立しやすい面をもつが、以下のような社会的要因や時代環境の変化も単身世帯の社会的孤立の要因としてあげられる。

単身世帯の居住環境の影響

第一に、単身世帯の居住環境がもたらす影響である。先述の通り、単身世帯では持ち家率が低く、借家住まいの人が多い。借家住まいの人はその地に定住しない人も多く、地域の人々との人間関係が築きにくいことが指摘されている（注23）。

また、借家住まいの中でも、特に共同住宅に住む人は地域から孤立する傾向がみられる。内閣府の調査によれば、賃貸共同住宅に住む人の割合は全体で10・3％なのに対して、「地域から孤立している人」の中で賃貸共同住宅に住む人の割合は22・8％と倍増する（注24）。賃貸共同住宅では人間関係

（注22）警視庁（2009）『平成20年中における自殺の概要資料』2009年5月。
（注23）高齢者等が一人でも安心して暮らせるコミュニティづくり推進会議（2008）『高齢者等が一人でも安心して暮らせるコミュニティづくり推進会議（孤立死ゼロを目指して）報告書』2008年3月、7頁。

が疎遠になりやすいと指摘されている。

この点、単身世帯では「共同住宅」に住む人の割合が高い。具体的には、単身世帯の66・５％が共同住宅に住んでおり、二人以上世帯の33・０％に比べて高い水準にある。65歳以上の高齢単身世帯では34・９％、高齢夫婦のみ世帯では16・３％となっている（注25）。

第二に、都市部を中心に、健康なうちは孤立しても何とか生活できるインフラが整備されている点もあげられる。料理が苦手な単身男性であっても、都市部ではコンビニエンス・ストア（コンビニ）が整備されているので、コンビニで弁当を買えば生きていける。多様なゲームソフトもあるので、一人の時間を持て余すこともない。健康なうちは、あまり困ることはないという状況も影響していよう。

プライバシーとの関連で支援の手を届けにくいこと

第三に、プライバシーや個人のライフスタイルを重視する傾向が高まるにつれて、孤立した単身者への支援を行いにくくなっていることもあげられる。単身世帯の中には、人から干渉されないことを望み、一人暮らしを選択した人もいる。人との積極的な交流を望まない人にとっては、こうした支援は「干渉」「余計なお世話」となる可能性もある。また、外部からの支援を重荷と感じる人もいる。

（注24）内閣府（２００７）『平成19年版国民生活白書』
（注25）総務省（２００８）『平成20年住宅・土地統計調査』第44表。

　プライバシーを尊重することは大前提であるし、交流や支援が強制になってはいけない。このため、社会的孤立に陥っているが交流を望まない単身者に対して、いかにして支援の手を届けるかという点が課題となっている。

人間関係のバランスを失しやすい男性

　第四として、男性を中心に現役時代は「会社人間」として長時間労働をするため、職場以外の人間関係——地域社会での人間関係——を築きにくいことがあげられる。そのため退職後になると、会社以外の人間関係の乏しさが露呈する。

　確かに、これは単身世帯に限った話ではない。しかし、夫婦世帯であれば、配偶者を通して近隣の方との人間関係を築きやすい面がある。また、子供の学校やスポーツクラブを通じて、父親が地域社会に参加する機会も与えられる。この点、未婚の単身者は、配偶者や子供がいないので、退職後の人間関係を地域で構築していくには不利な面がある。

　国際的にみても、日本社会は「社会的孤立」が進んでいることを窺わせる調査がある。後述するが、OECD20カ国を対象に、「友人、同僚、その他の社会団体の人との付き合う時間」について尋ねた調査をみると、日本は「めったに付き合わない」「全く付き合わない」と回答する人の割合が最も高い。

　単身世帯が増加する中で、血縁を超えた社会的な絆をいかに構築していくのかという点が、大きな課題となっている。

本章のまとめ

本章を要約すると、下記の点があげられる。

- 生活時間から高齢単身世帯の社会的孤立の状況をみると、高齢単身世帯では一日24時間のうち20時間30分程度を一人で過ごしており、高齢夫婦のみ世帯よりも、一日あたり７時間ほど一人で過ごす時間が長い。
- また、家族との交流時間を全くもたない高齢単身世帯の割合は８割程度にのぼる。子供が近くに住む高齢単身者であっても、その７割程度は家族との交流時間をもっていない。子供が近くに住んでいるからといって社会的孤立と無縁ではない。
- さらに、家族以外の人との交流時間を一切もたなかった高齢単身者は少なくとも５割程度いると推測される。このような点から、「家族」とも「家族以外の人」とも過ごす時間を一切もたない高齢単身世帯の割合は、少なくとも３割程度であろう。これらの人々は社会的孤立に陥るリスクが高いと考えられる。
- 港区社会福祉協議会の調査によれば、「緊急時に支援者がいない」と回答する高齢単身者は、前期高齢者、男性、未婚者、低所得者、賃貸住宅居住者に多い。
- 「孤立死」は増加傾向にあると考えられる。東京都23区の自宅で死亡した高齢単身者の検案数は、２００２年からの６年間で１・６倍になった。また、ＵＲ都市機構によれば、住戸内の高齢単身者の「孤独死（孤立死）」の件数は、99年から06年にかけて３・５倍に増加している。

- 65歳未満の現役世代の単身世帯の生活時間配分をみると、職場での交流がないことも関係し、40代と50代の無業の単身男性で「社会的孤立」に陥るリスクが高いと考えられる。
- 「社会的孤立」を進める社会的要因や環境としては、単身世帯では賃貸共同住宅に住む傾向がみられること、都市部を中心に孤立しても生活できるインフラが整備されていること、プライバシーとの関連で支援を届けにくいこと、長時間労働のために現役時代から地域との人間関係を築きにくいこと、といった点があげられる。
- 日本では、これまで家族の役割が大きかったが、今後単身世帯の増加によって、家族の機能が一層低下していくことが予想される。血縁を超えた支え合いが必要になっていくであろう。

第6章 単身世帯予備軍

1 「単身世帯予備軍」とは

前章までは、単身世帯の増加が社会に与える影響について考えてきた。本章では視点を変えて、現段階では単身世帯となっていないものの、将来的に単身世帯となっていく可能性の高い人々についてみていきたい。

ここでは、「親と同居する40歳以上の未婚者」を「単身世帯予備軍」と呼び、その生活実態や課題を考察していこう。「単身世帯予備軍」は、40歳以上の未婚者なので同居している親のほとんどは60歳以上と考えられる。親が介護施設などへ入所した場合や、親と死別した場合に、これら未婚者はそれ以降単身世帯になる可能性が高い（注1）。

無論、40歳以上であっても、今後結婚して単身世帯とならないことも考えられる。しかし、40歳を超えるとパートナーを見つけにくくなる現実がある。例えば、２００５年の１年間で各年齢階層別の未婚者数に対する初婚件数の割合（初婚率）をみると、男性では20代後半の８・０％をピークに加齢につれて低下し、40代前半男性では２・１％、40代後半男性では１・１％まで低下する（注２）。つまり、05年の１年間で20代後半では未婚男性１００人のうち８・０人が婚姻したのに対して、40代前半の未婚男性では２・１人、40代後半未婚男性では１・１人しか結婚しないことを示している。

同様に女性の初婚率（05年）も、20代後半の11・４％をピークに低下していき、40代前半では１・７％、40代後半０・７％となる。このように、40歳以上になると男女共に初婚率は大きく低下する。

ちなみに、40代以上の年齢階層別に、初婚率を90年と05年で比べてみると、40代前半の女性は両年で同一の初婚率であったが、それを除いて全ての年齢階層で初婚率が低下していた。結婚に対する価値観の多様化、特に晩婚化によって、40歳以降で結婚する人の割合は高まっているのではないかとも思われたが、現実にはそうはなっていない。40歳以降でも進行しているのは未婚化である。

（注１）未婚者に限らなくても、配偶者と離別あるいは死別した人が親と同居していれば、未婚者と同様に、親の死亡後などに単身世帯となる可能性がある。しかし未婚者と異なるのは、離別者や死別者の中には子供をもつ人も含まれる点である。親が死去しても、子供と同居していれば単身世帯にはならない。そこで本章では、離別者や死別者とは区別して、「親と同居する40歳以上未婚者」を「単身世帯予備軍」として考察していく。

（注２）厚生労働省『平成18年婚姻に関する統計』（統計表２）

「パラサイト・シングル」と「単身世帯予備軍」

ところで、親と同居する成人の未婚子は、近年「パラサイト・シングル」と呼ばれている。パラサイト・シングルの定義としては、「学卒後もなお親と同居し、基礎的生活条件を親に依存している未婚者」をいう（注3）。「パラサイト・シングル論」を提唱した山田昌弘氏は、当初パラサイト・シングルを「親に基本的生活を依存しリッチに暮らす未婚者」として紹介していたが、2004年には「パラサイト・シングルを巡る社会状況は、一変した」として、リッチな未婚者が存在する一方で、「親と同居していても、とてもリッチな生活を楽しんでいるとは思えない未婚者が増えている」と指摘している（注4）。

本章で扱う「単身世帯予備軍」は、親と同居する未婚者という点では「パラサイト・シングル」と同様であるが、「単身世帯予備軍」では年齢階層に40歳以上という限定を加えている点が異なる。一般に「パラサイト・シングル」が想定する年齢階層は20代から30代の比較的若い層と考えられるのに対して、「単身世帯予備軍」は中年以上を対象とする。

以下本章では、単身世帯予備軍に該当する人々が、現在どの程度いるのか、また過去と比較してどの程度増加しているのかを考察したい。さらに、単身世帯予備軍が増加する背景のひとつとして、近

（注3）山田昌弘（1999）『パラサイト・シングルの時代』ちくま新書、11頁。
（注4）山田昌弘（2004）『パラサイト社会のゆくえ』ちくま新書、14－15頁。

年話題になっている「シングル介護」の状況についてもみていこう。

2 単身世帯予備軍はどの程度いるのか

単身世帯予備軍は、全国にどの程度いるのだろうか。２００５年現在、親と同居する40歳以上の未婚者（単身世帯予備軍）は全国に２０２万人存在し、40歳以上人口の２・９％を占める。

単身世帯予備軍を年齢階層別にみると、興味深いことに、その96％（１９３万人）が40代と50代で占められている。これは、一般に未婚の成人子が60歳以上になると、その親の年齢は80歳以上となり、親の死亡や介護施設等への入所などによって、親との同居が難しくなるためと考えられる。したがって、単身世帯予備軍は「親と同居する40歳以上の未婚者」と定義するが、実質的には「親と同居する40代と50代の未婚者」と考えてよい。そこで40代と50代人口に占める「単身世帯予備軍（40代と50代のみ）」の割合をみると、５・５％となっている。つまり、40代と50代の20人に１人が単身世帯予備軍である。

また、単身世帯予備軍を男女で分けてみると、男性が１３２万人（40歳以上男性人口の４・１％）なのに対して、女性は70万人（同１・９％）となっており、男性が女性の１・９倍もいる（図表６－１）。女性の平均寿命は男性よりも長いので、40歳以上人口を比べると、男性よりも女性のほうが多く、１対１・１３になっている。にもかかわらず、「親と同居する40歳以上の未婚者」では男性が女

図表6-1：1995年から2005年にかけての「単身世帯予備軍」の増加状況

（単位：万人）

	男性			女性		
	95年	05年	05年/95年	95年	05年	05年/95年
単身世帯予備軍（①）（親と同居する40歳以上の未婚者）	75	132	1.76倍	42	70	1.67倍
40歳以上未婚者（②）	201	317	1.58倍	145	204	1.41倍
40歳以上人口(③)	2,930	3,242	1.11倍	3,294	3,665	1.11倍
40歳以上人口に占める単身世帯予備軍の割合（①／③）	2.6%	4.1%	1.59倍	1.3%	1.9%	1.50倍
40歳以上人口に占める未婚者の割合（②／③）	6.9%	9.8%	1.43倍	4.4%	5.6%	1.27倍
40歳以上未婚者に占める親との同居者の割合（①／②）	37.4%	41.7%	1.11倍	28.9%	34.3%	1.19倍

（注）単身世帯予備軍とは、親と同居する40歳以上の未婚者。
（資料）総務省『国勢調査』1995年版、2005年版により、筆者作成。

性の1・9倍となる。

なぜ単身世帯予備軍は男性が多いのか

では、なぜ単身世帯予備軍は男性のほうが多いのか。この要因は、未婚化の進展は女性よりも男性で著しいことがあげられる。実際、40歳以上の男性の未婚者は317万人なのに対して、同女性は204万人であり、未婚男性のほうが未婚女性よりも1・6倍（113万人）ほど多い。特に、単身世帯予備軍の9割強を占める40代と50代に限定して男女の未婚者数を比較すると、男性267万人なのに対して、女性は134万人となっている。40代・50代の未婚男性は同未婚女性の約2倍となっている。

そして、女性よりも男性で未婚化が進展している要因としては、第1章で指摘した通り、①そもそも出生性比は男性が5％ほど高いことに加え、医学の進歩によって男性の乳児死亡率が低下し、男女比率が出生時から成人まであまり変化しないために、結婚適齢期の男性人口が女性人口よりも多くなる、②男性は年下の女性と結婚する傾向があるが、少子化によって若い年齢階層ほど人口が減少するため、結果として男性が余ってしまう、③再婚率は男性のほうが女性よりも高い（注5）、といった点が考えられる。

なお、40代と50代の未婚者の中で親と同居する者の割合を男女で比較すると、男性は47・9％、女性は48・7％とほぼ等しい。したがって、男女間の同居率の差が単身世帯予備軍の男女数の違いをもたらした要因とは考えられない。

3 単身世帯予備軍の増加状況とその要因

次に、「単身世帯予備軍」の過去からの増加状況をみていこう。統計上の制約があって、過去に遡れるのは1995年までなので、95年と2005年の10年間の変化をみたい。

先述の通り、05年には202万人の「単身世帯予備軍」――親と同居する40歳以上の未婚者――がいるが、95年には117万人であったので、この10年間で1・7倍になった。男女別でみると、男性

（注5）「未婚者」とは、一度も結婚したことのない人をいうので、離婚した男性が未婚（初婚）女性と結婚すると、男性の未婚者数は減少しないのに、女性の未婚者数のみが減少することになる。このため、男性の未婚者数のほうが女性よりも多くなることが考えられる。

は1・76倍、女性は1・67倍になった（図表6－1）。

同期間内における「40歳以上人口」は1・11倍、「40歳以上の未婚者」は1・58倍に増加しているので、単身世帯予備軍の増加倍率は、「40歳以上人口」や「40歳以上の未婚者」の増加倍率を上回っている。

また、40歳以上人口に占める「単身世帯予備軍」の割合も、男性では95年の2・6％から05年には4・1％に増加している。女性はそれほど大きな伸びではないが、95年の1・3％から05年の1・9％に増えている。

40代と50代の未婚率と未婚者の親との同居率

1995年から2005年にかけて40歳以上人口に占める単身世帯予備軍の割合が増えたのは、「40歳以上人口に占める未婚者の割合」と「40歳以上未婚者に占める親との同居者の割合」が共に高まったことの影響と考えられる。

この点、単身世帯予備軍の大部分を占める40代と50代について、「未婚率」と「未婚者に占める親と同居する者の割合（同居率）」をみると、40代前半から50代後半までの全ての年齢階層で、「未婚率」と「同居率」が増加している（図表6－2）。未婚率は男性では5・5～7・4％ポイント上昇し、女性では1・1～5・3％ポイント上昇している。

また、同居率も、40代後半から50代後半の男性による親との同居率は、11～15％ポイント程度増え

図表6-2：40代・50代男女の「未婚率」と「未婚者に占める親との同居率」

（単位：％）

			男性			女性		
			95年	05年	05-95年	95年	05年	05-95年
未婚率	40代	前半	16.4	22.0	5.6	6.7	12.1	5.3
		後半	11.2	17.1	6.0	5.6	8.2	2.6
	50代	前半	6.7	14.0	7.4	4.5	6.1	1.6
		後半	4.3	9.8	5.5	4.1	5.2	1.1
未婚者に占める親との同居率	40代	前半	51.6	58.1	6.6	52.1	59.3	7.3
		後半	41.7	53.6	11.8	44.0	53.0	9.0
	50代	前半	26.8	42.3	15.5	31.2	42.7	11.4
		後半	17.1	28.7	11.6	20.9	30.6	9.7

（注）網掛け部分は、10％ポイント以上上昇している箇所。
（資料）総務省『国勢調査』（2005年：第3次集計第25表、1995年：特別調査第9表）。

ている。女性も、40代後半から50代後半にかけて、親と同居する未婚者の割合が10％ポイント前後増加している。

このように、単身世帯予備軍の増加の背景には、40歳以上人口に占める未婚者の比率の高まりとともに、未婚者による親との同居率の上昇があげられる。そして未婚化の進展については、第１章で指摘した通り、多くの要因があげられる。例えば、結婚の意思をもっていても、「適当な相手にめぐり会わない」ことや「独身の自由さや気楽さを失いたくない」ことなどが、結婚の障害として指摘されている（前掲、図表１－15）。

未婚者による親との同居は、なぜ進展しているか

では、未婚者による親との同居が進展しているのは、なぜだろうか（注６）。

第一に、規範意識の変化があげられる。結婚した子供が親と同居しなくなったため、未婚の子供（結婚した子供の兄弟姉妹）は、成人後もそのまま親と同居し続けられる余地が大きくなったと考えられる。また、親にとっても、自分の子供との同居であれば「嫁と姑」といった人間関係に悩まずにすむといった動機から、親サイドからも未婚の成人子との同居を望んでいる側面もあろう（注7）。

第二に、経済的な要因がある。親と同居する未婚者は、単身世帯の未婚者に比べて、働いていない人――完全失業者あるいは非労働力者――の比率（非就業率）が高い。つまり、親と同居しないと経済的に暮らしていけない未婚者が増加しているために、親との同居率が高まっているのではないかと推察される（注8）。

ただし一方で、親が裕福なため働く必要がない未婚の成人子が増えている可能性もある。この点は、統計上明確にできないが、この10年間の経済状況を考えると全体的に親の「スネ」は細る方向にあり、親が裕福なために働く必要のない人々は減少する方向にあると思われる。

では、親と同居する40代と50代の未婚男性の中で、働いていない人の割合（非就業率）はどの程度

（注6）以下は、内閣府経済社会総合研究所委託調査（2008）『世帯構造の変化が私的介護に及ぼす影響等に関する研究報告書』2008年3月、16－17頁などを参照。
（注7）高塩純子（2007）「40歳代未婚者の家族と暮らし――2005年国勢調査結果第一次基本集計及び第二次基本集計結果から」（『統計』2007年4月号）
（注8）高塩純子（2007）、87頁。

図表6-3：親と同居する未婚者と単身未婚者に占める非就業者の割合

（単位：%）

	男性					女性				
	20代	30代	40代	50代	60代	20代	30代	40代	50代	60代
親と同居する未婚者に占める非就業者の割合（①）	28.8	18.1	22.9	31.3	59.9	25.1	19.5	26.7	39.2	70.3
単身未婚者に占める非就業者の割合（②）	24.4	8.5	12.5	24.0	57.9	21.6	10.5	13.0	23.6	62.3
①−②	4.4	9.6	10.4	7.3	2.0	3.5	9.0	13.7	15.6	8.0

（注）就業関係が「不詳」を除いて算出。
（資料）総務省『平成17年国勢調査』第2次集計10表（単身世帯）、第3次集計25表（親と同居）により、筆者作成。

になるのであろうか。「親と同居する未婚男性」と「単身未婚男性」の非就業率を比べてみると、親と同居する未婚男性のほうが働いていない人の割合が高い。例えば、親と同居する40代未婚男性の非就業率は22・9%なのに対して、単身の40代未婚男性では12・5%となっている（図表6－3）。単身の未婚男性は、親と同居する未婚男性よりも経済力をもつ人が多く、それゆえに単身世帯を形成できている面があろう。

親と同居する未婚女性の非就業率

男性と同様に、親と同居する未婚女性は、単身未婚女性よりも働いていない人の割合（非就業率）が高い。例えば、親と同居する40代の未婚女性の非就業率は26・7%なのに対して、単身の未婚女性の同割合は13・0%となっている。親と同居する未婚女性の非就業率は、単身未婚女性よりも13・7％ポイントも高くなっている。

このように男女共に、親と同居する40歳以上の未婚者は、単身の未婚者よりも働いていない人の割合が高い。この点からすれば、1990年代半ば以降の経済の低迷が、親と同居する40歳以上の未婚者を増加させた要因のひとつとして指摘できよう。

4 「シングル介護」と単身世帯予備軍

以上、未婚の成人子による親との同居が増加している背景として、規範意識の変化と経済的な要因をあげてきた。これに加えて、近年では親の介護のために親と同居する未婚の成人子が増加している。これは一般に「シングル介護」と呼ばれている。シングル介護とは、未婚者や離別者が、自らの親の介護をすることをいう。2008年にNHKの番組で「シングル介護」が取り上げられて反響を呼んだ。「シングル介護」は、親と同居する未婚者などによって担われるので、「単身世帯予備軍」の問題でもある。

そして「シングル介護」の難しさは、一人で負わざるをえない介護負担の重さのみならず、将来的な展望を見いだしにくいことにもある。40代や50代の働き盛りの時期に、仕事と介護を両立させなくてはいけないストレスは大きい。仕事と介護の両立が難しいために賃金の低い非正規労働者として働くケースもあれば、最悪の場合、職を失うケースも考えられる。そしてひとたび離職すれば、40代や

50代での再就職は難しく、失業したまま要介護となった親の年金に依存する者もいる。

当然のことながら、親の年金は、親が死亡すれば支給されない。将来、親の死亡によって年金収入が途絶えれば、その後の生活設計が難しく、路頭に迷う可能性がある。こういう不安の中で介護をしなくてはいけないのは、精神的にも肉体的にも辛い状況にあることは想像に難くない。

なぜ「シングル介護」が増加しているのか

「シングル介護」が社会問題となった背景には、40代や50代の未婚者の増加と、兄弟姉妹数の減少があげられる。従来であれば、40代や50代になれば結婚をしている人がほとんどであり、夫婦で何とかやり繰りをして親の介護を乗り越えていくこともできた。しかし、増加する未婚者では、こうした夫婦での対応ができない。

また、以前は兄弟姉妹数も多かったので、地方に住む親が要介護者になれば、親の近くに住む兄弟姉妹で協力して対応することもできた。ところが現在では、兄弟姉妹数が減少している。例えば、1994年と2004年において40代と50代の兄弟姉妹数を比べると、94年には3・3〜4・6人の兄弟姉妹数であったが、04年になると40代と50代の兄弟姉妹数は2・5〜3・6人に減少している。わずか10年間で、40代と50代の兄弟姉妹数が約1人分減少しているのである（図表6－4）。兄弟姉妹数の1人分の減少が、家族介護に与える影響は大きい。親が要介護状況となった場合に、子供一人にかかる負担が重くなっている。

図表6-4：年齢階層別にみた平均兄弟姉妹数の変化

（単位：人）

	20代		30代		40代		50代		60代		70代	
	前半	後半	前半	後半	前半	後半	前半	後半	前半	後半	前半	後半
1994年	2.43	2.46	2.57	2.88	3.31	3.80	4.21	4.59	4.58	3.77		
2004年	2.46	2.42	2.41	2.40	2.45	2.81	3.20	3.61	3.98	4.09	3.92	3.15
04-94年	0.03	−0.04	−0.16	−0.48	−0.86	−0.99	−1.01	−0.98	−0.60	−		

（注）兄弟姉妹数には本人も含む。
（資料）国立社会保障・人口問題研究所『第５回世帯動態調査　結果の概要』（2004年）表Ⅲ-4より、筆者作成。

このように、未婚化の進展や兄弟姉妹数の減少によって、「シングル介護」は社会として見過ごすことのできない問題となってきた。

「シングル介護」を担う単身世帯予備軍の規模

では、「シングル介護」を担う「単身世帯予備軍」は、どの程度いるのであろうか。厚生労働省『平成19年国民生活基礎調査』によれば、「65歳以上の一人親と未婚の子供からなる世帯」のうち、親が手助けや見守りを必要とする世帯の割合は20％にのぼっている（注９）。未婚子の年齢が40歳以上かどうかは不明であることや、「手助けや見守り」の内容や程度も明らかではないため、厳密なことはわからないが、この中には一定程度の単身世帯予備軍が含まれシングル介護を担っている可能性がある（注10）。

また、「少なくとも配偶者の一人が65歳以上の老夫婦と未

（注9）厚生労働省『平成19年国民生活基礎調査』第1巻世帯票、第118表。

婚の子供からなる世帯」のうち、老親の一人以上が手助けや見守りを必要とする世帯は11％となっている。この中には、老夫婦の一方の配偶者が介護を担っているケースもかなりあろう。

家族の介護・看護のための離職者数

ここで、単身世帯予備軍に限定せずに、２００２年10月から07年９月までの５年間に全国で「家族の介護・看護」を理由に離職した人の人数をみると、年平均で11・４万人おり、同期間の離職者全体の２・５％を占める。ちなみに、直近の１年（06年10月～07年９月）では14・５万人が「家族の介護・看護」を理由に離職しており、近年は「介護・看護」を理由とする離職が増加する傾向にある（注11）。

同期間内の「家族の介護・看護」の離職者のうち、40歳以上の離職者は85％を占めており、年平均９・７万人である（注12）。また、年平均11・４万人の離職者のうち、女性の離職者は９・３万人にのぼり、離職者全体の８割を占めている。

（注10）ちなみに、手助けや見守りを必要とする65歳以上高齢者を抱える世帯のうち、「一人親と未婚の子のみの世帯」は６・８％となっている（厚生労働省『平成19年国民生活基礎調査』）。
（注11）総務省『就業構造基本調査』２００６年版、第１１６表。
（注12）なお統計上の制約によって、「家族の介護・看護」を理由に離職する40歳以上の人々が未婚者であるのか、あるいは親と同居しているのか、といった点は不明である。

注目すべきは、「家族の介護・看護」を理由に離職した多くの者が、離職後現在まで無業者となっていることだ。具体的には、40歳以上の介護・看護理由の離職者の7割（年間7・3万人）が、離職後無業者となっている。介護をしながらの仕事の継続や再就職が難しいことが窺える。

これらの人々が未婚者かどうかはわからない。しかし、働き盛りの40代・50代が、親の介護・看護のために離職して無業者となることは、将来に大きな不安を抱えることになる。言うまでもなく、親が亡くなった後もその子供たちは生活をしなくてはならないが、40代や50代になってからの再就職は容易ではない。一方、日本の労働力人口は減少を続けており、介護のために貴重な労働力を失うことは社会全体にとっても大きな損失である。働く意欲をもつ人々が親の介護のために仕事を辞めることなく、社会全体で高齢者の介護に対応していける世の中が求められる。

シングル介護と要介護高齢者への虐待

シングル介護がもたらす深刻な問題は、要介護高齢者への虐待が他の世帯類型よりも高い点である。厚生労働省によれば、家族や同居人などから世話を受ける高齢者に対して「虐待があった」と判断された1万4889件（2008年）の事例について世帯類型別割合をみると、「未婚の子と同一世帯」が35・6％と最も高かった。そして、「既婚の子と同一世帯」（27・4％）、「夫婦二人世帯」（18・3％）、「単身世帯」（9・0％）、と続いている（注13）。

また、虐待を受けた高齢者からみた虐待者の続柄をみると、「息子」が40・2％と最も多く、次いで「夫」が17・3％、「娘」が15・1％となっている。ここでいう「息子」は未婚者とは限らないが、世帯類型別にみた場合「未婚の子と親からなる世帯」がトップであった状況から推察すると、親と同居する未婚の息子が相当程度含まれていると考えられる。

実際、それまで親から家事などの世話を受けていた未婚の息子が、親が要介護状態になってから、家事や介護を行うことができずに介護を放棄してしまう事例や、施設に入れてしまうと親の年金によって未婚子も生活もできなくなってしまうため施設に入れない事例などが報告されているという(注14)。さらに、虐待を受けている親も、息子の虐待を表ざたにしたくないという思いがあり、こうした虐待は顕在化されにくい状況にある。

当然のことながら、虐待はいかなる理由においても許されるものではない。しかし、この背景には、シングル介護を担う未婚者の介護負担の重さ、将来の生活不安からくるストレス、さらに経済的な問題などが複合的に絡まっている可能性がある。

(注13) 厚生労働省（２００８）『平成19年度　高齢者虐待の防止、高齢者の養護者に対する支援等に関する法律に基づく対応状況に関する調査結果』11頁。
(注14) 山田昌弘（２００９）『ワーキングプア時代』文藝春秋社、58頁。

5 今後も「単身世帯予備軍」は増加を続ける

今後も「単身世帯予備軍」は増加していくものと考えられる。世帯主が65歳以上の「夫婦と子供からなる世帯」および「一人親と子供からなる世帯」は、合わせて２００５年の２９３万世帯から、２０３０年には３８０万世帯へと１・３倍に増加していくとみられている。

ここでいう「子供」は未婚者だけでなく死・離別者を含んでいることや、40歳以上かどうかは不明なことから、厳密に「単身世帯予備軍」とはいえない。しかしこの中には、相当程度「単身世帯予備軍」が含まれているものと考えられる。

本章の冒頭で指摘した通り、親と同居する40代以上の未婚者は、いずれ単身世帯となる可能性が高い。そして、単身世帯予備軍は、未婚の単身者に比べて、働いていない人の割合が高く、経済的に脆弱な傾向が窺える。今後、単身世帯予備軍への社会的な支援が必要となる可能性がある。

本章のまとめ

本章をまとめると以下の通りである。

- 単身世帯予備軍（親と同居する40歳以上の未婚者）は、全国で２０２万人存在し、40歳以上人口の２・９％を占める。単身世帯予備軍の96％は40代と50代に集中している。

- 男女に分けて単身世帯予備軍数を比べると、男性は女性の１・９倍となっている。これは、男性の未婚化が女性よりも進展しているためと考えられる。
- 単身世帯予備軍は、この10年間で１・７倍に増加した。この要因としては、40代と50代の「未婚者の割合」と「未婚者に占める親と同居する者の割合」が共に増加したためである。未婚者による親との同居が進展した背景には、結婚した成人子が親と同居しなくなったため、逆に未婚子が親と同居しやすくなったことや、親と同居しなくては経済的に暮らしていけない未婚者が増加しているためではないかと推察される。実際、親と同居する40代と50代の未婚者は、同年齢の単身世帯の未婚者よりも、働いていない人の割合が高い。
- さらに、親の介護のために親と同居する未婚の成人子が増加している。この背景には、未婚化の進展により親の介護を夫婦の協力で乗り越えることが難しくなっていることや、40代と50代の兄弟姉妹数が減少していることが挙げられる。いわゆる「シングル介護」が深刻になっている。

第 3 部

海外の単身世帯

第1部と第2部では、日本の単身世帯の増加状況とそれが社会に与える影響をみてきた。では海外でも、単身世帯化は進んでいるのであろうか。また、単身世帯の増加に関連してどのような議論がなされているのか。

第7章では、まず、主要先進国と日本の単身世帯比率などを比較し、日本の単身世帯化の特徴を明らかにする。その上で、海外における単身世帯化をめぐる議論を概観する。さらに第8章では、筆者が長期滞在したことのある英国をとりあげて、単身世帯の状況とそれをめぐる政策などについて考察していこう。

第7章 海外の単身世帯の実態とそれに関連した議論

1 単身世帯比率の国際比較

まず、単身世帯比率を主要先進国間で比較していこう。「15歳以上人口に占める単身世帯の割合」を主要先進国間で比べると、日本の13・2％（2005年）は、北欧諸国や一部の西欧諸国に比べて低い水準にある（注1）（図表7－1）。

また、「全世帯数に占める単身世帯の割合」を比較すると、北欧諸国やドイツ、オランダで高く、

（注1）Eurostat（2008）, Living conditions in Europe data 2003-06:2008 edition, p.26. ノルウェーは、Statistics Norway HP.

図表7-1：単身世帯比率の国際比較

（単位：％）

	スウェーデン	ノルウェー	ドイツ	日本（将来）	オランダ	フランス	英国	日本（現在）	米国
15歳以上人口に占める単身世帯の割合	—	23（09年）	20（07年）	17.5（30年）	17（07年）	16（07年）	14（07年）	13.2（05年）	—
全世帯数に占める単身世帯の割合	46（05年）	40（09年）	39（06年）	37.4（30年）	35（05年）	31（99年）	29（06年）	29.5（05年）	26（05年）

（資料）「15歳以上人口に占める単身世帯の割合」はEurostat, *Living conditions in Europe data 2003-06：2008 edition,* 2008, p.26。ノルウェーについては、Statistics Norway HPにより筆者作成。「全世帯数に占める単身世帯の割合」は、国立社会保障・人口問題研究所『日本の世帯数の将来推計』2008年、7頁。フランスについては、OECD, *OECD Family database,* 2009, p.3を参考。

日本の29・5％を超えている。具体的には，単身世帯比率が35％を超える国として、スウェーデン（46％、05年）、ノルウェー（40％、09年）、デンマーク（38％、06年）、フィンランド（37・3％、00年）といった北欧諸国があげられる。また、西欧のドイツ（39％、06年）、オランダ（35％、05年）も高い水準にある（図表7－1）。日本の全世帯数に占める単身世帯の割合（29・5％、05年）は、英国（29％、06年）とほぼ同程度の水準であり、米国（26％、05年）やカナダ（26・8％、06年）を上回る。ちなみに、OECD諸国の全世帯に占める単身世帯割合の平均値が27・7％なので（注2）、現在の日本の水準は、OECDの平均値を2％程度上回っている。

なお、欧州の中でも、南欧諸国は一般に単身世帯比率が低い。例えば、スペインの「全世帯数に占める単身世帯比

（注2）OECD (2009), OECD Family Database: Family size and household composition, p.3. 各国の調査年が異なり、１９９９年～２００６年の間の調査。

率」は20・３％（01年）、ギリシャは19・7％（01年）、ポルトガルは17・３％（01年）となっており、単身世帯比率は20％程度か、それ以下の水準となっている（注３）。

年齢階層別にみた単身世帯比率の国際比較

このように各国ごとに単身世帯比率に違いがみられるが、これは老親が結婚した成人子と同居する傾向が強いかどうかといった点や、若者が成人後も親と同居を続ける傾向が強いかどうかといった点が影響する（注４）。そこで、男女別・年齢階層別に占める単身世帯比率をみていく必要がある。ここではＥＵ主要国と日本で比較していこう。

ＥＵでは「労働力調査（Labour Force Survey：ＬＦＳ）」の中で、大規模な世帯調査を行っている。老人ホームなどの施設入所者を除いた「一般世帯（private households）」に住む15歳以上の世帯員を対象とした調査なので、日本との大雑把な比較ができる。ここでは、２００２年のドイツ、フランス、イタリア、オランダの男女別・年齢階層別単身世帯比率を、05年の日本と比べてみよう（図表７－２）。

まず、男性について単身世帯比率をみると、日本（05年）は20代前半で他国よりも単身世帯比率が

（注３）スペイン、ギリシャ、ポルトガル、カナダは、OECD (2009), p.3.
（注４）OECD (2009), p.2.

図表7-2：男女別・年齢階層別人口に占める単身世帯の割合―国際比較―

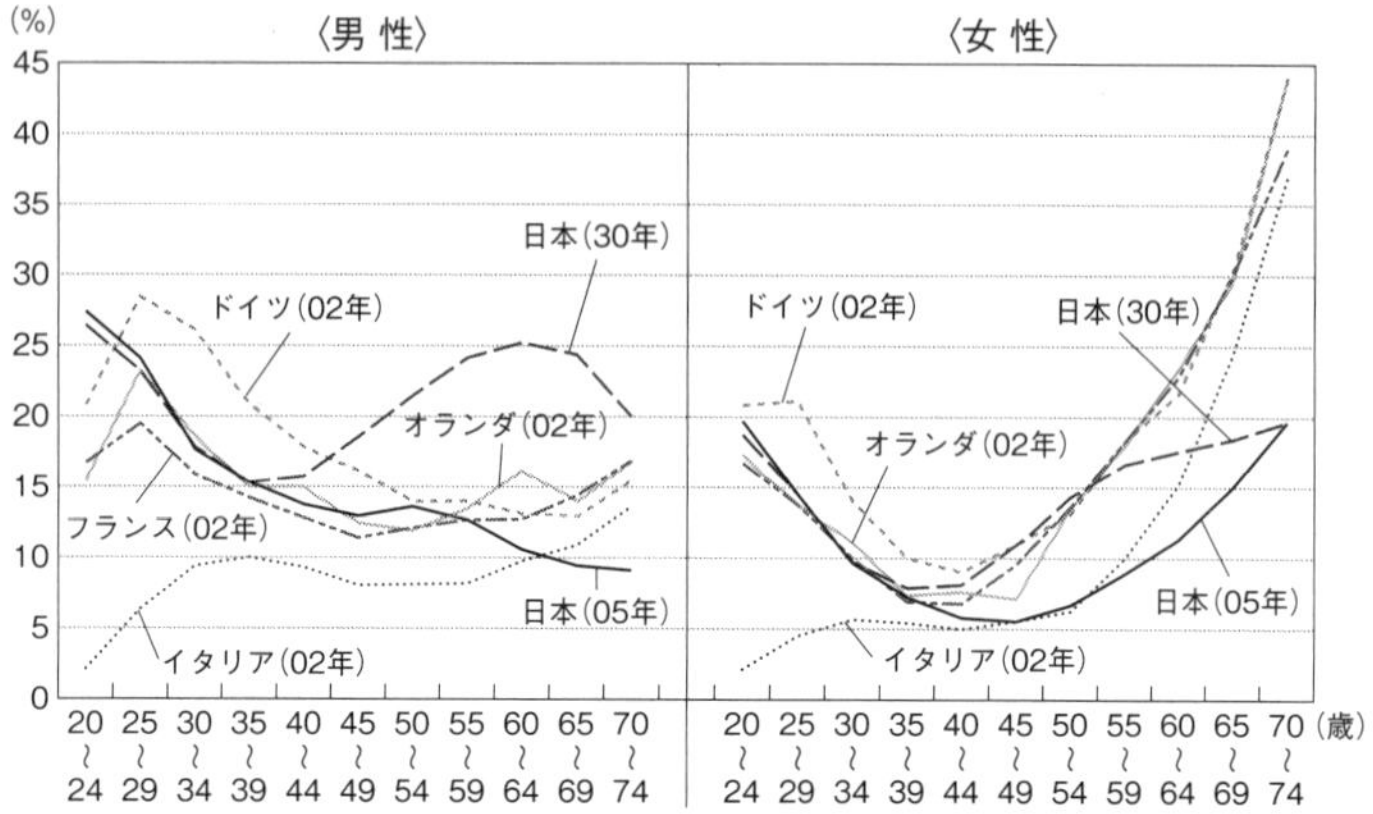

（注）１．海外データの基礎となったEU Labour Force Surveyの「世帯」とは、一般世帯（private households）をいい、老人ホームなどの施設入所者は含まない（Fokkema, 2008, p.1356）。

２．ドイツ、フランス、オランダ、イタリアは、2002年の値。日本（05年）は2005年の値。日本（30年）は2030年の将来推計。

（資料）ドイツ、フランス、オランダ、イタリアの単身世帯比率は、Tineke Fokkema & Aart C. Liefbroer, Trends in living arrangements in Europe: *Convergence or divergence?, Demographic Research* (Max Planck Institute for Demographic Research),Vol.19, Article 36, July 2008, pp.1376-1377（データの原典は、EU Labour Force Survey）。日本（05年）は、総務省『国勢調査』（実績値）。日本（30年）は国立社会保障・人口問題研究所編『日本の世帯数の将来推計（全国推計）――2008年3月推計』に基づき、筆者作成。

高いが、それ以降ほぼ右肩下がりで低下している。それに対して、ドイツ、フランス、オランダでは、20代後半をピークに低下するが、50代から60代にかけて緩やかに上昇している。一方、イタリアの単身世帯比率は、他国よりも全体的に低いが、50代後半から他の欧州3カ国と同様に上昇していき、60代後半には日本を上回る。欧州4カ国で60代前後から単身世帯比率が上昇するのは、主に配偶者との離別や死別によって単身世帯になる中高年男性が増加する影響と考えられる。

なお、図表７－２では、70代前半までしか単身世帯比率が示されていないため、日本の高齢男性の単身世帯比率は低下を続けるようにもみえる。しかし実際は、日本でも70代前半から後半にかけて男性の単身世帯比率が２％程度上昇している。つまり、日本では、欧州４カ国に遅れて高齢男性の単身世帯比率の上昇が表れる。これは、日本では他国よりも男女共に長寿化が進んでいるため、配偶者との死別によって単身世帯となる時期が遅れることや、西欧諸国と比べて離婚率が低いことなどが要因と考えられる。

ただし、日本の高齢男性の単身世帯比率の上昇度合いは、欧州４カ国に比べて小さい。また、日本の高齢男性の単身世帯比率の水準は、そもそも欧州４カ国に比べて低い。具体的には、欧州４カ国の70代前半男性の単身世帯比率が15％前後なのに、日本では９％にとどまる。日本のそれ以降の年齢階層の単身世帯比率をみても、70代後半は９％、80歳以上でも11％なので、欧州４カ国よりも低い水準となっている。この背景には、日本では西欧諸国に比べて老親と子供が同居する傾向が強いことがあげられる。

欧州諸国との比較では日本の高齢女性の単身世帯比率は低い

一方、女性の単身世帯比率をみると、イタリアを除いて、どの国も20代と高齢期の単身世帯比率が高い。しかし、日本と欧州４カ国で大きく異なるのは、日本（05年）の単身世帯比率は、「Ｕ字型」をしているのに対して、ドイツ、フランス、オランダでは「Ｊ字型」をしている点だ。つまり、欧州

４カ国では、40代や50代後半以降は単身世帯比率が急速に上昇し、70～74歳では35～45％の水準になる。これに対して、日本の70代前半女性の単身世帯比率は19・４％にとどまっている。ちなみに70代後半以降の日本女性の単身世帯比率をみると、70代後半は23・０％、80歳以上では19・５％となっており、先の欧州４カ国よりも低い水準にある。

国連による世界主要地域の高齢者の単身世帯比率

国連では、世界の主要地域の60歳以上の高齢者人口に占める単身世帯比率（１９９５年）を算出している。95年の調査であるが、地域ごとの傾向を把握することができる。それをみると、欧州と北米の同比率は26％と高く、オセアニアも25％にのぼる。そして欧州の中でも北欧が34％、西欧は32％と高水準なのに対して、東欧は24％、南欧は19％と低い（注５）。一方、アジア地域の同比率は７％と最も低く、アフリカが８％、ラテンアメリカとカリブ海諸島は９％となっている。

高齢者が一人で暮らすか、親子で同居するかの選択は、各国の文化や規範意識の影響を受けるため、地域ごとの格差が大きい。一般にアジアでは、欧米諸国に比べて親子の同居を重視する文化や規範が強いと言われている。例えば、「同居することが家族全体にとって最も良い選択である」という考え方に賛成した者の割合（２００１年）をみると、日本は44％、韓国38％なのに対して、米国は９％と

（注５）The United Nations（2005）Living Arrangements of Older Persons around the World, p.22.

低い（注６）。

２０３０年の日本の単身世帯比率――中高年男性の高い単身世帯比率は欧州でも未経験

ところで、２０３０年の日本の15歳以上人口に占める単身者比率をみると、05年の13・２％から17・５％に上昇すると推計されている。これは、07年のフランスやオランダの水準とほぼ同じである。一方、２０３０年の日本の全世帯数に占める単身世帯の割合は37・４％になると推計されている（図表７－１）。これは、06年のドイツを若干下回る水準である。

こうした点をみると、２０３０年の日本の単身世帯比率の高さは、既に北欧や一部の西欧諸国で経験している現象であり、「恐れる必要はない」と思われるかもしれない。確かに北欧・西欧諸国から学ぶべき点は多いが、２０３０年の日本と現在の北欧・西欧諸国には以下のような大きな違いがある。

第一に、２０３０年の日本では中高年男性の単身世帯比率が高い。具体的には、50代と60代男性の単身世帯比率は25％弱と推計されている。このような中高年男性の高い単身世帯比率は、少なくとも現在の西欧諸国では生じていない現象である。02年のドイツ、フランス、オランダの50代と60代男性の単身世帯比率は12～16％である（図表７－２）。また、英国の45～64歳男性人口に占める単身男性の割合は15％（07年）となっている。

（注６）The United Nations（2005），p.9.

無論、今後欧州でも、未婚化の進展などによって中高年男性の単身世帯比率が高まる可能性がある。例えば英国では、現役世代の単身世帯の増加が注目されつつある（注7）。しかし、現時点では、中高年男性の単身世帯化が社会にいかなる影響をもたらし、どのような対策が必要なのかという点は明らかになっていない。日本は中高年男性の単身世帯比率の上昇という点で、世界でも「未知の領域」に入っていく。

２０３０年の日本は高齢化率が高い

第二に、２０３０年の日本の高齢化率の高さである。つまり、現在の北欧・西欧諸国と２０３０年の日本では、人口構造が大きく異なる。具体的には、全人口に占める65歳以上人口の割合をみると、ドイツ18・８％（05年）、フランス16・３％（05年）、オランダ14・２％（05年）となっているのに対して、２０３０年の日本の高齢化率は31・８％にのぼる（注8）。つまり、上記の欧州諸国では、全国民の５～７人に１人が65歳以上の高齢者となっているのに対して、２０３０年の日本では３人に１人が高齢者となる（注9）。

（注7）Palmer, Guy (2006) Single Person Households' Issues That JRF Should Be Thinking About, New Policy Institute, April 2006. p.2.
（注8）国立社会保障・人口問題研究所（２００９）『人口統計資料集２００９年』

２０３０年の日本では、単身世帯比率が現在の北欧・西欧諸国と同程度になるが、日本は高齢者を支える現役世代の比率が小さいという深刻な問題を抱えている。

このように今後日本の単身世帯比率は高まり、現在の北欧・西欧諸国の単身世帯比率に近づいていく。しかし、中高年男性で単身世帯比率が高まることや、高齢化率の高さといった点で違いがある。

2 なぜ北欧・西欧諸国では、高齢単身者の比率が高いのか

前節でみたように、日本と比べて、北欧・西欧諸国では単身世帯の比率が高い。特に、高齢女性の単身世帯の比率は、日本よりも圧倒的に高い水準にある。

それでは、なぜ北欧・西欧諸国では、高齢者の単身世帯比率が高いのか。この点について、①文化的・規範的要因、②制度的要因、③家族以外の人々による支援、の３点から考察していきたい（注10）。

（注９）ちなみに、２０３０年の北欧・西欧諸国の高齢化率をみると、ドイツが最も高く27・３％、オランダ24・１％、スウェーデン22・８％、デンマーク22・８％、英国21・６％、ノルウェー21・１％となっている。２０３０年のドイツの高齢化率が比較的高いが、他の国は20～25％程度となっている（国立社会保障・人口問題研究所、２００９年、38頁）。

（注10）The United Nations（2005）, pp.21-22.

（1）文化的・規範的要因

第一に、文化的・規範的要因である。北欧や西欧諸国では、親が高齢になっても子供と同居せずに「自立」して生活することを重視する文化や風土がある。また、老親と子供の双方がプライバシーを重視する。老親と子供との同居を「家族の美徳」と捉える国と、「自立」「プライバシー」を重視する国とでは、規範意識が大きく異なり、高齢期の単身世帯の形成に影響を与えている。

ただし、北欧や西欧諸国などでも家族の支え合いを軽視しているわけではない。むしろ欧米諸国では、子供と老親の交流は日本よりも活発だという指摘もみられる。例えば、内閣府『第6回高齢者の生活と意識に関する国際比較調査』（2005年）では、別居している子供をもつ高齢者を対象に、「別居している子供と会ったり、電話で連絡をとったりしている頻度」について尋ねている。その結果をみると「ほとんど毎日」「週1回以上」の合計が、米国80・8％、フランス67・2％、韓国66・9％、ドイツ58・6％、とほぼ6割以上なのに対して、日本では46・8％にとどまっている（注11）。

なお、この調査では、調査対象となった高齢者に同居する子供がいるのかいないのかが不明である。日本では欧米に比べて老親と子供が同居する傾向が高いため、別居子との交流が少ない可能性も考えられる。

また、以前筆者がスウェーデンの介護専門家から聞いた話では、家族は直接介護に携わらなくても、

（注11）内閣府（2005）『第6回高齢者の生活と意識に関する国際比較調査』3頁。

要介護者の情緒面でのサポートを積極的に担うと語っていた。北欧では、介護は介護職のプロが担い、要介護高齢者の精神的なサポートを家族が担うといった役割分担がなされているようだ。

(2) 制度的要因——高齢者向け住宅

第二に、高齢者の「自立」を支える公的支援が充実している点である。つまり、一人暮らしがしやすい環境が整備されている。「自立」というと、他者からサポートを受けないことを連想するかもしれないが、実際はそうではない。不自由な面を社会的に補うことによって高齢単身者は自立した生活を継続できる。特に、北欧諸国では、手厚い社会保障によって高齢単身者の「自立した生活」が支えられている。

北欧や西欧諸国の社会保障制度の中で、日本との比較上で重要だと思われる政策のひとつが住宅政策である。北欧・西欧諸国では、介護施設とともに管理人付きケア付きの「高齢者向け住宅」が整備されている。この点、65歳以上人口に占める介護施設や高齢者向け住宅の定員数の割合を比較すると、日本は低い水準にある（図表７－３）。

高齢者向け住宅については、各国ごとにその内容が異なるが、概していえば、①バリアフリー化がなされていること、②常駐あるいは通いの管理人がいて、要介護者への見守りや生活支援の機能を果たすこと、③公的な家賃補助があること、④要介護度が重くなっても外部の介護サービスなどを受けて居住の継続が可能なこと、⑤施設と異なり、生活面への管理が弱いことなどがあげられよう。以下

図表7-3：高齢者人口に占める高齢者向け住宅や介護施設の定員数の割合

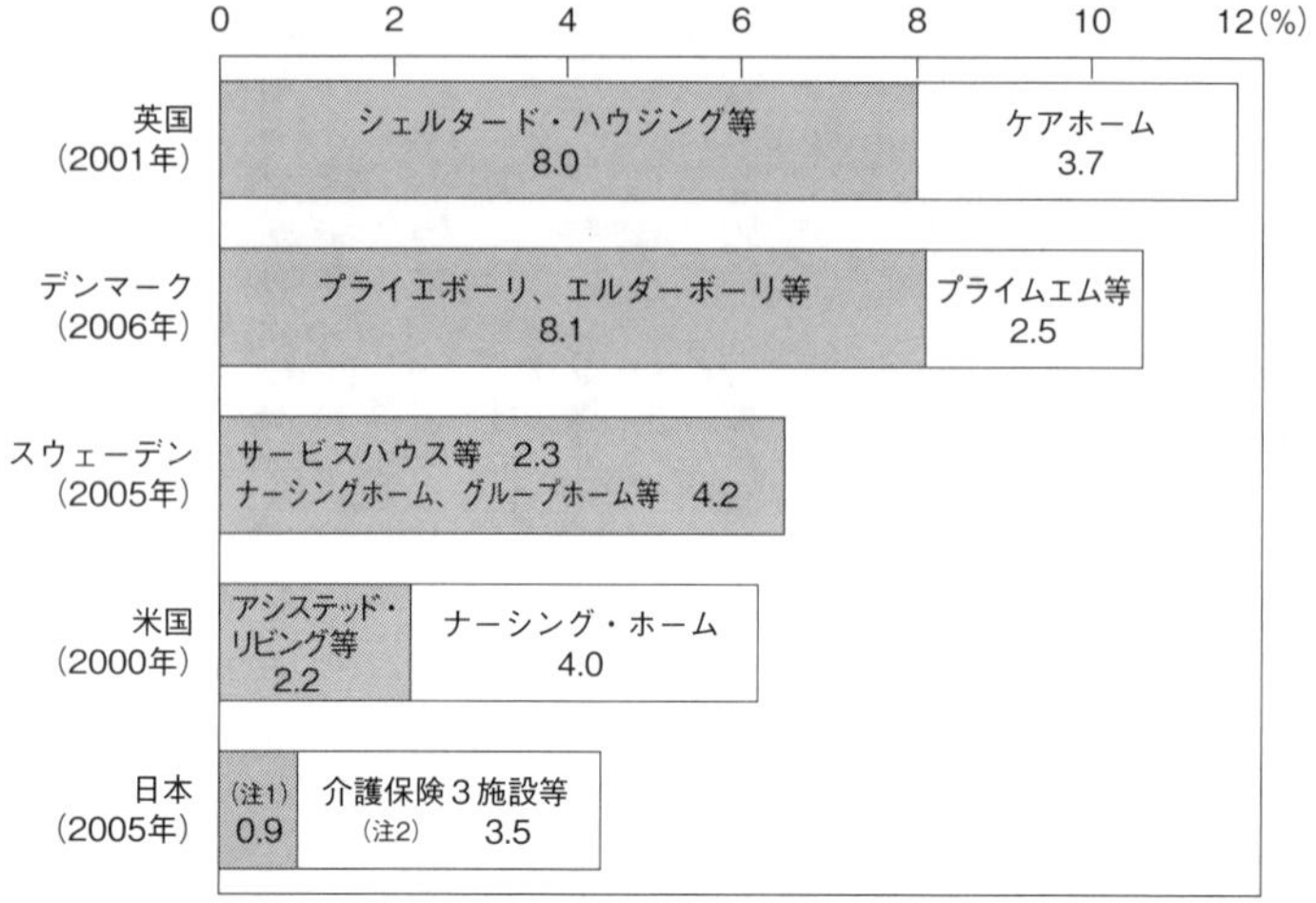

（注）１．シルバーハウジング、高齢者向け優良賃貸住宅、有料老人ホームおよび軽費老人ホーム（軽費老人ホームについては2004年）
２．介護保険３施設およびグループホーム。
３．スウェーデンについては、制度上の定義区分は明確でなく、歴史上の便宜的呼称であり、現在は類型間の差異は小さい。
４．網掛け部分は、高齢者向け住宅、白部分は介護施設。
（資料）社会保障審議会介護給付費分科会『第２回介護施設等の在り方に関する委員会』（資料１、資料２）2006年12月15日、に基づき、筆者作成。

では各国の高齢者向け住宅の状況について概観していこう。

英国の高齢者向け住宅（注12）

英国の「シェルタード・ハウジング」は、一般住宅と従来型の入所施設の中間に位置づけられる。24時間対応可能なアラーム装置などを整備した住宅で、入居者は主に60歳以上の高齢者を対象としている。住み込みの管理人が在住しているタイプや、通いの管理人が定期的に各戸を巡回するタイプなどがある。

また、入浴介助や食事介助などを提供できる住宅もあり、これらは「特別ケア付きシェルタード・ハウジング」と呼ばれている。シェルタード・ハウジングの多くは、地方自治体や住宅協会（Housing Association）など、主に非営利部門によって提供されている。

一方、シェルタード・ハウジングに居住している高齢者は、所得補助や住宅手当などの社会保障手当の受給も可能になっている。ただし、このような給付を得るには所得や保有資産に対する審査（資力調査）を受けなくてはならない（注13）。

デンマークの高齢者向け住宅（注14）

デンマークでは、１９８８年以降、「プライムエム」と呼ばれる高齢者施設の新規建設が禁止され、その代わりに「プライエボーリ」「エルダーボーリ」と呼ばれる高齢者向け住宅（公営賃貸住宅）が整備されてきた。この背景には、「高齢者は介護の対象ではなく、生活の主体である」という考え方のもと、住まいとケアが固定化された「施設」ではなく、「住宅」において高齢者の機能変化に応じ

（注12）以下は、所道彦（２００８）「イギリスのコミュニティケア政策と高齢者住宅」『海外社会保障研究』２００８年秋号、№１６４号を参考にした。
（注13）所道彦（２００８）、17頁、22－25頁を参考。
（注14）以下は、松岡洋子（２００８）「デンマークの高齢者住宅とケア政策」（『海外社会保障研究』２００８年秋号、１６４号）、および社会保障審議会介護給付費分科会（２００６）「諸外国の施設・住まい等の状況について」（『第2回介護施設等の在り方に関する委員会』２００６年12月15日）を参考にした。

てケアの量が柔軟に対応できるようにしたことがある。そこで、住まいとケアを分離して、必要に応じて介護サービスを受けられるようにすることで、要介護高齢者が介護のために住まいを移転せずに、できる限り継続居住できるようにした（注15）。

「プライエボーリ」は、90年代後半に登場した高齢者向け住宅であり、介護職員が常駐し、簡易キッチン、バス・トイレ付きの個室をもつ（注16）。居住者には認知症高齢者が多いという（注17）。

一方、「エルダーボーリ」は、職員は常駐せず、必要に応じて外部の訪問介護サービスを活用する高齢者向け住宅である。バス・トイレ、台所があり、寝室と居間は別室になっていて、一般住宅と変わらない居住環境がある。エルダーボーリの近くには、リハビリ室やレストラン、在宅ケアステーションなどからなるデイセンターが隣接している。要介護の状態になれば、在宅ケアステーションから介護サービスを受けることができる。

これらの高齢者向け住宅は、市町村が事業主体となって非営利の住宅協会が建設・管理を行っている。家賃は概ね月額６０００〜７０００クローナ（約12万〜15万円）であり、家賃の支払いが困難な高齢者には家賃補助の制度がある。高齢者の半数程度が家賃補助を利用しているという。

そして、こうした高齢者住宅で要介護高齢者の生活を支えるのが、「24時間在宅ケア」の提供であ

（注15）松岡（２００８）54－56頁。
（注16）社会保障審議会介護給付費分科会（２００６）３頁。
（注17）松岡（２００８）60頁。

る。週12時間以上在宅ケアを利用する高齢者は在宅ケア利用者の15％を占めており（2005年）、毎日5回以上の訪問が可能だという（注18）。

スウェーデンの高齢者向け住宅（注19）

スウェーデンでは、1992年の改革によって、ナーシングホーム、認知症グループホーム、サービスハウスなどの「施設」は、全て「特別住宅」として一本化され生活環境が整備された。つまり、「施設」においては、入居者の要介護度に応じて施設を替える必要があったが、「特別住宅」のもとでは、入居者の要介護度が変化しても施設を替える必要がなく、入居者が住み続けられるようになった。また、住宅の供給責任は市がもち、居住形態にかかわらず費用体系が統一化された（注20）。家賃については市の住宅公社などが決定し、高齢者は家賃補助を受けられる。

ただし、法制上は「特別住宅」として一本化されたものの、統合前の各施設の特色は残存している。「ナーシングホーム」は中度から重度の要介護者向けとなっている。また、「グループホーム」も、中

（注18）松岡（2008）61頁。
（注19）以下は、奥村芳孝（2008）「スウェーデンの高齢者住宅とケア政策」（『海外社会保障研究』2008年秋号、164号）、および社会保障審議会介護給付費分科会（2006）「諸外国の施設・住まい等の状況について」（『第2回介護施設等の在り方に関する委員会』2006年12月15日、資料2）を参考にした。
（注20）奥村（2008）28頁。

度から重度の認知症高齢者が中心であり、少人数で共同入居している。これらの特別住宅では、介護・看護職員により24時間体制の身体介護・家事援助が提供されている。

一方、「サービスハウス」は、自立できるか、軽度の要介護高齢者が中心になっている。日中に職員がいるケースが多く、夜間はナイトパトロールで対応する。個室化などの居住環境の整備が行われている。

このほか、「特別住宅」ではないが、自立〜軽度の要介護高齢者を対象とした「シニアハウス」と呼ばれる高齢者向け住宅が増加している。職員は常駐しておらず、必要に応じて外部の訪問介護サービスを利用する（注21）。

米国の高齢者向け住宅（注22）

米国の住宅政策は、低所得者の住宅確保に向けられており、高齢者向け住宅の整備の多くは、民間営利組織による運営となっている（注23）。量的には不足状況が続いており、需要が供給を大きく上回っている。

（注21）社会保障審議会介護給付費分科会（２００６）９－11頁。
（注22）以下は、クルーム洋子（２００８）「アメリカの高齢者住宅とケアの実情」（『海外社会保障研究』２００８年秋号、１６４号）、および社会保障審議会介護給付費分科会（２００６）「諸外国の施設・住まい等の状況について」（『第２回介護施設等の在り方に関する委員会』２００６年12月15日、資料２）を参考にした。

「ナーシングホーム」は、中度から重度の要介護者を対象に、常駐職員によって24時間体制の介護看護サービスを提供する施設である。高齢化が進み入所希望者が増えてきたが、既存の入所者が移動を好まないことや、厳しい入所基準のため、入所は容易ではない。このため、ナーシングホームに移らなくても、低所得者用住宅でケアが受けられるように政策の柔軟化を図っている（注24）。

これに対し「アシステッド・リビング」は、軽度要介護者を対象にしており、施設と住宅の中間に位置づけられる。基本的に常駐職員が介護サービスを24時間体制で提供する。必要に応じて、外部の医療・介護サービスも利用できるようになっている。１９９０年以降、中間所得層の長期ケアの担い手と注目されたが、行政指導が後手に回ってスキャンダルが相次ぐなどして、利用者の不信が高まっているという（注25）。

（3）制度的要因――公的介護サービスの充実

高齢単身者の自立した生活を支えるもうひとつの重要な柱が、公的介護サービスの充実である。各国ごとにその状況は異なるが、北欧・西欧諸国では公的介護サービスが充実している。

具体的には、ＧＤＰに占める公的介護サービスの費用割合（２０００年）を主要先進国間で国際比

（注23）社会保障審議会介護給付費分科会（２００６）６頁。
（注24）クルーム洋子（２００８）73頁。
（注25）クルーム洋子（２０００８）66頁、74頁。

較すると、スウェーデン（2・74％）、ノルウェー（1・85％）、オランダ（1・31％）、ドイツ（0・95％）、英国（0・89％）、日本（0・76％）、米国（0・74％）となっており、日本は米国に次いで低い水準にある（注26）。

一方、2000年の高齢化率を比較すると、日本の17・3％に対して、スウェーデン（17・2％）、ドイツ（16・4％）、英国（15・8％）、ノルウェー（15・2％）、オランダ（13・6％）、米国（12・3％）となっていて、日本の高齢化率は2000年の時点で主要先進国の中で最も高い水準である（注27）。潜在的ニーズに比べて公的費用が極端に少ない。

一方、公的な介護費用負担が小さい分、私的に各自が介護費用を負担している可能性が考えられる。そこでGDPに占める私的な介護費用の割合をみると、米国（0・54％）、英国（0・48％）、ドイツ（0・40％）、ノルウェー（0・29％）、スウェーデン（0・14％）、オランダ（0・13％）、日本（0・07％）となっている。

米国は公的介護費用負担の割合（対GDP比）が最も低い一方で、私的な介護費用負担の割合は最も高い。これは、要介護高齢者が介護サービスを市場から私的に購入していることを意味している。市場から私的に介護サービスを購入することに比重を置く米国のような社会では、介護サービスの提

(注26) OECD (2005a), Long-term Care for Older People, The OECD Health Project, p.26.
(注27) 国立社会保障・人口問題研究所（2009）、38頁。

供レベルは、要介護者がどの程度介護を必要としているかという点よりも、介護サービス費用を負担できるかどうかという点から決められる。つまり富裕層は多額の費用を投入して介護サービスを受けることができるが、貧困層はこうした費用を負担できないために、外部の介護サービスを利用できないという状況が生じる。

これに対して、スウェーデンのようにＧＤＰに占める公的費用負担が大きな国は、富裕層と貧困層の間で所得再分配がなされるので、富裕層も貧困層もある程度平等に介護サービスを利用できる。つまり、所得の多寡ではなく、必要に応じて介護サービスを受けられる。

では、日本はどうか。日本は、公的にも私的にも介護サービスにかける費用が小さい。これは、家族介護が中心的な役割を果たしているためと考えられる。家族介護は無償であるため、直接的な金銭面での負担は生じないが、介護を担う家族には労働負荷がかかる。

なお、上記の数値は２０００年のものであり、日本では介護保険制度が導入された初年度にあたる。その後、ＧＤＰに占める介護費用負担の割合は増加した。日本は公的介護保険の導入によって以前よりも改善しているが、それでも先述の通り家族介護が中心的な役割を果たしている。

図表7-4：インフォーマル・ケアの提供者と要介護者との関係

（単位：％）

	スウェーデン	カナダ	英国	米国	ドイツ	日本
配偶者	—	20	15	23	32	36
両親	—	—	7	—	13	1
子供	46	35	43	41	28	60
その他	53	45	35	35	27	3
合計	100	100	100	100	100	100

（注）「介護者」と「要介護者」の定義が国ごとに違っている可能性がある。調査年はスウェーデン（00年）、カナダ（95年）、英国（00年）、米国（94年）、ドイツ（98年）、日本（01年）である。
（資料）OECD, *The OECD Health Project, Long-term Care for Older People,* 2005, p.109.

（4）家族以外の人々による支援

第四として、欧米では、友人や知人、近隣住民、ボランティア団体など、家族以外の人々による支援も活発な点である。図表7－4は、いわゆる「インフォーマル・ケア」の提供者と要介護者との関係を示したものである。インフォーマル・ケアとは、法制度に基づく公的な介護を除いたものであり、家族、友人、近隣者、ボランティアなどによる無償の介護である。

どの国も、程度の差こそあれ、要介護者に対してインフォーマル・ケアが行われている。そして、その担い手と要介護者の関係をみると、欧米主要先進国では、家族以外の「その他」の人によるインフォーマル・ケアの割合が高く、3～5割程度を占めている。これに対して日本では、「その他」の割合が3％にすぎず、インフォーマル・ケアの大部分は家族に依存した構造になっている。

この点、海外では「事実婚」が認められている国があり、事実婚のパートナーによる介護の一部が「その他」

に含まれている可能性もあるが、友人や近隣住民による介護も、相当程度含まれているものと推測される。

国際的にみて、日本では介護における家族の役割が大きい。これに対して、欧米諸国では、公的な介護サービスに加えて、家族以外の人による「インフォーマル・ケア」が活発なことが、高齢単身者の生活を支えていると考えられる。

3 単身世帯の増加に伴う議論

では、単身世帯の増加について、海外ではどのような議論がなされているのであろうか。先に日本において単身世帯が社会にもたらす影響として、貧困層の増加、介護需要の高まり、社会的孤立に陥るリスクの高まり、といった点を指摘したが、同様の点が海外でも指摘されている。

例えば、国際連合では、2005年に『世界の高齢者の居住関係（Living Arrangements of Older Persons Around the World)』というレポートを発表し、その中で高齢単身者を「社会政策的に心配なグループ」と位置づけている。心配事の具体的な内容としては、①高齢女性を中心に貧困状況に陥りやすいこと、②病気や要介護の状況になった場合に、外部からの支援を必要とする傾向が強いこと、③社会的孤立に陥るリスクが高いこと、といった点があげられている（注28）。

以下では、国連やOECDなどの国際機関の資料を用いながら、上記の3つの点について概観していこう。

高齢単身女性の貧困

まず、貧困の増加についてだが、ＯＥＣＤの調査によれば、高齢単身女性の多くは夫婦世帯よりも貧困に陥るリスクが高く、高齢単身女性の老後の所得保障が政策立案者にとって重要な課題になっている（注29）。

具体的には、ＯＥＣＤ12カ国について相対的貧困率をみると、高齢単身女性において貧困者の割合が高くなっている（注30）。その中から主要国を取り出して貧困率をみると、どの国も高齢者で貧困率が高い（図表７－５）。さらに高齢者の中で単身世帯と夫婦世帯の貧困率を比べると、単身世帯で貧困率が高い。国別でみると、特に米国と英国で単身女性の貧困率が高く、実に高齢単身女性の４割以上が貧困という状況である。

なお、この調査では、日本の高齢単身女性の貧困状況が示されていない。この点、白波瀬（２００

(注28) The United Nations (2005), pp.15-16

(注29) OECD (2006), The Role of Derived Rights for Old-age Income Security of Women, OECD Social, Employment and Migration Working Papers, No.43, 2006, p.3

(注30) 貧困率（相対的貧困率）の基準は、各国ごとの全世帯の可処分所得中央値の50％以下で生活する人の割合をいう。また、貧困率を求める際には世帯規模による世帯所得の影響を除く必要がある。そこで、世帯員数の平方根で世帯所得を除した「等価所得」に基づいて貧困率を求めている。

図表7-5：高齢単身女性の相対的貧困率の国際比較（2000年）

（単位：％）

	全人口に占める貧困者の割合	高齢者人口に占める貧困者の割合	65-74歳		75歳以上	
			単身女性	夫婦世帯	単身女性	夫婦世帯
米　国	17.0	24.7	41.0	13.7	48.3	21.2
英　国	12.4	20.5	39.9	9.7	40.9	18.4
イタリア	12.7	13.7	29.3	10.6	28.3	7.1
ドイツ	8.3	10.1	22.4	4.7	17.7	4.5
フランス	8.0	9.8	12.9	5.5	20.9	8.6
スウェーデン	6.5	7.7	10.1	1.5	19.6	1.5
12カ国平均	10.0	14.1	25.4	8.1	28.9	11.8

（注）１．相対的貧困率とは、各国ごとに、全世帯の可処分所得中央値の50％以下で生活する人の割合をいう。なお、世帯規模による世帯所得への影響を調整するため、世帯所得を世帯員数の平方根で除している。
２．12カ国とは、上記の国のほかに、オーストラリア、オーストリア、カナダ、フィンランド、スイスである。
３．フランスのデータは1994年、英国は1999年のデータである。
（資料）OECD, The Role of Derived Rights for Old-age Income Security of Women, *OECD Social, Employment and Migration Working Papers,* No.43, 2006, p.11。

9）は、日本を含めた単身男女の貧困率の国際比較を行い、「日本の高齢単身女性の経済状況はアメリカの高齢単身女性と同じくらい恵まれないことが明らかである」と指摘している（注31）。

公的な介護需要の高まり

第二に、高齢単身者の増加は、今後公的介護サービスへの需要を高めていくと考えられている。特に、日本のよう

（注31）白波瀬佐和子（2009）『日本の不平等を考える――少子高齢社会の国際比較』東京大学出版会、240－241頁。

に、家族介護を前提に公的介護サービスを提供してきた国では、単身世帯の増加によって公的介護サービスを大きく増加させる必要がある。

例えば、ＥＵによる委託調査『ドイツ、イタリア、スペイン、英国の４カ国の介護費用の長期予測』の報告書（２００６）によれば、インフォーマル・ケアは、単身世帯の増加、子供との同居の減少、女性の社会進出などによって減少傾向にあると指摘されている。そしてインフォーマル・ケアの減少は、公的介護サービスへの需要を拡大させて、将来の介護費用の高まりに大きな影響を与えるという。

どの程度の費用負担になるかは、在宅介護の拡充で対応するか、施設介護の拡充で対応するかによって異なり、施設介護のほうが在宅介護よりも割高になる。また、スペインのようにインフォーマル・ケアに頼ってきた国ほど、公的介護需要は高まるという（注32）。

社会的孤立のリスク

第三に、単身者は必ずしも他者との交流が少ないとは限らないが、家に引きこもり社会的な交流をもたない人は、「社会的孤立」に陥る危険性が高いことが指摘されている（注33）。

この点、ＯＥＣＤでは加盟国20カ国を対象に「友人、同僚、その他の人々（スポーツクラブ、カル

（注32）Comas-Herrera, A., Wittenberg, R. etc（2006）Future Long -term Care Expenditure in Germany, Spain, Italy and United Kingdom, Ageing & Society ,No.26, p.298.
（注33）OECD（2005b）Society at glance: OECD Social Indicators 2005 edition, p.82.

チャークラブ、教会などの社会的団体）との交流がどの程度あるか」を尋ねている。これは、単身世帯のみを対象にした調査ではないが、各国の「家族以外の人との交流状況」を概観できる。

調査結果をみると、日本では「友人、同僚、その他の人」との交流が「全くない」あるいは「ほとんどない」と回答した人の割合が15・３％おり、20カ国の中で最も高い割合になっている（図表７－６）。日本では、家族以外の人々との交流が少なく、単身世帯などが「社会的孤立」に陥りやすい状況があるように推測される。

先に、欧米諸国に比べて日本では、インフォーマル・ケアにおける家族の役割が大きいことを指摘した。今後日本で単身世帯――特に未婚の単身者――が増加していくことを考えると、血縁を超えた人間関係をいかに築き、深めていくのかという点が、重要な課題になっていくように思われる。また、単身世帯の増加に備えた社会制度の構築が急がれる。

本章のまとめ

本章の内容を要約すると下記の点があげられる。

- 「15歳以上人口に占める単身世帯比率」や「全世帯数に占める単身世帯比率」を比べると、北欧諸国やドイツ、オランダなどは日本よりも高い。また、日本の年齢階層別人口に占める単身世帯比率をドイツ、フランス、イタリア、オランダと比較すると、高齢者人口に占める単身世帯比率は日本のほうが低い。

図表7-6：「社会的孤立」の国際比較
「家族以外の人」と交流のない人の割合

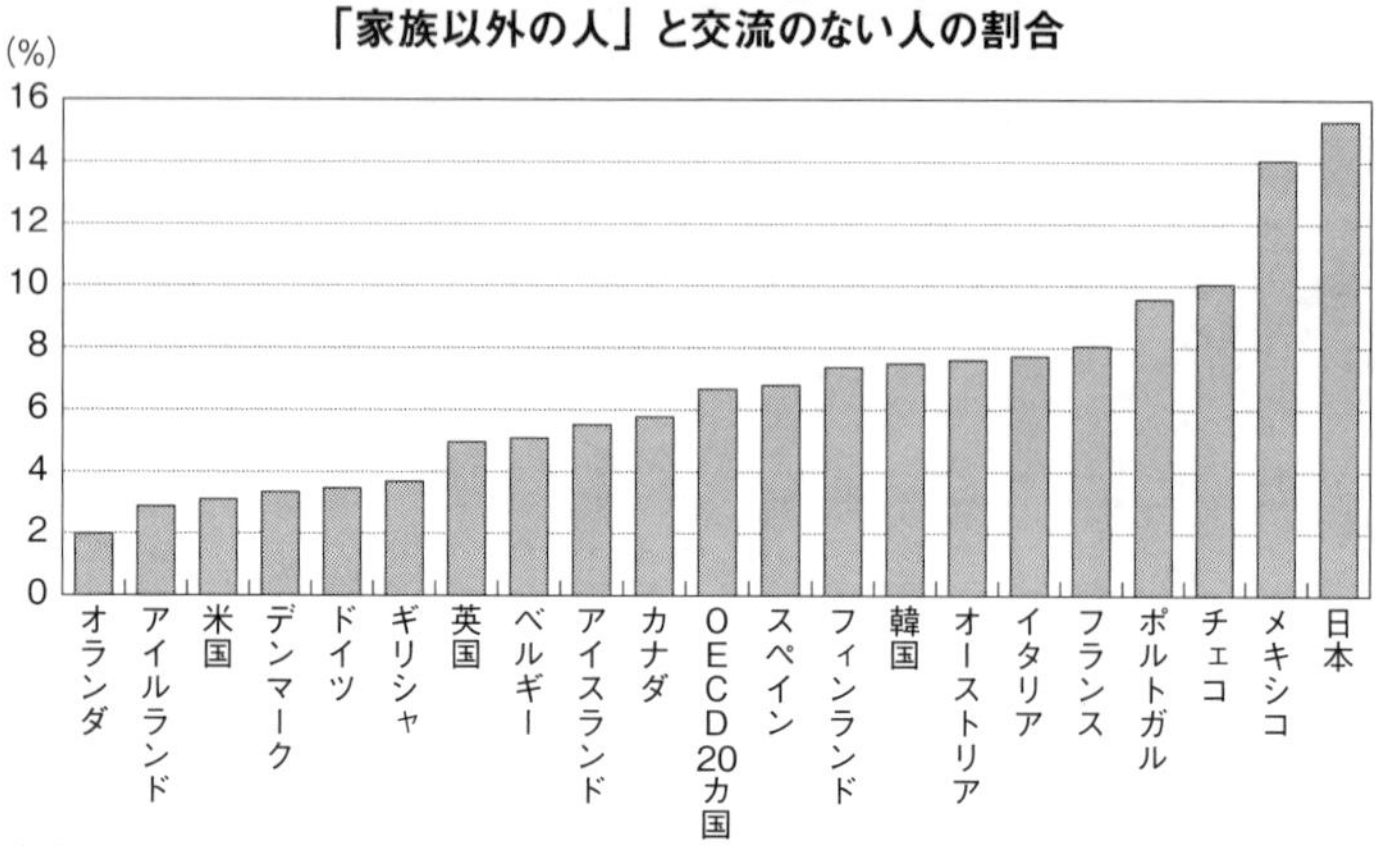

（注）友人、職場の同僚、その他社会団体の人々（教会、スポーツクラブ、カルチャークラブなど）との交流が、「全くない」あるいは「ほとんどない」と回答した人の割合（合計）。
（資料）OECD, Society at Glance: 2005 edition, 2005, p.8。

・２０３０年の日本は、現在の北欧諸国や一部の西欧諸国並みの単身世帯比率になるとみられるが、違いもある。第一に、２０３０年の日本では、中高年男性の単身世帯比率が高い。中高年男性の単身世帯比率の高まりが社会に与える影響を考察する必要がある。第二に、２０３０年の日本の高齢化率は３割を超えると予測され、現在2割以下の北欧・西欧諸国とは人口構造が異なる。このため、日本は社会の支え手となる現役世代の人口比率が小さいという問題を抱える。

・北欧・西欧諸国で高齢者世帯に占める単身世帯比率が高い背景としては、自立を重視した文化・風土に加え、高齢者向け住宅が整備されていること、公的介護サービスの充実、家族以外の支援が活発なことなどがあげられる。

- 海外でも単身世帯の増加に伴い、高齢単身世帯の貧困、公的介護サービスへの需要の高まり、社会的孤立のリスク、といった点が議論されている。

第8章 英国における単身世帯の増加と政策対応

この章では、英国における単身世帯の増加とそれに関する議論を紹介していこう。英国でも単身世帯が増加しており、2001年時点の総人口に占める単身者の割合や、全世帯数に占める単身世帯比率は日本よりも高い水準にある。単身世帯の増加に向けた政策対応など、日本の参考になる面もあると考えられる。

1 英国の単身世帯の実態

（1）2001年現在の単身世帯の状況

まず、英国の単身世帯の状況について概観しよう（注1）。2001年現在、英国の単身世帯数は7

図表8-1：英国における単身世帯数の動向

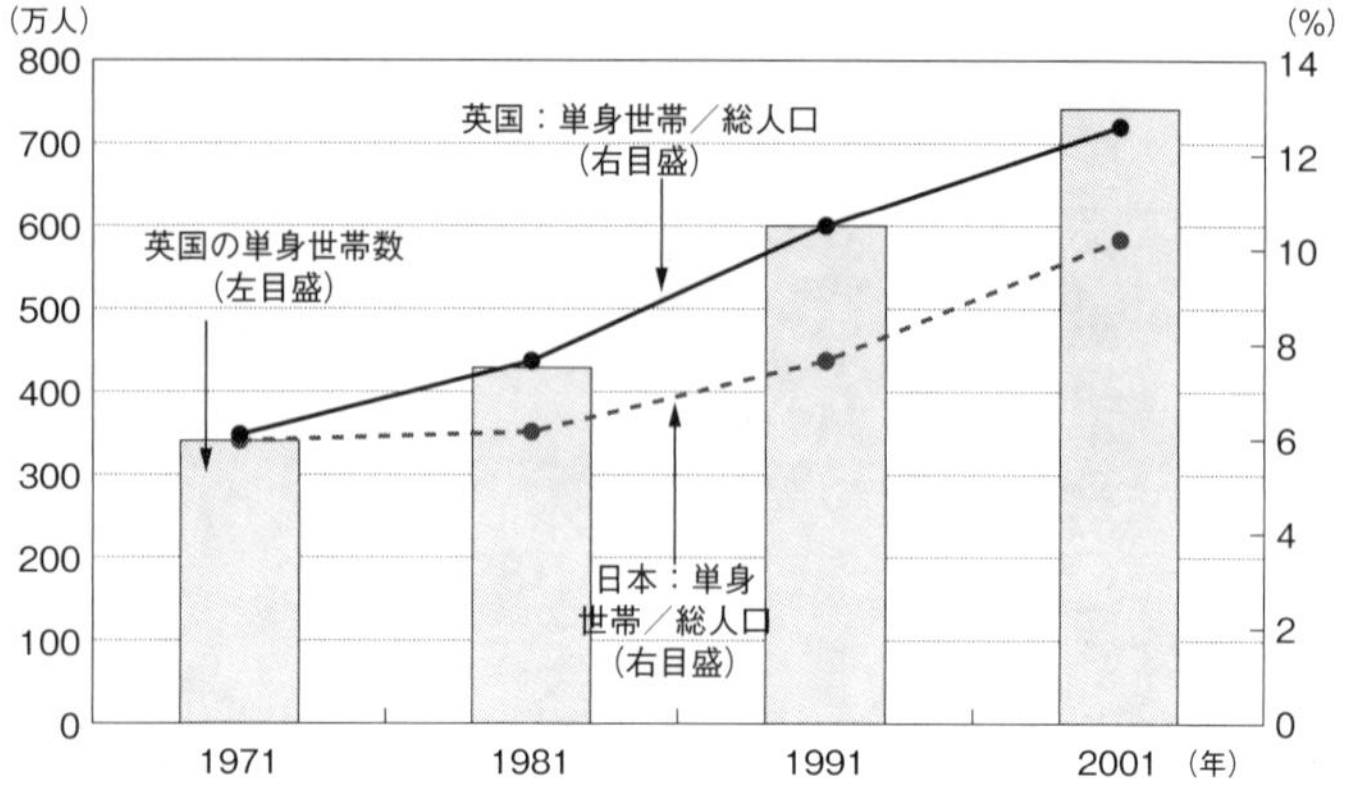

（注）日本の総人口に占める単身世帯の割合は、1970年、80年、90年、2000年の値。
（資料）英国はOffice for National Statistics, *Census 2001, 2003*、日本は総務省『国勢調査』（各年版）により、筆者作成。

40万世帯であり、総人口に占める割合は12・5％（日本10・2％、2000年）、総世帯数に占める単身世帯の割合は30・2％（日本27・6％、2000年）である（図表8－1）。ちなみに、2010年の日本の総人口に占める単身者割合は12・4％と推計されているので、総人口に占める単身者の割合からは、英国は日本よりも10年程度先行しているとみることができる。

次に、単身世帯の分布状況（01年）をみると、英国の単身世帯の51％は60歳以上の高齢者で占められている（注2）。日本における同割合は29％

（注1）英国の国勢調査によれば、単身世帯とは一人暮らし（one person living alone）を意味する。そして、フルタイムあるいはパートタイムの管理者が駐在する共同施設の居住者は、単身世帯に含まないのが原則である（Office for National Statistics, Census 2001: Definition, pp.17-18）。なお、英国の国勢調査は10年に一度行われており、直近の調査は2001年。

図表8-2：年齢階層別人口に占める単身者の割合—英国と日本の比較—

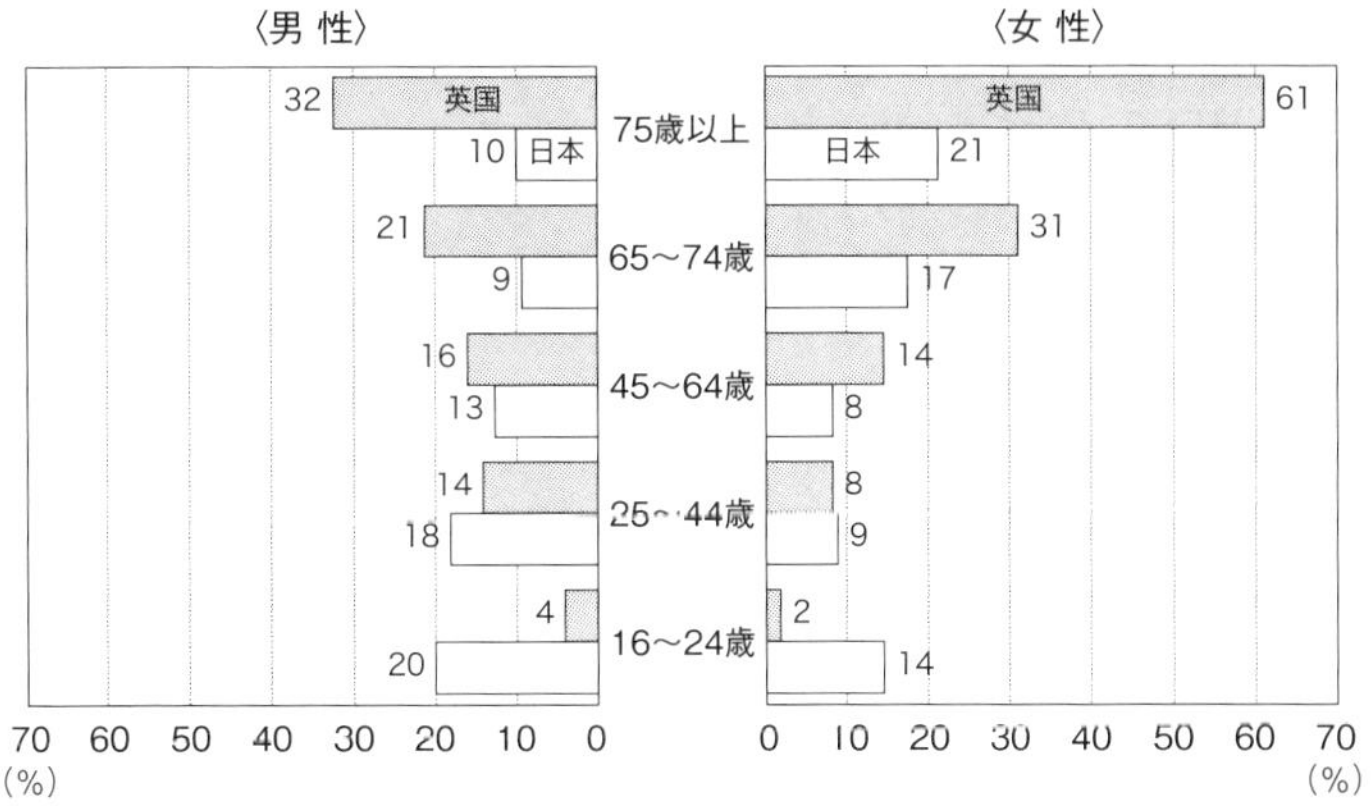

（注）英国は2006年、日本は2005年の値。
（資料）英国はOffice for National Statistics, *General Household Survey 2006,* table3.4、日本は総務省『平成17年国勢調査』により、筆者作成。

（２０００年）なので、英国では単身世帯に占める高齢者の比率が高い。ちなみに、２０３０年の日本の単身世帯数に占める60歳以上高齢者の割合は49％と予想されている。この点では、英国は日本の将来の姿を示しているといえよう。

さらに、年齢階層別人口に占める単身者の割合をみると、75歳以上男性の32％、同女性の61％が単身者となっている。日本の同割合は、男性10％、女性21％なので、英国では高齢者に占める単身者の割合が極めて高い（図表８－２）。

この背景には、英国の高齢者は子供と同居する習慣が乏しく、できる限り自立して暮らす傾向が強いことがあげられる。また英国では、日本に比

（注２）イングランドとウェールズ地方を合計した数値。なお、イングランドとウェールズ地方の人口（合計）は、英国の総人口の88・7％を占める（National Statistics Office, Census 2001: National Report for England and Wales, 2003, p.218.）。

べて高齢者向け集合住宅などが整備されている点も影響していると考えられる。先述の通り、英国では「シェルタード・ハウジング（sheltered housing）」と呼ばれる高齢者向けの集合住宅がある（注3、注4）。これは高齢者が独立して暮らせるように、ウォーデン（warden）と呼ばれる管理人が駐在し、入居者が必要とするサービスを外部に依頼することや、住居の修繕などを行っている。

なお、英国では高齢単身者の比率が高いが、家族や友人や近隣の人などによって行われるインフォーマル・ケアの役割は小さくない。無償の介護労働を金銭換算すれば、年間８７０億ポンド（約13兆円、１ポンド＝１５０円で換算）に相当するという指摘がなされている（注5）。

そして単身世帯が多いことから、無償介護の62％は、別居の要介護者に対して行われている（注6）。

（注3）高齢者向け集合住宅については、伊藤善典（２００６）『ブレア政権の医療福祉改革』ミネルヴァ書房、１４６－１５９頁に詳しい。なお、シェルタード・ハウジングは、当初は自治体によって整備されたが、１９８０年代のサッチャー政権における公営住宅の抑制策によって、住宅協会や民間企業などに開発や管理が移管された（伊藤、２００６、１５８頁）。

（注4）英国の国勢調査では、管理者が駐在する居住施設は単身世帯に含まないのが原則である。ただし、シェルタード・ハウジングなどの小規模施設については、別途規定が適用される。シェルタード・ハウジングでは、居住者の半数以上が台所を個別に有していたら、その施設の全世帯が個別の世帯とみなされる。逆に、居住者の半数未満であれば、共同施設として各居住者を世帯にカウントしない（Office for National Statistics, Census 2001: Definition, p.18）。

（注5）Office for National Statistics（2008）Social Trends 2008 edition, The Stationary Office, p.112）。なお、後述するように、英国では、家族や友人などによる介護について、一定の基準を満たせば、国から介護者に対して「介護者手当」が支払われる。

（注6）別居する要介護者への介護（62％）の内訳としては、親への介護（37％）、他の親族への介護（10％）、友人・近隣の人（10％）等となっている（DWP〈2008〉Family Resources Survey: United Kingdom 2006-07, Table 6.2）。

図表8-3：社会的支援の指標―70歳以上の男女の回答―

（単位：％）

	車に乗せてもらう必要のあるとき、誰に頼むか		病気で寝込んだときに、誰に助けを頼むか		100ポンド（約1.5万円）を必要とするとき、誰に借りるか	
	男性	女性	男性	女性	男性	女性
配偶者	22	22	50	28	28	18
配偶者を除く同居家族	4	3	6	6	4	3
親族（別居家族）	48	50	57	57	57	59
友　人	47	34	30	28	17	11
近隣の人	47	44	36	34	3	3
ボランティアや事業者	3	5	4	7	0	0
その他	1	2	3	5	1	0
依頼を望まない	1	2	1	1	1	0

（注）１．上記調査は、General Household Surveyの一部。回答者には単身世帯のみならず、二人以上世帯の者も含むことに注意。
２．網掛け部分は、30％以上の回答結果の箇所。
（資料）Office for National Statistics, *People's perceptions of their neighbourhood and community involvement,* 2002, p.76-77により、筆者作成。

ちなみに、「病気で寝込んだときに、誰に助けを頼むか」を高齢者に尋ねたアンケート調査をみると、「親族（別居家族）」「友人」「近隣の人」と回答する者の割合が高い（図表８－３）。英国の高齢単身者が生活を維持できるのは、こうしたインフォーマルな助け合いも大きいと考えられる。

(2) 単身世帯の増加の推移と今後の動向

英国の単身世帯の増加状況をみると、単身世帯数は、１９７１年から２００１年にかけて２・２倍になった。近年注目されているのは、現役世代における単身世帯の増加である。年金受給世代の単身世帯数は、71年から06年にかけて約１・５倍にしかなっていないのに対して、現役世代の単身世帯数は約３倍になっている（注７）。

年金受給世代における単身世帯増加の背景としては、長寿化による高齢者人口の増加が大きい

図表8-4：イングランド地方における年齢階層別の単身世帯数の将来推計

（単位：万世帯）

	25歳未満	25-34歳	35-44歳	45-54歳	55-64歳	65-74歳	75歳以上	合計
2004年	23.1	78.9	95.1	85.8	98.0	106.0	166.6	653.5
2026年	26.0	107.4	150.7	142.5	176.6	154.4	237.3	994.8
倍　率（26年／04年）	1.1	1.4	1.6	1.7	1.8	1.5	1.4	1.5

（注）イングランド地方は、英国の総人口の83.7％の人口を抱える（2005年）
（資料）Communities and Local Government, *Statistical Release: Revised projections of households for the English regions to 2026,* 28 February 2008により、筆者作成。

（注8）。これに対して、現役世代における単身世帯増加の主因は、結婚や世帯形成行動の変化といった非人口要因があげられている。
　そして今後の単身世帯の動向をみると、イングランド地方では04年に653・5万世帯であった単身世帯が26年には994・8万世帯へと1・5倍になるとみられている。年齢階層別にみると、中年層において単身世帯数の伸びが大きい（図表8－4）。

2　単身世帯の増加が英国社会にもたらす影響

　では、単身世帯の増加は英国社会にどのような影響をもたらすのであろうか。最近の主な議論を整理してみると、①所得格差の拡大と低所得者層の増加、②医療・介護需要の高まり、③社会的孤立者の増加、④住宅問題の増加、などの課題が指摘されている。

（注7）Office for National Statistics,（2007）, Social Trends 2007 edition, The Stationary Office, p.14, p.16.
（注8）Palmer, Guy（2006）Single Person House hold's Issue That JRF Should Be Thinking About, New Policy Institute, pp.10-11.

以下では各々についてみていこう。

（1）所得格差の拡大と低所得者層の増加

第一に、単身世帯の増加は、所得格差の拡大を招くことが指摘されている。単身世帯に属する人々の所得分布をみると、低所得者の割合も高いが、高所得者の割合も高い（注9）。具体的には、現役世代の単身者の約３割は、全国の所得分布の上位20％に属す一方で、同じく約３割は所得下位20％に属している（注10）。

また、単身世帯の増加は低所得者層を増やす。例えば現役世代の単身者は、子供のいない現役世代の夫婦世帯に比べて、貧困に陥るリスクが３倍も大きいという（注11）。この背景には、単身世帯では所得を全面的に単身者本人の収入に依存するため、失業や病気などによって単身者本人が働けなくなることがあげられている（注12）。

また単身世帯では、住宅費、光熱費、その他固定費などの生活費が高くなりがちな点も指摘されている。特に、単身世帯では持ち家率が低いため、家賃負担が重くなる（注13）。

（注９）Bennett,Jim & Dixon,Mike（2006）Single Person Households and Social Policy: Looking forwards, Joseph Rowntree Foundation, p.3, p.14.
（注10）つまり、単身世帯は、高所得者層と低所得者層の割合が高く、中間層の割合が低い（Palmer,〈2006〉p.20）。
（注11）Palmer（2006）p.14.
（注12）I bid., p.22; Bannet & Dixon, 2006, p.14.

なお、近年現役世代の単身者の貧困問題に注目が集まる一方で、高齢単身者の貧困問題は以前ほど取り上げられなくなっている。これは、既に英国政府が高齢者の貧困に対して対策を講じたためであり、高齢者の貧困率が改善したことが大きいと思われる（注14）。具体的には、高齢低所得者を対象にした公的扶助制度として１９９９年に「最低所得保障」が導入され、さらに２００３年に最低所得保障に代えて「年金クレジット」が導入された。

（2）医療・介護需要の高まり

第二に、単身世帯の増加は、医療や介護の需要を高めることが指摘されている（注15）。まず、単身男性は、２人以上の世帯に属す者よりも、タバコや酒を好むなど、自らの健康に気をつけない傾向がみられる（注16）。一方、単身世帯は、社会との接点をもちにくく、孤独感を抱えやすいことなどから、他の世帯類型よりも精神疾患を患う傾向もみられる。日常生活に制限を伴う慢性疾患を抱える傾向も

（注13）Bennett & Dixon（2006）, p.16.
（注14）年金生活者の貧困率の減少については、藤森克彦（２００８）「英国労働党政権における『福祉から雇用へプログラム』」NIRA研究報告書『就職氷河期のきわどさ』２００８年4月、95頁を参照。
（注15）Bennett & Dixon（2006）, p.39; Smith, Adam; Wasoff, Fran & Lynn,Jamieson（2005）, Solo living across the adult lifecourse, Centre for research on families and relationships（CRFR）, Research briefing 20, February 2005. p.4.
（注16）高齢夫婦世帯では、妻が夫の健康を気遣うが、単身世帯ではこうした点を期待できない（Bennett & Dixon〈2006〉p.19, pp.32–33. ;Smith, Wasoff. & Jamieson Lynn,〈2005〉p.4）。

みられ、医療需要を高めるとともに一人暮らしの継続が困難になることが懸念されている（注17）。また、単身世帯では同居家族による支援を期待できないので、公的な介護需要を高めることが予想されている。例えば、単身世帯では、家事援助や食事の宅配サービスなどの介護サービスを受ける傾向が他の世帯よりも強い。また、二人以上世帯の高齢者よりも高齢単身者のほうが、施設入所する傾向もみられる（注18）。

（3）社会的孤立

第三に、単身世帯の増加は、社会から孤立する人々の増加をもたらすことが懸念されている。しかし、これは自ら選択して単身者となったかどうかによって異なるという。すなわち、自ら選択して単身者となった人々は、日常的なケアや支援などについてかなりの程度頼れる友人をもっている。

これに対して、配偶者などとの関係崩壊によって単身者とならざるをえなかった人は、自らを支える社会的ネットワークをもたない傾向がみられる。特に男性の場合、抑うつ的になりがちだという（注19）。社会的な孤立を防ぐために、コミュニティーからの支援が求められている。

なお単身者は、他のグループよりもボランティア活動に積極的で、より多くの時間をボランティア

（注17）Bennett & Dixon（2006）, pp.32-33.
（注18）Bennett & Dixon（2006）, p.32, p.39.
（注19）Bennett & Dixon（2006）, pp.31-32.

活動に費やしていることが指摘されている。この点からすれば、単身世帯の増加は社会とのつながりを脆弱にするという見方とは反対に、人々の社会参加を積極化する可能性があるという（注20）。

（4）住宅問題

第四として、単身世帯の増加によって、低所得単身者を中心に住宅問題を抱える者が増えることが懸念されている。低所得単身者は、持ち家を購入するだけの資金が乏しい。他方で、公営の賃貸住宅は子供を有する世帯が優先されている。また、民間の賃貸住宅は、賃貸人が低所得単身者と契約をしたがらないために供給量が減少している。こうした影響などから、賃貸住宅の家賃が高騰し、政府から低所得者に支給される住宅扶助額よりも家賃が上回っているという（注21）。

したがって、単身世帯向けの住宅の供給が重要になる。また、単身世帯は、都市部に住む傾向がみられるので、都市部の再生も考えていく必要がある。

3　高齢者介護をめぐる最近の動きと「自立した生活」に向けた2つの視点

先述のように、英国では家族や友人によるインフォーマル・ケアも活発に行われている。これに関

（注20）Bennett & Dixon（2006）, p.35.
（注21）Palmer（2006）, pp.22-23.

連して日本と異なる点を付け加えると、英国では一定時間以上の介護を行った介護者には「介護者手当（Carer's Allowance）」が支給されている。これはインフォーマル・ケアではなく、公的制度のもとで支払われる介護者への現金給付である。具体的には、看護手当や障害手当を受給する要介護者に、週35時間以上の介護をした者には、週53・９０ポンド（月額約３・５万円、２０１０年度）が支払われる。介護者は要介護者の家族に限らないが、16歳以上であること、フルタイムの学生でないこと、週１００ポンド以上の報酬を得ていないこと、などの要件を満たす必要がある（注22）。

こうした中で、英国では家族や友人などの介護者の権利を強化し、介護者への支援を推進している。２００４年には、地方自治体に対して、介護者の仕事や就学や余暇などに配慮したアセスメントの実施を義務付けている（注23）。

高齢者の自立した生活への支援

このような家族や友人による介護を重視する一方で、「高齢者の自立」という視点から「介護の社会化」に向けた取り組みも行われている。例えば２００５年から、保健省と地方自治体、ボランティア団体などが協力して、高齢者ができる限り自立した質の高い生活を送れるように、新たな支援方法

（注22）英国政府ＨＰ（http://www.direct.gov.uk/en/CaringForSomeone/MoneyMatters/DG_10012522）参照。
（注23）The Carers（Equal Opportunities）Act 2004.

を検討する実験プログラム「高齢者のためのパートナーシップ事業（Partnership Old People Projects：ＰＯＰＰ）」が始まっている。具体的な取り組みとしては、体力が低下した高齢者が自宅で生活できるように、電話をかけて電球の交換等を依頼できる「便利屋スキーム（handyperson scheme）」などが導入されている（注24）。

また、08年には、雇用年金省や保健省など６つの省庁が協力して「障害者の自立生活に向けた５カ年計画」を発表した。その中には、体の不自由な高齢単身者の「自立した生活」に向けた施策も盛り込まれている（注25）。

これらのプログラムは、高齢単身者のみを対象としたプログラムではないが、同居家族のいない高齢単身者でも、コミュニティーで自立して生活できることを視野に入れている。そして、そこには２つの視点があると思われる。

第一に、高齢者の自立した生活のためには、医療や介護サービスにとどまらず、住宅、交通、雇用、情報などの必要な各種サービスにアクセスできることと、自ら各種サービスを選択・管理できることが重要と指摘されている。

第二に、自立に向けた公的サービスの拡充は短期的に費用を要するが、長期的には予防効果や人々

（注24）Department of Health（2005）Minister announces - 60m to help older people live independently, News Release.
（注25）Office for Disability Issues（2008）Independent Living: A cross government strategy.

の社会参加によって費用対効果が大きいという視点である（注26）。こうした費用は単なる支出ではなく、人々の社会経済活動を通じて最終的には社会にとってプラスになるという発想がある。例えば、転倒による股関節骨折のために、英国全体で年間7億３０００万ポンド（約１０９５億円）の医療・介護費が使われたが（２０００年）、住宅の修繕によって転倒が防げればこうした公的費用を抑制できる（注27）。さらに、高齢者が社会活動に参加できれば、社会に与える恩恵も大きい。ちなみに、英国で実施される無償のボランティア活動の３分の2は、50歳以上の人々が行っているという（注28）。

英国政府は、高齢単身者を含め、体が不自由になっても高齢者ができる限り自立して社会参加できる社会に変えることで、高齢化を乗り切ろうとしているように思われる。

本章のまとめ

本章を要約すると、下記の点があげられる。

・２０００年の英国の総人口に占める単身世帯の割合（12・５％）は日本よりも若干高い水準にある。英国の単身世帯の51％は60歳以上の高齢者であり、日本の同割合29％（２０００年）に

(注26) Hurstfield, Jennifer, Parashar, Urvashi and Schofield（2007）The Costs and Benefits of Independent Living, office for Disability Issues.
(注27) Heywood and Tuner（2006）Better outcome, lower costs, Office for Disability Issues.
(注28) Communities and Local Government（2008b）Lifetime home, Lifetime neighbourhoods, p.28.

比べて高齢者の比率が高い。さらに、英国の75歳以上男性の32％、同女性の61％が単身世帯であり、高齢者に占める単身者の割合が極めて高い。

- この背景には、自立を重視する風土に加え、管理人付き高齢者向け住宅が整備されていることや、家族・友人や近隣者によるインフォーマル・ケアが盛んなことなどがあげられる。
- 英国の今後の単身世帯の増加状況をみると、特に40代後半から60代前半の現役世代で単身世帯が増加すると推計されている。
- 単身世帯の増加が英国社会に与える影響としては、①所得格差の拡大と低所得者層の増加、②医療・介護需要の高まり、③社会的孤立の増加、④住宅問題の増加、があげられる。特に社会的孤立は、配偶者との関係崩壊などによって単身世帯にならざるを得なかった人が陥りやすい。一方、単身世帯は他のグループよりもボランティア活動に積極的であり、単身世帯の増加が社会参加を促進する可能性もある。
- 「高齢者の自立した生活」のためには、医療や介護の他、住宅、交通、雇用、情報などのサービスにアクセスでき、高齢者自ら各サービスを選択・管理できることが重要と考えられている。また、自立に向けた公的サービスは短期的には費用を要するが、長期的には予防効果などにより費用対効果が大きいとみられている。

第4部

単身世帯の増加に対して求められる対応

第２部でみてきたように、単身世帯の増加に伴い、低所得者層の増加、介護需要の高まり、地域社会から孤立する人々の増加などが予想される。では、こうした影響に対して、社会はどのような対応をすべきなのだろうか。

ところで、人間社会の助け合いとしては、大きく言って「自助」「共助」「公助」「互助」の４つの種類があると言われている（注１）。「自助」とは、自ら収入を得て、自らの力で貯蓄をしたり、私的年金に加入したりしながら、リスクに備えていくことである。なお、家族内の助け合いは一般的に「自助」に含められる。

これに対して、「共助」と「公助」は社会保険料や租税など公的な財源に基づいて提供される公的なセーフティネットである。このうち「共助」は、年金保険、医療保険、介護保険など社会保険を代表とし、「社会連帯」の精神のもとで負担能力に応じて保険料を負担し、必要に応じて給付を受けるものである。保険料を納めないと給付を受けられないのが原則だ。

一方、「公助」とは、自助・共助・互助では対応できない困窮状況などに対して、所得や資産などの受給条件を定めた上で必要な生活保障を行うことである。生活保護制度がその典型とされる。社会保険料を納める必要はないが、給付を受けるには、所得や保有資産などについての審査（資力調査）

（注１）「自助」「共助」「公助」「互助」の定義については、地方包括ケア委員会（２００８）『地域包括ケア研究会報告書――今後の検討のための論点整理』（平成20年度老人保健健康増進等事業）３頁を参考にした。

を受ける必要がある。

最後の「互助」とは、インフォーマルな相互扶助をいい、友人や近隣による助け合い、ボランティア、NPO（非営利法人）の活動などが含まれる。

単身世帯は同居家族による助け合いが期待できないので、上記の4つの助け合いを再構築していく必要がある。第4部では、まず「自助」に向けて、社会としてどのような前提条件を整備すべきか、という点を考える（第9章）。次に、「共助」と「公助」といった公的なセーフティネットに関して、現行の社会保障制度の課題とその拡充の必要性を指摘する（第10章）。さらに地域のボランティアやNPO法人の活動など、地域コミュニティーのつながりの強化に向けた「互助」を取り上げる（第11章）。

そして最後に、財政面から社会保障の拡充の余地を検討するとともに、財源確保に向けた政治不信の克服について考察したい（第12章）。

第9章 「自助」に向けてどのような環境整備が必要か

1 単身世帯の「自助」に向けての環境整備

単身世帯で暮らす人々が、自らの抱えるリスクに対して、まずは「自助」で備えていくことが求められる。しかしそのためには、社会として単身世帯が「自助」で対応できるだけの前提条件を整備していく必要がある。

単身男性には非正規労働者が多い

では、単身世帯が「自助」で対応できるだけの前提条件として重要なものは何だろうか。そのひとつは、非正規労働者の待遇を改善して、正規労働者と非正規労働者の格差を合理的な範囲に抑えるこ

図表9-1：単身雇用者に占める非正規労働者の割合（2008年）

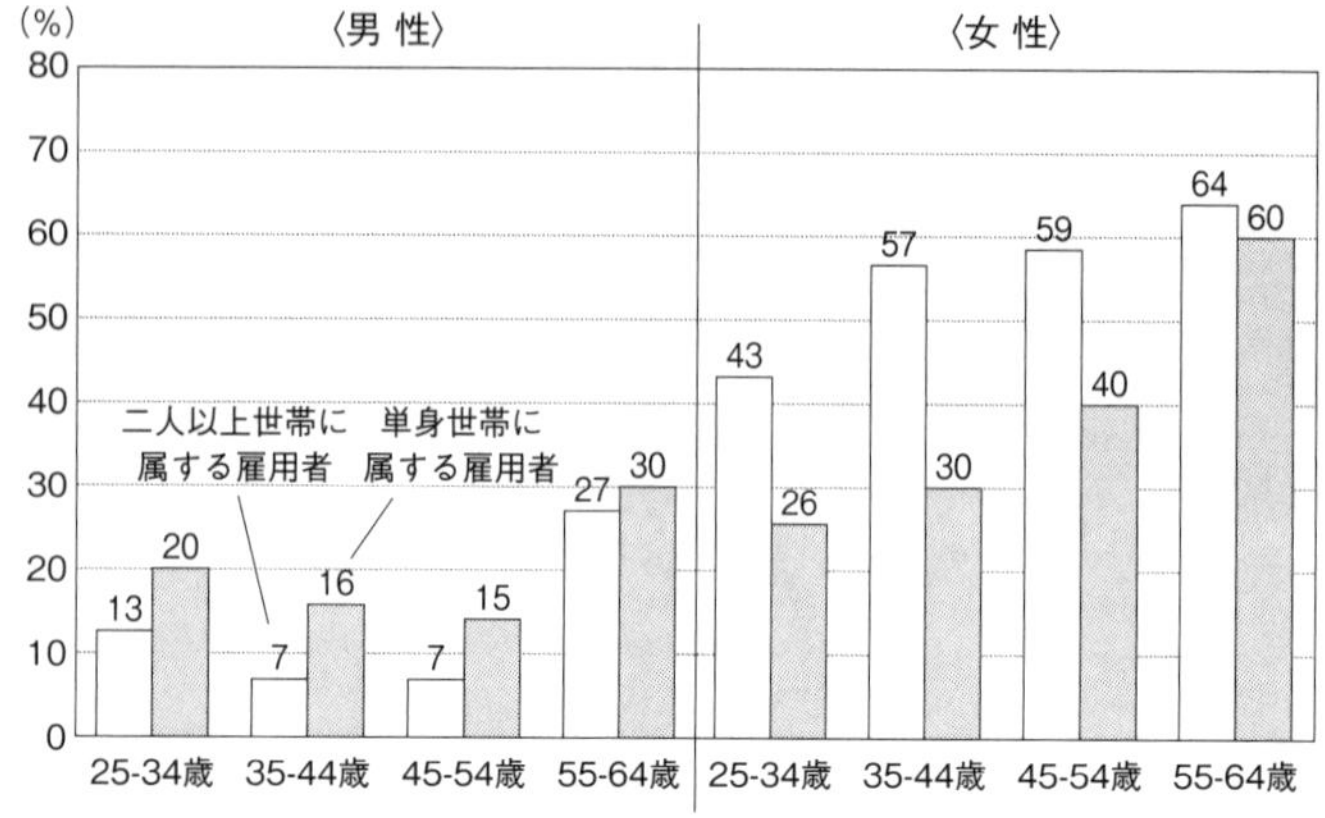

（注）役員を除く雇用者に占める非正規労働者の割合。
（資料）総務省『平成20年労働力調査』（詳細集計）第1表と第23表により、筆者作成。

とである。というのも、単身世帯では非正規労働に従事する人の比率が高い。低所得で雇用も安定しないため、結婚を望んでも踏み切れず、また生涯未婚で生活していくにも経済的な面で厳しい状況がある。これは、本人の自助努力だけでは克服できない問題と考えられる。

まず男性についてみると、25～34歳の単身男性（雇用者に限る）の約20%が非正規労働者になっている（図表9－1）。二人以上世帯に属す同年齢階層の男性では同割合は13%なので、単身男性において非正規労働者の割合が高い。さらに、35～44歳、45～54歳の単身男性では15%前後が非正規労働者となっており、二人以上世帯に属す同年齢階層の男性の約2倍の水準となっている。

第3章で指摘した通り、男性の非正規労働者で結婚する人の割合は、正規労働者の半分程度となっている（図表3－11）。男性では非正規労働者であることが結婚の足かせになっていることが窺える。非正規労働の問題は、本人の意思とは異なって単身世帯化が進む要因と考えられ、社会として是正すべきである。

単身男性よりも単身女性で非正規労働者の比率が高い

また、非正規労働は単身女性の問題でもある。単身女性で問題にすべきは、男性に比べて非正規労働者の割合が高いことだ。35〜44歳の単身男性に占める非正規労働者の割合が16%なのに対して、単身女性の同割合は30%にのぼっている。

女性においても未婚化が進展しており、女性の生涯未婚率は2005年の7%から2030年には23%に高まると推計されている。生涯単身で生きていく女性が増える中で、単身女性における非正規労働の比率の高さが貧困問題の一因にもなっている。

なお、誤解のないように指摘しておくが、筆者はパートタイムなど柔軟な働き方自体がいけないとは考えていない。労働者の側からみても、人生の様々な段階に応じて働き方を調整して、仕事と生活の調和（ワークライフバランス）を図ることが重要だと考えている。また、共働き世帯が増える中で、柔軟な働き方の重要性は高まっている。一方、企業にとっても、消費者ニーズの変化やグローバリゼーションの影響から、土日営業や24時間のサービス提供が求められるようになっている。

問題なのは、非正規労働者の待遇である。日本では、一般に柔軟な就業形態は非正規労働者にしか認められない一方、非正規労働者は賃金が低く、雇用も不安定である。さらに、雇用のセーフティネットが及ばないといった問題を抱える（注２）。「自助」に向けた環境整備としては、この点を改善していく必要がある。

２ 非正規労働の不安定な経済状況

非正規労働者と男性正規労働者との賃金格差

非正規労働者の賃金水準はどのようになっているのか。非正規労働者の年齢階層別の賃金カーブを正規労働者と比べてみよう（図表９－２）。男性正規労働者の賃金カーブは20代から50代前半まで上昇していくのに対して、男性非正規労働者の賃金カーブの上昇は緩やかで40代で頭打ちになる。しかも、ピークである40代から50代前半の賃金は、おおよそ男性正規労働者の20代後半の賃金水準にすぎない。男性非正規労働者のみの賃金では、結婚して子供を養っていけるか見通しが立たないと考えるのも無理はない。

（注２）これまでパートや派遣社員については「半年以上の雇用見込み」がなければ雇用保険が適用されなかった。しかし、２０１０年になって雇用保険法改正法が国会で成立し、「１カ月以上の雇用見込み」があれば、雇用保険が適用される（厚生労働省「雇用保険法等の一部を改正する法律案要綱の概要」２０１０年１月13日）。ただし、これは加入条件の緩和であり、受給条件の緩和ではない。短期就労と失業手当受給をくり返すことを防止するため、受給にはこれまで通り原則１年間、倒産や解雇の場合には６カ月以上雇用保険に加入して働く必要がある。

図表9-2：男女別・年齢階層別にみた雇用形態ごとの賃金（2008年）

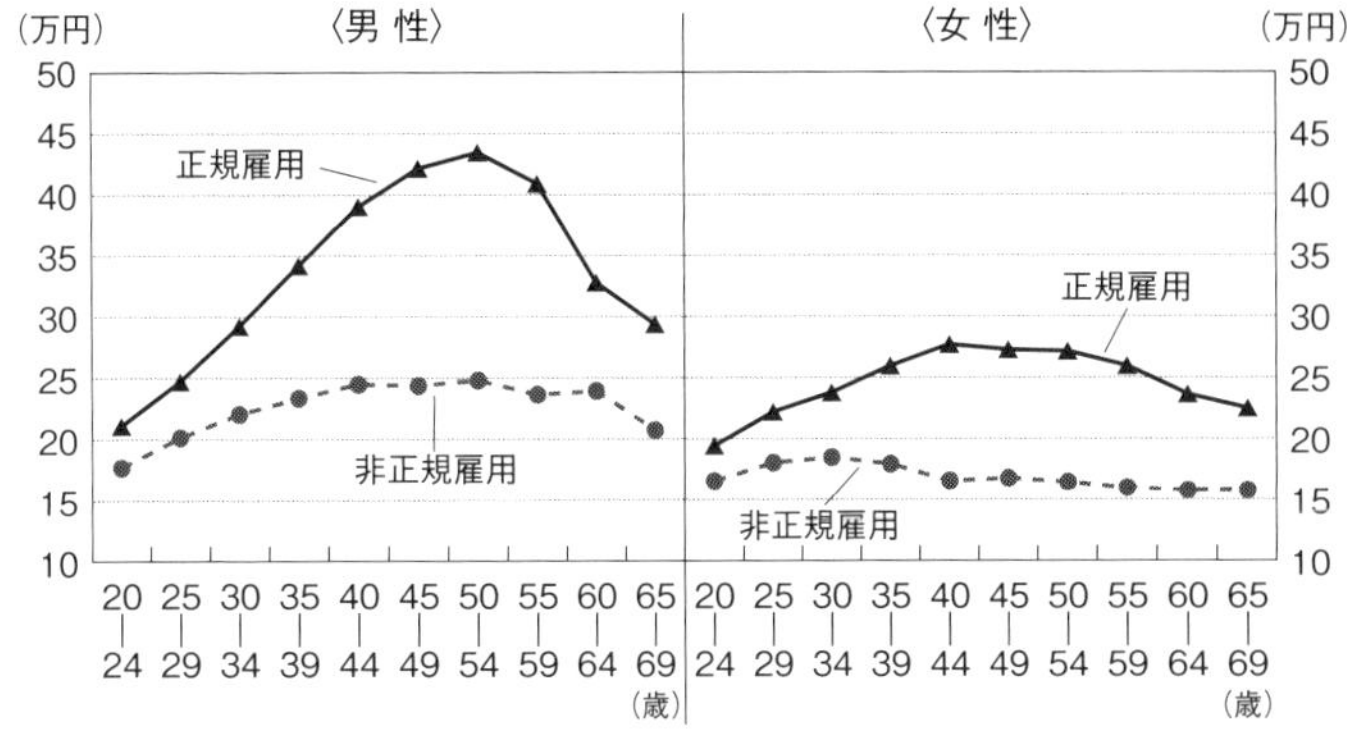

（注）「賃金」とは、平均所定内給与額のことであり、「きまって支給する現金給与額」のうち、時間外勤務手当などの「超過労働給与額」を差し引いた額。所得税などを控除する前の賃金をいう。なお、上記は2008年6月分の所定内給与額である。
（資料）厚生労働省『平成20年賃金構造基本統計調査（全国）結果の概況』2009年3月。

女性の非正規労働者の賃金カーブは、男性非正規労働者よりもさらに低い。ピーク時である20代後半から30代後半の賃金は、男性正規労働者の20代前半の賃金にも及ばない。

なお、図表9－2には、女性正規労働者の賃金カーブも示した。女性正規労働者の賃金カーブは、男性正規労働者と比べて低水準である。正規労働者と非正規労働者の賃金格差とともに、男女の正規労働者の賃金格差の是正も「自助」の前提条件として考えていく必要がある。

非正規労働者には生活給がない

ところで男性正規労働者の賃金が、年齢に応じて上昇していくのは、賃金に生活給が含まれるためである。家庭をもてば、子供の成長に従って生活費、教育費、住宅費が増えていく。日本の賃金制度は、こうした生活費を支払えるように、基本的には勤続年数や年齢を基準にした年功賃金システムが機能してきた。

これは、夫が唯一の稼ぎ手となって一家を支え、妻は家庭を守ることを前提にしたシステムといえよう。一方、パートなど非正規労働は、妻や学生が家計の補助として行う労働だったので、低い待遇や雇用保険の適用外とされても問題にならなかった。

しかし、今では、若者を中心に主たる収入源を得るために非正規労働に従事する者が増えてきた。非正規労働者の賃金には、こうした生活給がない。夫婦で共働きをすれば、非正規労働に従事しても一定水準の生活ができる程度に収入面を改善していく必要がある。

職業訓練の機会も限られる非正規労働者

非正規労働の第二の問題は、職業訓練の機会が乏しいという点だ。非正規労働者には、職業訓練の機会が与えられず、スキルをつけることが難しい。

これまで日本の企業は、質の高い企業内訓練を行って生産性を高め、それが戦後日本を繁栄に導いてきた。しかし企業内訓練の対象は、基本的には正規労働者に限られる。また、日本では過去の企業内教育の成功体験から企業外の職業訓練へのニーズも高まらなかった。このため、非正規労働者には、スキルをつけて賃金を高めたり、正規労働者に転換する機会が乏しいままとなっている。再チャレンジの機会がないのである。

これは、社会全体にとっても、看過できない問題である。１９８０年代から日本の労働市場では非正規労働者の比率が高まり、現在では労働力人口の3分の1が非正規労働者となっている。換言すれば、職業訓練の機会に恵まれない労働者が、3分の1もいることになる。今後も日本は質の高い労働力を保っていけるか、日本経済に影を落とす大きな問題である。

3 非正規労働者の賃金是正に向けて

では、単身世帯の「自助」に向けてどのような環境整備をしていくべきなのだろうか。以下では、正規労働者と非正規労働者間の賃金格差の是正、非正規労働者を中心とした職業訓練等の仕組み、といった課題について、海外の事例なども参考にしながら考えていこう。

中長期的には「同一労働・同一賃金」の実現を

まず、正規労働者と非正規労働者の賃金格差の解決策としては、「同一労働・同一賃金」の実現を目指していくべきであろう。同一の労働をして同程度の生産性であるのに、非正規労働者というだけで、賃金が抑制されているのは不公平だ。

しかし、日本で「同一労働・同一賃金」を実現していくには、いくつかのステップを踏んでいく必要があり、時間がかかると思われる。というのも、日本では、人事、経理といった職務に対応する形で雇用契約が結ばれておらず、また職務ごとに賃金テーブルが定められているわけではない。企業と労働者は包括的な雇用契約を結んでおり、賃金テーブルは基本的には勤続年数や年齢などの年功に応じて定められている。雇用契約に職務が明記されておらず、企業の命令ひとつでどの部署に配置転換されるかもわからないし、転勤もある。つまり、濱口（２００９）が指摘するように、職務内容と賃金は切り離されており、「同一労働」は同一賃金の根拠となっていない（注３）。

これに対して欧米諸国では、企業は職務ごとに労働者を採用して雇用契約を結び、職務ごとに賃金が定められている。いわゆる職務給である。また、本人の承諾なしに転勤させたり、配置転換をすることは一般的でない。職務と賃金の関係が明確になっているので、「同一労働・同一賃金」を実現しやすい基盤がある（注４）。

したがって、理念的には「同一労働・同一賃金」は望ましいし、日本もその方向に向かうべきだと考えるが、短期的には実現が難しいように思われる。

短期的には最低賃金の引き上げと給付つき税額控除で対応

では、どうすればいいのか。各企業において非正規労働者の待遇改善の努力が図られていくべきで

（注３）濱口桂一郎（２００９）『新しい労働社会　雇用システムの再構築へ』岩波書店、１０１頁。
（注４）なお、職務に対する雇用契約であるため、日本のように企業の命令のみによって配置転換できないが、その職務が不要になれば解雇されるリスクを負う。逆に日本では、企業の都合による配置転換が景気循環から雇用を守る役割を果たしている面がある。

あるが、成長が鈍化する中ではその原資の捻出が難しい。仮に正規労働者の賃金を引き下げて原資を捻出するとしても、その調整には時間がかかる。今生活に苦しんでいるワーキングプア層の救済にはならない。そこで「最低賃金の引き上げ」と「給付つき税額控除」を用いて、非正規労働者の生活支援を検討したらどうか。後者の「給付つき税額控除」は「公助」の内容にもなるが、ここで論じていこう。

まず、最低賃金については、低所得就労者（ワーキングプア）が増加していることから、近年その引き上げが議論されてきた。２００７年の最低賃金法の改正では、地域別最低賃金は生活保護の水準を下回らない水準で決定されることが示された。これは、最低賃金が低所得就労者の最低限の生活保障の機能を果たすという考え方に基づくものである。

しかし09年の最低賃金法の改定では、最低賃金（全国平均）は10円引き上げられて時給７１３円となったものの、月収が生活保護の水準を下回る地域がまだ残っている。最低賃金が生活保護費の水準よりも低いことは、最低生計費が保障されていないというだけでなく、就労に対するインセンティブを低下させる。全ての地域において、最低賃金が生活保護水準を上回るように引き上げていくべきであろう。

給付つき税額控除による生活支援

しかし、最低賃金の引き上げにも限度がある。なぜなら、最低賃金の大幅な引き上げは零細企業の経営を圧迫して、雇用の減少を招く恐れがあるからだ。また、最低賃金の対象者には学生パートもかなり含まれている。アルバイト学生が、必ずしも貧困世帯に属しているとは限らない。

そこで筆者は、非正規労働者の生活支援のためには、最低賃金の引き上げとセットで、「給付つき税額控除」の導入を検討すべきと考える。「給付つき税額控除」とは、通常の税額控除に給付金を組み合わせて、低所得の就労世帯（ワーキングプア層）や子育て世帯を支援する仕組みである。通常の税額控除では、課税所得に税率を掛けて算出された税額から、税額控除分を減税できる。一方、所得が課税最低限以下であれば税金を納めていないので、税額控除の恩恵を受けられない。

これに対して、「給付つき税額控除」では、課税最低限以下の世帯には、税額控除相当分を給付金として支給する。低所得世帯はマイナスの税を支払う――つまり給付を受ける――ことになるので、「負の所得税」と呼ばれている。

給付つき税額控除のメリットは、低所得世帯の就労意欲を損なうことなく、生活支援できることにある。すなわち生活保護制度では、稼働所得があればその分給付が減らされ、最終所得は一定水準に設計されている。これに対して給付つき税額控除では、最終所得は生活保護給付よりも高い水準に設定されるとともに、働けばその分最終所得が増える仕組みになっている。また、生活保護給付に際して実施される所得や資産に対する調査（資力調査）がないので、受給者は屈辱感をもたずにすむ。

英国の給付つき税額控除

既にいくつかの先進国では、給付つき税額控除を導入している。英国では、２００３年にワーキングプアを対象に「勤労税額控除（Working Tax Credit）」を導入した（注５）。例えば、週30時間就労し、最低賃金に相当する年収８９４０ポンド（約１３４万円、１ポンド＝１５０円で換算、09年度）の25歳以上の単身世帯には、年間１６８５ポンド（約25・３万円）が給付金として支給される。つまり、当初所得の２割弱が給付金として上乗せされている（注６）。同じく年間の世帯収入が８９４０ポンドの夫婦世帯であれば、年間３５４５ポンド（約53・２万円）が給付される。

そして50歳以上就労者や一人親、障害のある就労者であれば、給付金は加算されていく。また、保育園に要した費用の８割もこの制度を通じて補助される。ただし、一定の年収を超えれば給付金額は一定割合で減少していき、単身世帯では年収１・４万ポンド（約２１０万円）以上、夫婦世帯では年収１・８万ポンド（約２７０万円）以上になると給付金は停止される。

日本では、上記のようなワーキングプア層への経済的支援策が乏しい。低所得の非正規労働に従事していても、共働きをすれば子育てしていけるように公的支援を考えていく必要があろう。「給付つき税額控除」はその一案である。

（注５）なお英国では、勤労世帯を対象にした「勤労税額控除」のほかに、子供をもつ世帯を対象にした「子供税額控除」という給付つき税額控除の制度もあり、併給が可能になっている。

（注６）HM Revenue & Customs（2009）Child Tax and Working Tax Credit: An Introduction, p.8.

正規労働者の生活給込みの賃金の低下

一方、男性正規労働者の生活給込みの賃金も安泰ではないだろう。グローバリゼーションの中で正規労働者の賃金も低下傾向にあり、今後もその傾向が続く可能性がある。1990年代後半から共働き世帯数が専業主婦世帯数を上回っている背景には、不安定な経済状況に対する人々の生活防衛が強まっていることがあろう。

今後求められていくのは、正規労働者であれ、非正規労働者であれ、共働きによって生活防衛を図れる「共働き社会」に向けた環境整備と思われる。具体的には、柔軟な働き方をしても生活できる賃金システムと、ワークライフバランスを実現できる柔軟な就業形態の導入が必要であろう。また、景気循環に対する雇用の調整弁を非正規労働に求めるのではなく、ワークシェアリングによって調整を図るべきである。こうした考え方が労働力人口の減少を緩和させることにもつながる。

そして、教育などの公的サービスを充実させることも、正規労働者の生活給の低下を補うことになる。ちなみに、欧米企業では、労働者の賃金は職務に対して支払われるので、日本のような生活給はほとんどない。そのため生活給の部分は、公的な家賃補助制度や、大学授業料の無料化・低額化、奨学金制度の充実など公的サービスで補っている面がある。

日本でも2010年度から、公立高校の授業料の無償化や私立学校授業料への公的補助が開始される（注7）。このような流れの中で、正規労働者と非正規労働者の格差が縮まり、一方で「同一労働・同一賃金」の前提が築かれていく可能性がある。ただし、実行していくには公的サービスへの財源確保が欠かせない。

4 就職活動支援と職業訓練の提供

非正規労働者への支援策としてもうひとつ重要な点は、就職活動支援や職業訓練の強化である。非正規労働者にスキルをつけて再チャレンジできるように職業訓練の機会を与えると共に、就職活動支援を強化することが必要である。特に、非正規労働者の雇用は不安定なので、こうした施策が重要になる。

ちなみに、就職活動支援や職業能力開発は「積極的雇用政策」と呼ばれているが、国際的にみて日本の積極的雇用政策への費用は小さい。2005年の積極的雇用政策（対GDP比）は、米国0・12%、日本0・25%、英国0・53%、フランス0・89%、ドイツ0・97%、スウェーデン1・29%、となっていて、日本は主要先進国の中で米国に次いで低い水準となっている（注8）。

（注7）ただし筆者は、日本の厳しい財政状況を考えると、授業料の無償化や補助について所得制限なしでよいかどうかについては慎重に検討すべきと考える。所得制限を設ければ、低所得世帯に手厚い給付を与えることもできよう。また、公的サービスを拡充するには財源確保の議論が不可欠である。

（注8）OECD（2008）, OECD Social Expenditure Database 2008. 出所は、国立社会保障・人口問題研究所（2008）『平成18年度社会保障給付費』2008年11月（第19回社会保障審議会、参考資料8、2009年8月6日、40頁）。

英国のニューディール政策

就職活動支援や職業訓練の強化については、英国のブレア政権が導入した「ニューディール政策」が参考になる（注9）。これは、第一段階として失業者に職業安定所（ジョブセンター・プラス）のスタッフを個人アドバイザーとして一人つけて、失業者の就職活動を支援し、それでも就職できない者には、第二段階として職業訓練の機会を与えていくというものだ。

就職活動支援や職業訓練のメニューは、失業者の特性に合わせて、6つのグループに分けて用意されている。すなわち、(1)18〜24歳で6カ月以上失業している若年失業者、(2)25〜49歳で18カ月以上失業している長期失業者、(3)50歳以上で6カ月以上失業している高年齢失業者、(4)一人親の失業者、(5)障害者の失業者、(6)失業者の配偶者、である。

英国政府が最も注力してきた「若年失業者プログラム」では、半年間以上失業している18〜24歳の全ての若者にジョブセンター・プラスに来るように通知が届けられる。そしてジョブセンター・プラスに集められた若年失業者には、まず4カ月間の就職活動期間が与えられる（図表9−3）。この間、若年失業者には個人アドバイザーが一人つき、就職活動計画の作成、就職を妨げる要因、現在の保有スキルなどが集中的に話し合われる。また、就職活動期間中は2週間に一度の頻度で面談がもたれる。失業者は一つの場所（ワンストップ）で就職活動から社会保障給付まで、個人アドバイザーに幅広く

（注9）藤森克彦（2006）「英国の若年雇用対策から学ぶこと」みずほ情報総研『ディスカッションペーパー』2006年3月29日参照。

図表9-3：若年失業者ニューディールの全体的な流れ

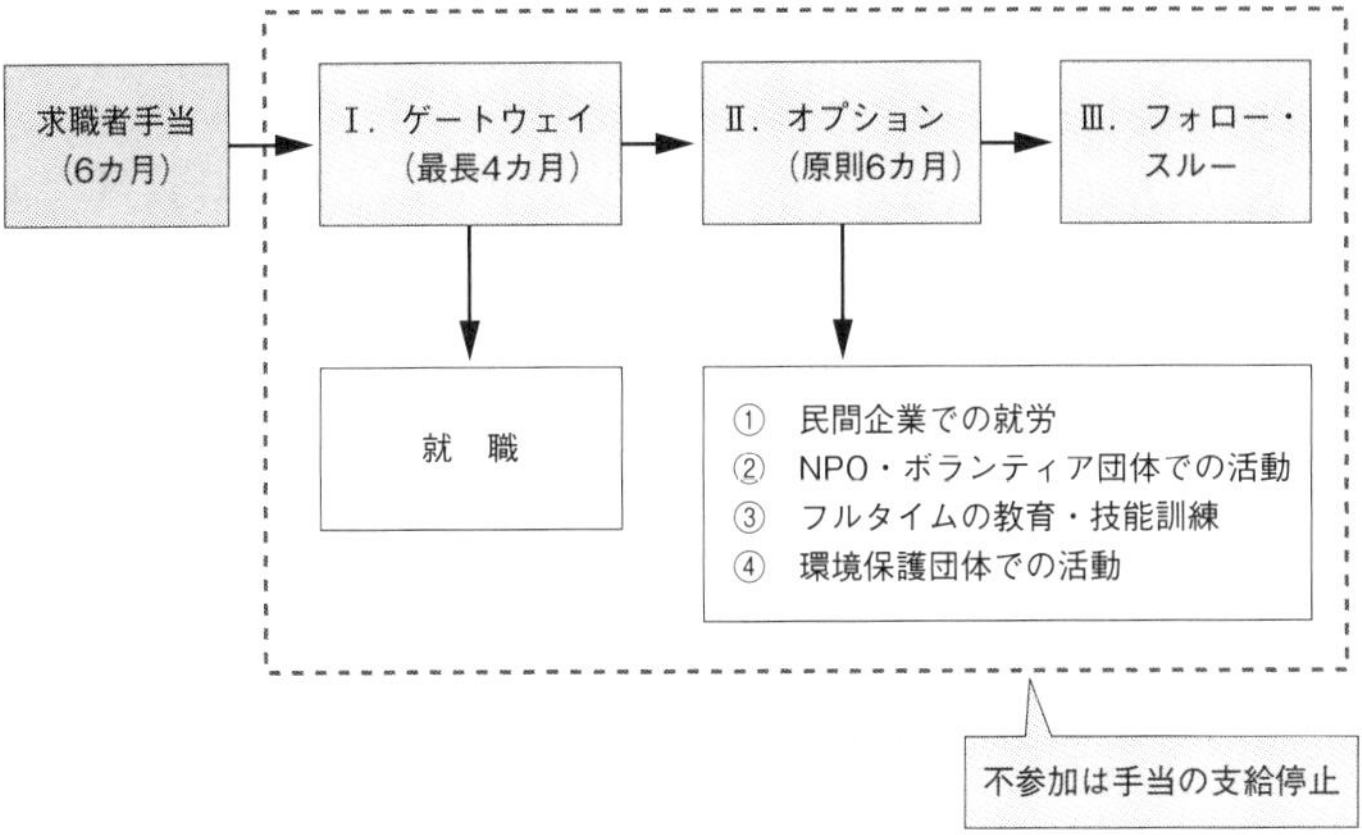

（資料）雇用年金省ホームページ（www.newdeal.gov.uk）により筆者作成。

相談に乗ってもらうことができる。失業者の状況に応じたきめ細かなカウンセリングが行われるのが特徴だ。またプログラム期間中、同一の個人アドバイザーが担当するので、失業者の状況や性格を把握しながら相談に乗ってもらいやすい。

次に、この期間内で就職できなかった若者には、半年間の職業訓練の機会が与えられる。具体的には、(1)民間企業での就労、(2)NPO・ボランティア団体での活動、(3)フルタイムの教育・技能訓練、(4)環境保護団体での活動、という4つの選択肢から1つを選ばせる。企業やNPOなどの現場の職業訓練は、その職場での就職に結びつくことが多いという。

訓練期間中、若者は原則として、失業手当ではなく事業主から賃金を受け取る。一方政府は、訓練生を引き受けた事業主に対して、週60ポンドの助成金を支払う。失業手当が週52ポンド程度なので、政府は失業手当以上の助成金を負担している。

ニューディール政策には、1997年度から2003年度にかけて52億ポンド（約7800億円、1ポンド＝150円で換算）が費やされた。この費用は、80年代からの民営化によって余剰利益を得た企業に対する一回限りの課税（ウィンドフォール税）によって賄われた。04年度以降は、一般会計から費用が支出されている。

所得保障の条件化

なお、若年失業者（18～24歳）と長期失業者（25～49歳）には、上記プログラムへの参加が義務付けられており、もし拒絶すれば、失業手当の支給停止というペナルティが科せられる。これによって失業者は、半ば強制的に職業訓練などのプログラムに参加することになった。

なお、受給停止となる「失業手当」は、社会保険料の拠出の有無に関係なく、資力調査に基づいて租税を財源に支給される「所得調査制求職者手当」である。これは、雇用保険に基づく「失業手当」と「生活保護給付」の中間型の社会保障給付であり、一般に「失業扶助」と呼ばれている。求職活動を要件に資力調査を伴う失業者専用の生活保護給付であり、無期限に支給される。無期限支給といった寛容な面があるため、モラルハザードが生じないように、若年失業者や長期失業者にはプログラムに参加しなければ同手当を止めるというムチが必要になる。

ちなみに、日本では「所得調査制求職者手当」に相当する社会保障給付は設定されていない。一方、現役世代では稼働能力があるとみなされて、生活保護を受給することはかなり難しい。このために、現役世代が雇用保険による失業手当の支給期間が過ぎたり、雇用保険に加入していない場合には、貯蓄を食いつぶしながら生活していくことになる。後述するが、２００９年７月に導入された「緊急人材育成支援事業」はこうした状況に対する応急処置として導入されたものである。

ニューディール政策の成果

では、若年失業者ニューディールはどのような成果をあげたのか。１９９８年から２００６年11月までに若年失業者ニューディールに参加した若者は１４９万人にのぼり、延べ60万人が就職した。同プログラムの参加者の40％が通常の仕事を得たことになる（注10）。

留意しなくてはならないのは、成功の前提として90年代半ばから良好な経済状況が続いたことである。スキルを身につけても、働く職場がなければ労働市場に出ていくことはできない。つまり、ニューディール政策と良好な経済状況が車の両輪となって、成果をあげてきたと考えられる。

しかし、08年９月のリーマンショック以降、英国でも深刻な不況が続いている（注11）。不況期では

（注10）ニューディール政策の成果については、藤森克彦（２００８）「英国労働党政権における『福祉から雇用へプログラム』」（総合研究開発機構『就職氷河期世代のきわどさ』２００８年４月、94－96頁）参照。
（注11）英国の実質ＧＤＰ成長率は、２００８年４－６月期以降、対前年同期比でマイナス成長が続いていたが、09年９－12月期に０・１％のプラス成長となった（National Statistics Office（2010）GDP Growth UK output increases by 0.1%, 26th Jan.）。

いくらスキルを身につけても、求人が少ないのでニューディール政策は効果が薄いという批判もある。しかし英国政府は、不況期の今こそ、景気回復時に安定的な職業に就職できるように、将来を見据えた人材への「投資」が必要だと考えている。そして、ジョブセンター・プラスや職業訓練校のスタッフが、地域の企業のニーズを聞きながら各企業の要望に合った公的職業訓練を行うなどの工夫をこらして、ニューディール政策は続けられている（注12）。

ブラウン首相は09年初めに、英国内の経営者や労働組合関係者などを集めて雇用サミットを開催したが、そこで「政府は常に失業者を出さないようにできるわけではないが、失業者の再就職を支援することはできる」と語り、半年以上の長期失業者への就職活動支援や職業訓練を一層強化するとした。

民主党の「緊急雇用対策」について

日本政府も、近年英国のニューディール政策に似た政策を導入している。例えば、自民党麻生政権

（注12）ニューディール政策の課題として、いったん就職した後に、再び無職となりニューディール政策のプログラムに戻ってくる若者が多いことがある。例えば2002年度に若年失業者ニューディールに参加して直接雇用された者のうち、雇用期間が1年以上の者は26%にすぎない。平均雇用期間は28週間である。雇用期間が短い要因としては、臨時雇用しか見つけられないことが指摘されている。また、単純労働も多く、仕事を発展させる機会も乏しい。一方、労働者側の要因としては、健康上の問題、育児・介護の問題、労働インセンティブの不足などが指摘されている（National Audit Office（2007）Sustainable employment: supporting people to stay in work and advance, The Stationary Office, Nov. 2007.参照）。そこで、若年失業者と長期失業者のプログラムは、09年10月より「フレキシブル・ニューディール」と呼ばれる新しいプログラムに変更した。

下の２００９年７月から「緊急人材育成支援事業」として、雇用保険を受給していない者に対して、職業訓練を受ければ「訓練・生活支援給付金」を受給できる事業を始めた。支給額は、単身者であれば月額10万円、被扶養者を有する者には月額12万円である。支給期間は、訓練コースによって異なるが、多くが半年程度となっている。なお、訓練への出席率が８割に満たない場合、それ以後の給付金は支給されない。同事業は、当初２００９〜２０１１年度の時限的措置であったが、民主党政権が樹立したことから、11年度からは恒久的な求職者支援制度となる見通しである。

筆者は、同事業の創設の意義は大きいと考えている。これまで雇用保険に入っていない失業者や、失業手当支給期間を終了した失業者は、貯蓄等を取り崩して生活するしかなかった。しかし、同事業によって、職業訓練を受ければ一定の要件のもとで給付金を受け取れるようになった。職業訓練を要件に生活支援が付与される制度は、失業者への生活支援のみならず、将来の就職につながる訓練を受けられる点で、大きな意義がある。

ただし、応急措置として導入された制度であるので、恒久的な制度とするには生活保護制度の再設計などを含めて検討していく必要がある。また、同事業の利用者は、予想を下回っているようである。利用者が拡大しないのは同事業の周知徹底が図られていないことが一因だと思われるが、それ以外にも、支給対象者の要件が厳格すぎること（注13）、支給期間が短すぎること、訓練後の就職の見込みについて失業者が疑問を感じていることなども考えられる。こうした要因を探るとともに、今後各訓練メニューがどの程度就職に結びついたかを検証していくことも求められる。

ワンストップサービス

また、民主党政権は、2009年10月の「緊急雇用対策」や09年12月の「緊急経済対策」において、「ハローワークのワンストップ相談機能の充実」などをあげている。利用者がひとつの窓口で、雇用、住居、生活支援などの相談や手続きができるように、ハローワークや地方自治体などの関係機関の連携を進めるものだ。

これまでは、職業紹介はハローワークが担い、生活保護給付の相談は地方自治体（福祉事務所）が窓口になっていたため、たらい回しの状況が起こっていた。こうした状況を改善するために、行政が連携してワンストップでサービスを提供する。この点も長い間改善すべき点として指摘されたが、縦割り行政の中で実現できずにきた点である。

民主党政権は09年秋から試行的に「ワンストップ・サービス・デイ」を設けた（注14）。一歩前進ではあるものの、定期開催や常時ワンストップで対応できる体制の整備については難航している模様で

（注13）訓練・生活支援給付金を受けるためには、①ハローワーク所長のあっせんを受けて、基金訓練または公共職業訓練を受講していること、②雇用保険の求職者給付、職業転換給付金の就職促進手当および訓練手当を受給できない人であること、③世帯の主たる生計者である人、④申請時点で年収見込みが200万円以下、かつ世帯全体の年収見込みが300万円以下であること、⑤世帯全体で保有する金融資産が800万円以下であること、⑥現在住んでいるところ以外に土地・建物を所有していないこと、といった要件を満たす必要がある。

（注14）緊急雇用対策本部（2009）『緊急雇用対策』2009年10月23日、閣議決定（2009）『明日の安心と成長のための緊急経済対策』2009年12月8日。

ある。ちなみに英国では、職業紹介の役割を担う「ジョブセンター」と社会保障給付の役割を担う「給付エイジェンシー」を統合して、「ジョブセンター・プラス」という新しい組織で、常時ワンストップで失業者が就職や失業手当などについて相談できる体制になっている。日本でもこうした関連機関の統合を今後検討していく必要があろう。

また、英国のジョブセンター・プラスは、ＮＰＯと連携しながら失業者が労働市場に復帰できるように総合的な支援をしている。例えば、失業者の中には失業期間中に離婚をして精神的な痛手を負っている人もいる。こうした失業者には、ジョブセンター・プラスが精神的なサポートをするＮＰＯにつなぐ役割をしている。担当省庁である雇用年金省やジョブセンター・プラスは、約６０００のＮＰＯや民間団体と年間10億ポンド（約１５００億円）の契約を結んでいる（注15）。

個人アドバイザーの拡充を

もうひとつ重要な役割を担うのが「個人アドバイザー」である。民主党政権は、２００９年秋から年末にかけて発表した「緊急雇用対策」や「緊急経済対策」において、高卒・大卒者が円滑に就職できるように、就職相談を担うジョブサポーターを緊急配備することを指摘した。このような就職相談機能を重視することは重要である。

（注15）Department for Work and Pension（2008）Transforming Britain's labour market —— Ten years of the New Deal, p.5.

しかし英国と比べると、日本では個人アドバイザーの絶対数が不足している。英国のジョブセンター・プラスには６・６万人（07年）の職員がおり、そのうち個人アドバイザーだけで９３００人（05年）もいる。他方、日本の公共職業安定所（ハローワーク）の全職員数は１・２万人程度（05年）である（注16）。日本の総人口は英国のほぼ2倍なので、総人口比で考えれば、個人アドバイザーだけで2万人弱いてもおかしくはない。

無論、ジョブセンター・プラスは、職業紹介業務のみならず、給付業務も担っているので、日本のハローワークの職員数と単純比較はできない。しかし、英国に比べて日本では職業紹介などの業務を担う職員数が圧倒的に少ないことは事実であろう。

日本では90年代後半から失業率が高まる中で、産業構造の転換が求められている。英国のように個人アドバイザーが失業者に一人ついて親身になってきめ細かな対応をしていくことが必要だ。そのためには、まずは個人アドバイザーの人数が確保されていることが必要である。同時に研修をしっかり行って、個人アドバイザーの質を向上させていくことも求められる。

（注16）職業紹介機関数と、日本の職員数は、厚生労働省（２００６ａ）「ハローワーク・労災保険（労災）関係」資料（２００６年4月28日）。英国の職員数は、Jobcentre Plus（2008）Annual Report & Accounts 2007-2008, 17th July 参照。

5 ワークライフバランス

最後に、非正規労働者のみならず正規労働者にとっても、「自助」に向けた環境整備として重要な点として、仕事と生活の調和（ワークライフバランス）があげられる。というのも、同居家族のいない単身世帯にとって、退職後は地域コミュニティーとの関係が重要になるが、地域住民とのネットワークづくりには時間がかかる。現役時代から単身者が地域住民との付き合いを広げていくことが必要になろう。当然のことながら、現在単身者となっている人だけでなく、引退後に配偶者と死別して一人暮らしを始める人も多いので、現在二人以上世帯に属している人にとっても地域社会との関係は大切になる。

実際、国土交通省の「大都市圏におけるコミュニティの再生・創出に関する調査」（２００６年）によれば、大都市圏住民で何らかの地域活動に参加していない人は5割程度おり、その理由を尋ねると「参加しても活動する時間が取れない」が42・7％と最も高く、次に「活動内容、参加方法がよくわからない」（35・1％）となっている。時間があれば地域活動に参加したいと考える人は多いので、働き方の見直しが重要になる（注17）。

（注17）厚生労働省（２００６ｂ）『平成18年厚生労働白書』第1部第1章第2節参照。

男性の長時間労働

しかし労働の実態をみると、男性正規労働者を中心に仕事が忙しく、日常的に地域社会との関係を築く時間をもてない人が多い。例えば、２００８年において30代と40代の男性フルタイム労働者（週35時間以上働く者、非農林業）のうち、週60時間以上働いている人が22％にのぼる。また、50代男性の同割合をみても15％にのぼる（総務省「平成20年労働力調査」）。「週60時間労働」というのは、週休二日制の企業で午前9時を始業時間とした場合、毎晩午後10時以降に退社するといった働き方である。フルタイムの男性労働者に限られるとはいえ、30代・40代男性の5人に1人強、50代でも6人に1人弱が、毎晩午後10時以降に退社している実態は改善していく必要がある。

単身世帯にとってもワークライフバランスは重要

ワークライフバランスについては、既に日本でも取り組みが始まっている。２００７年には、官民が一体となってワークライフバランスの実現に取り組むため、経済界、労働界、地方の代表者、関係会議の有識者から構成される「ワークライフバランス推進官民トップ会議」が開催された。そして同年12月には「仕事と生活の調和（ワークライフバランス）憲章」及び「仕事と生活の調和推進のための行動指針」が策定された。

英国では、ワークライフバランスが企業にもプラスになるという考え方のもと、就業形態の多様化によってワークライフバランスが推進されている（注18）。ワークライフバランスをうまく使えば企業にとってもプラスになる。共働き世帯だけでなく、今後増加する単身世帯にとってもワークライフバランスの実現は生き方を豊かにしてくれる効果がある。

本章のまとめ

本章を要約すると下記の通りである。

- 単身世帯が「自助」で対応していくための前提条件として、まず非正規労働者の待遇改善が求められる。「同一労働・同一賃金」の実現を目指していくべきであるが、日本の賃金システムは職務給ではないことから、その実現には時間がかかると思われる。そこで、「最低賃金の引き上げ」と「給付つき税額控除の導入」によって非正規労働者などのワーキングプア層の待遇改善を図るべきと考える。
- また、非正規労働者がスキルをつけて再チャレンジできるように、ハローワークでの就職活動支援と、企業の外での職業訓練の機会の提供が重要になる。きめ細かな就職相談をするためには、ハローワークで相談機能を担うスタッフの増加と、研修などによる質の向上が求められる。
- さらに、単身者が退職後も地域における人間関係の構築ができるように、現役時代から仕事と

（注18）藤森克彦（2004）「英国の『仕事と生活の調和策』から学ぶこと」『みずほ情報総研研究レポート』2004年10月。

生活の調和のとれた働き方ができる環境整備が重要である。

第10章 公的セーフティネットの拡充
――「共助」と「公助」の強化に向けて

次に、「共助」と「公助」といった公的セーフティネットの強化を考えていこう。最初に、単身世帯からみた現行の社会保障制度の課題をみていこう。その上で具体的な制度として、「共助」では公的年金と介護保険、「公助」では生活保護制度と住宅政策を取り上げていきたい。

1 単身世帯からみた現行の社会保障制度の課題
――家族と企業の補完機能に依存した社会保障

これまで日本では、家族が社会保障制度を補完する機能を果たしてきた。先に北欧や西欧諸国に比べて、日本では高齢単身世帯の比率が低いことを指摘したが、これは日本では北欧・西欧諸国よりも老親と子供が同居する傾向が強く、家族の役割が大きいことを示す一例といえよう。

こうした家族によるセーフティネットは、無償で提供されてきた。これが一因となって、日本の社会保障制度は国際的にみて「安上がり」となっている。

もっとも「安上がりな社会保障制度」という表現には、違和感をもたれるかもしれない。確かに、２００９年度の予算ベースで社会保障給付費（注１）は98・7兆円にものぼる。このうち、年金や医療保険などの特別会計を除いた一般会計歳出に占める社会保障関係費は24・８兆円にのぼり、一般会計歳出の中で最大の割合（28・０％）を占める（注２）。「安上がり」というには、多額の公費が社会保障に投入されている。

しかし国際比較をすると、日本の社会保障給付費は決して高い水準ではない。具体的には、05年のＯＥＣＤの「社会支出（social expenditure）」（注３）を対ＧＤＰ比で比べると、主要先進国の中で日本は米国に次いで低い水準にある（図表10－1）。

もっとも、各国の社会支出（対ＧＤＰ比）は高齢化率とも関連し、高齢化率が低ければ、その分社

（注１）社会保障給付費とは、ＩＬＯが定めた基準に基づき、社会保障制度を通じて1年間に国民に給付される金銭やサービスの合計額。国全体の社会保障の規模を表す数値として、社会保障の国際比較のデータとして活用されている（厚生労働省ＨＰ）。
（注２）厚生労働省（２００９）「社会保障給付費の推移」。
（注３）「社会支出」は、日本の「社会保障給付費」（ＩＬＯ基準）よりも広い概念であり、①高齢、②遺族、③障害・業務災害・疾病、④保健、⑤家族、⑥積極的雇用対策、⑦失業、⑧住宅、⑨生活保護、を含んでいる（OECD〈2007〉p.20）。

図表10-1：社会支出（対GDP比）の国際比較（2005年）

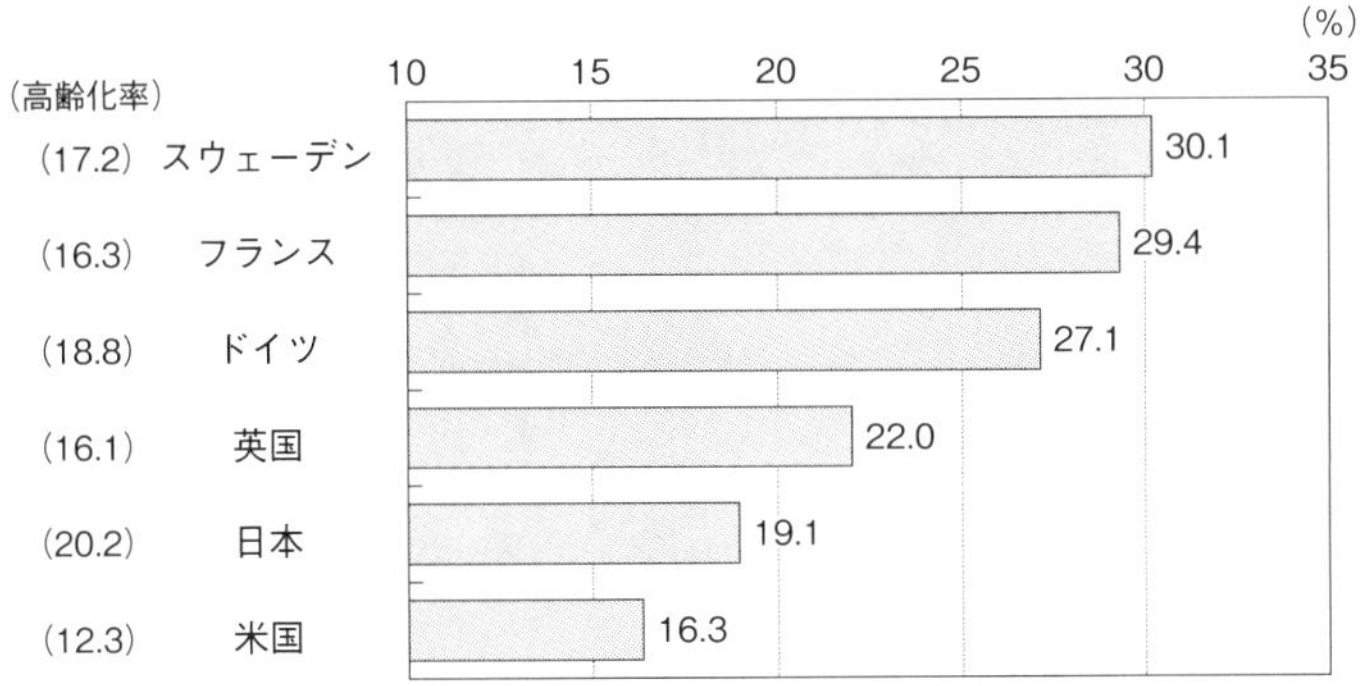

（注）高齢化率は各国とも2005年の値。
（資料）国立社会保障・人口問題研究所（2008）『平成18年度社会保障給付費』。元資料は、OECD, *Social Expenditure Database 2008ed*。高齢化率は、国立社会保障・人口問題研究所『人口の動向　日本と世界（人口統計資料集2009）』2009年。

会支出も低下する傾向がある。そこで、05年の高齢化率を比べてみると、日本の高齢化率は20・2%であり、ドイツ（18・8%）、スウェーデン（17・2%）、フランス（16・3%）、英国（16・1%）、米国（12・3%）のどの国よりも高い水準にある。つまり日本は高齢化率が高いにもかかわらず、日本の社会支出（対GDP比）は米国に次いで低い。高齢化率との対比からみても、日本の社会保障費用は「安上がり」になっている。

企業によるセーフティネット

日本の社会保障給付費を安上がりにしてきたもうひとつの要因は、「企業によるセーフティネット」が機能してきたためであろう。例えば、日本の企業は雇用保障を重視して、不況になっても労働者の雇用を優先的に守ってきた。また、大企業を中心に生活給を含んだ手厚い賃金や社宅・家賃補助などが従業員に提供されてきた。これらは、従業員の帰属意識を高めることなどを目的にした企業戦略であるが、国の社会保障を補完する役割を果たしてきた。

ただし、「企業によるセーフティネット」の対象となったのは、主として正規労働者である。非正規労働者には、雇用や賃金などの面で脆弱な保障しか与えられなかった。それでも1980年代であれば、非正規労働者の多くは、家計補助のためにパートとして働く主婦が多かった。パートとして働く主婦には、夫が勤務している企業のセーフティネットが及ぶので、自ら働く企業のセーフティネットがなくても、それほど問題にされてこなかった。

しかし現在では、若者を中心に主たる収入源として非正規労働に従事する者が増えている。85年に全労働者に占める非正規労働者の割合は16％にすぎなかったが、2008年には34％に増加している。この背景のひとつとして、グローバリゼーションによって企業間の国際競争が激しくなったことがあげられる。企業は、非正規労働者を活用することで、コスト削減や景気循環に対する人員調整を図りやすくしたことが考えられる。

「家族と企業によるセーフティネット」の機能が低下

「公的なセーフティネット」である社会保障制度は、右でみてきた「家族によるセーフティネット」と「企業によるセーフティネット」を前提に設計されている面がある。そして、これら3つのセーフティネットが十分に機能するのは、夫婦の少なくとも一方が正規労働者であり、かつ子供のいる世帯だと考えられる。このような世帯においては、世代間も含めて家族内の助け合いがなされる。また、夫婦の一方が正規労働者であることによって「企業によるセーフティネット」も世帯全体に及ぶ。

これに対して単身世帯では、少なくとも同居家族がいないので「家族によるセーフティネット」を期待できないか、あるいは不十分である。特に、未婚のまま高齢期を迎えた単身者は、老後を頼る配偶者や子供がいない。また単身世帯では、二人以上世帯に比べて無業者や非正規労働者の割合が高く、「企業によるセーフティネット」も及びにくい。

さらに、「公的なセーフティネット」は、先述の通り、家族や企業によるセーフティネットを前提に制度設計されてきた面がある。このため、単身世帯では公的なセーフティネットも不十分になりがちである。つまり、単身世帯では3つのセーフティネットが十分に機能しないことが考えられる。

年越し派遣村

その象徴的な光景が2009年正月に日比谷公園に開かれた「年越し派遣村」であろう。解雇された派遣社員などが日比谷公園に集まって年を越したが、その多くは一人暮らしのようであった。まさに、家族と企業によるセーフティネットの外に置かれた人々といえよう。

無論、企業にはできる限り雇用維持を求めたいし、家族による助け合いも重要だ。しかし今後も単身世帯が増加し、国際競争の激化が予想される中で、家族と企業にこれまで通りの補完機能を期待することは困難であろう。今こそ国の出番であり、社会保障を中心にした公的なセーフティネットの機能強化が求められる。

以下では、公的なセーフティネットのうち、まず、社会保険を中心とする「共助」の見直しについて考えたい。具体的には、高齢単身世帯の貧困問題に関連する公的年金制度と、介護保険制度を取り上げる。その後で、生活保護制度や住宅政策といった「公助」について考察していこう。

2 老後の所得保障について

まず、現行の公的年金制度は、単身世帯だからといって不利な設計となっていないことを確認しておこう。民間のサラリーマンが加入する厚生年金の給付水準は、「所得代替率」で示される。所得代替率とは、「年金月額／現役時代の手取り賃金月額（ボーナス込みの年収の月額換算）」で算出され、いわば現役時代の平均賃金に対する年金額の比率を表したものである。そして所得代替率は、どのような世帯類型であっても「世帯一人あたり所得」が同じであれば同率となるように設計されている（注４）。つまり、単身世帯が不利に扱われることはない。

例えば、「月額20万円の所得をもつ単身世帯」と、「夫が月額30万円、妻が10万円の所得をもつ共働

（注４）厚生労働省（２００９ａ）「平成21年財政検証関連資料（１）資料３－１」（第15回社会保障審議会年金部会、２００９年５月26日）、11頁。

き世帯（世帯一人あたり所得は20万円）」と、「夫が月額40万円の所得をもつ専業主婦世帯（世帯一人あたり所得は20万円）」では、所得代替率は等しくなる。換言すれば、世帯一人あたり所得が等しければ、どのような世帯類型であっても、世帯一人あたり年金額は同額になる（注5）。

２００９年財政検証に基づく世帯類型別一人あたり年金月額

ところで厚生労働省は、２００９年5月に世帯類型別の年金月額の将来推計を発表した（図表10－2）。これは、平均報酬額から男性の賃金月額は42・9万円、女性は26・5万円として、世帯類型ごとに世帯全体で受け取る年金額と、所得代替率を示したものである。なお、これは上記の賃金月額を前提に世帯類型別の年金額を算出したモデルケースであって、各世帯類型の平均像を表すものではない点には留意が必要だ。

世帯類型としては6類型が示されており、①単身男性（単身で40年間フルタイムで就労）、②単身女性（単身で40年間フルタイムで就労）、③夫のみ就労する専業主婦世帯（夫は40年間フルタイムで就労し、妻は40年間専業主婦）、④共働き世帯（夫婦共に40年間フルタイムで就労）、⑤夫はフルタイム就労、妻は離職後復職した世帯（夫は40年間フルタイムで就労、妻は出産育児により一時的に離職

（注5）ただし、厚生年金保険料の基礎となる所得は、区切りのよい金額幅ごとに決められる標準報酬（月額）で定められている。標準報酬月額の上限は62万円となっているので、62万円以上の所得であれば、いくら所得が高くても上限までの保険料を納めればよい。したがって、本文の記述は所得が標準報酬（月額）の範囲内について妥当する。

図表10-2：世帯類型別にみた一人あたり年金月額（等価ベース）の比較

（単位：万円）

世帯類型	指　標	65歳になった年		
		2009年	2025年	2050年
①単身男性（フルタイムで40年間就労）	年金額	15.7	17.0	23.0
	所得代替率	43.9%	39.3%	36.7%
②単身女性（フルタイムで40年間就労）	年金額	12.2	13.2	17.4
	所得代替率	55.3%	49.2%	45.0%
③夫のみ就労（フルタイムで40年間就労）の専業主婦世帯	世帯年金額	22.3	23.9	31.4
	一人あたり年金額	15.8	16.9	22.2
	所得代替率	62.3%	55.2%	50.1%
④夫婦とも就労する共働き世帯（夫、妻ともフルタイムで40年間就労）	世帯年金額	27.9	30.2	40.4
	一人あたり年金額	19.7	21.4	28.6
	所得代替率	48.3%	43.1%	39.9%
⑤夫はフルタイムで40年間就労、妻は出産、子育て後にフルタイムで復職	世帯年金額	26.2	28.3	37.7
	一人あたり年金額	18.5	20.0	26.7
	所得代替率	51.2%	45.6%	42.1%
⑥夫はフルタイムで40年間就労、妻は出産後離職	世帯年金額	23.3	25.0	33.0
	一人あたり年金額	16.5	17.7	23.3
	所得代替率	58.6%	52.1%	47.5%

（注）１．上記は、男女それぞれの平均標準報酬額を用いて機械的に設定したものであり、それぞれの世帯類型の平均像を示したものではない。

２．現在水準の男性（夫）の賃金月額は、2009年財政検証における標準的な年金額の算出に用いた平均報酬額42.9万円（ボーナス込み、月額）、女性（妻）の賃金月額は平均報酬額26.5万円（フルタイム時、ボーナス込み、月額）を用いて計算。

３．③～⑥の「一人あたり年金額」は、世帯規模を調整するため、世帯年金額を夫婦２人の世帯員数の平方根（$\sqrt{2}$）で除して筆者が計算。なお、年金部会の同資料では、世帯所得を２で除して、世帯一人あたり年金額（平均）を算出しており、上記の「一人あたり年金額」とは異なる点に注意。

４．2025年、2050年の世帯年金額は、物価で現在価値に割り戻した年金額。

（資料）「世帯年金額」と「所得代替率」は、社会保障審議会年金部会「平成21年財政検証関連資料（１）」2009年5月26日、11-14頁。「一人あたり年金額」（等価ベース）は、筆者が計算。

し、その後フルタイムで就労。妻の通算就労期間は27年11カ月）、⑥夫はフルタイム就労、妻は出産後離職した世帯（夫は40年間フルタイムで就労、妻は出産後離職。妻の通算就労期間は7年1カ月）、である。ちなみに、③の「夫のみ就労する専業主婦世帯」は、厚生年金のモデル世帯にあたる。

将来推計の前提としては、実質経済成長率０・８％程度（２０１５〜２０３９年、経済中位）、物価上昇率１％、などとしている（基本ケース）（注６）。また、合計特殊出生率は05年の１・２６が２０５５年も同じ値となる中位推計を用いている。さらに、労働力率は、ワークライフバランス施策などの推進によって、労働市場への参加が進むケースに準拠している（注７）。

なお、２０２５年と２０５０年の年金月額は、現在価値に割り戻した値である。また、二人以上世帯（③〜⑤）における「一人あたり年金額」は、世帯規模を調整するため、筆者が世帯年金額を世帯員数（夫婦２人）の平方根（$\sqrt{2}$≒１・４１４）で除して算出した「等価所得」である。この点、厚生労働省では世帯年金額を２分割して「一人あたり年金額（単純平均ベース）」を求めているので、筆者の示した「一人あたり年金額（等価ベース）」は厚生労働省の「一人あたり年金額（単純平均ベース）」よりも高めであるが、生活実態を反映した年金額と考えられる。

（注６）厚生労働省（２００９ｂ）「国民年金及び厚生年金に係る財政の現状及び見通し（概要）――平成21年財政検証結果」（第14回社会保障審議会年金部会、２００９年２月３日、資料３－１、５頁）。物価上昇率１・０％、名目賃金上昇率２・５％、名目運用利回り４・１％を前提にしている。

（注７）独立行政法人労働政策研究・研修機構（２００８）『平成19年労働力需給の推計』（２００８年２月22日）４－５頁。

単身男性の年金額は低くないが、単身女性は低水準

世帯類型別に、2009年の一人あたり年金月額（等価ベース）を比べると、同年金月額が最も高いのは、「共働き世帯（④）」（19・7万円）であり、次が「夫フルタイム、妻離職後復職した世帯（⑤）」（18・5万円）である（前掲、図表10－2）。一人あたりの年金額を高めるには、夫と妻が共に就労することの影響が大きい。

「単身男性（①）」の年金月額（15・7万円）は、6類型の平均年金額（16・4万円）を若干下回り、「夫のみ就労し、妻が専業主婦の世帯（③）」の一人あたり年金月額（15・8万円）に近い。つまり、単身男性の年金月額は、モデルケースの年金月額とほぼ同水準である。

一人あたり年金月額が最も低いのは、「単身女性（②）」である。他の世帯類型と比べると、月額あたり3・5万～5・5万円程度低くなっている（09年）。これは、女性の賃金が男性賃金の6割程度となっていて、男女の賃金月額の格差が反映したものと考えられる。

所得代替率は低下を続け、50％を割り込んでいるが……

ところで、2009年の所得代替率を世帯類型ごとに比べてみると、単身男性は43・9％と50％を大きく割り込んでいて、6つの世帯類型の中で最も低い。一方、単身女性は一人あたり年金月額（等価ベース）が最も低かったにもかかわらず、所得代替率は6つの類型の中で上から3番目である。さらに、専業主婦世帯の所得代替率は最も高く62・3％となっている。専業主婦世帯の一人あたり年金月額（等価ベース）は単身男性とほぼ同水準だというのに、所得代替率は専業主婦世帯が単身男性を18・4％ポイントも上回っている。これは一体どういうことか。

この理由は、現役時代の所得（世帯一人あたり所得）の高い世帯から低い世帯へ所得再分配が行われるためである。そのために、世帯一人あたり所得の高い世帯ほど、所得代替率は低くなる。具体的には、厚生年金の保険料は所得比例で支払う。一方、支給される年金額は、2階部分の厚生年金は現役時代の所得に比例して支払われるが、1階部分の基礎年金は定額給付となっている。つまり、基礎年金の年金額は所得に比例しておらず、所得の高い世帯から低い世帯へ所得が再分配されている。この結果、「年金額／現役時代の手取り賃金」で算出される所得代替率は、低所得世帯ほど高くなり、高所得世帯ほど低くなるのである。

ちなみに、先の6つの世帯類型について09年の「世帯一人あたり所得（単純平均ベース）」の高い順に所得代替率をみると、（1）単身男性（世帯一人あたり所得35・8万円）：所得代替率43・9％、（2）共働き世帯（同28・9万円）：同48・3％、（3）夫フルタイム、妻出産後復職（同25・6万円）：同51・2％、（4）単身女性（同22・1万円）：同55・3％、（5）夫フルタイム、妻出産後離職（同19・8万円）：同58・6％、（6）専業主婦世帯（同17・9万円）：同62・3％、となっていて、世帯一人あたり所得（単純平均ベース）が高い世帯ほど所得代替率が低くなっている（注8）。

先述の通り、世帯類型が異なっても「世帯一人あたり所得」が同じであれば所得代替率は等しい。一方で、世帯一人あたり所得が高ければ、所得代替率は低下する。このために、世帯一人あたり所得の最も高い単身男性の所得代替率は最も低くなるのである。

所得代替率は低下しても年金月額は上昇

２００９年から２０５０年にかけての年金額の変化をみると、実質的な年金月額はどの世帯類型においても、現在よりも上昇していく（前掲、図表10－２）。推計の前提条件である一定の経済成長（実質０・８％、名目２・５％）と、労働市場への人々の積極参加があれば、年金額は実質的に高まっていく。少子化の抑制も含めて、こうした外部環境を整備していくことが、老後の所得保障のためには極めて重要である。

なお単身男性では、所得代替率が09年の43・９％から２０５０年には36・７％に低下する。それにもかかわらず、年金月額は09年の15・７万円から２０５０年には23・０万円に上昇する。つまり、所得代替率が下がっても生活水準は今よりも向上するのである。所得代替率は、給付水準を測る指標のひとつではあるが、それだけでは十分な指標とはいえない。所得代替率にこだわりすぎると、実際の年金額の水準を見落とす恐れがある。

（注８）厚生労働省（２００９ａ）『平成21年財政検証関連資料（１）資料３－１』（第15回社会保障審議会年金部会、２００９年５月26日）、11頁。

既に年金をもらい始めている低所得高齢単身者への対応

先述の通り、モデルケースの単身女性の年金月額は、厚生年金を受給していたのにもかかわらず、他の世帯類型の「一人あたり年金月額（等価ベース）」と比べてかなり低い。また、第3章でみたように、高齢単身世帯では単身女性を中心に低所得者層の比率が高い。高齢単身女性で低所得者の割合が高いのは、国民年金しか受給していない者の割合が高いことの影響と考えられる。また、厚生年金を受給している高齢単身女性でも、女性の賃金が男性よりも低いことが年金額に反映している。さらに、1985年までは、被用者の無業の妻は国民年金への加入が任意となっていたため、保険料の支払期間が短いことも影響している。

では、低所得単身世帯に対して、どのような対策を講じるべきであろうか。既に年金をもらい始めている人と、現役世代の単身世帯とに分けて考えていこう。

まず、既に年金をもらい始め、著しく年金額の低い高齢単身者については、年金制度の枠組みとは別に、「最低所得保障制度」を設置して救済すべきではないかと考えている。これは、「緩やかな資力調査」を実施した上で、税金を財源に生活資金を給付する制度である。年金保険料の拠出を支給要件としないので、考え方としては「高齢者向けの生活保護制度」といえる。当然のことながら、同制度の対象者は、単身世帯だけではなく、著しく所得の低い高齢者層全体を対象にする。

なぜ年金制度の枠外で対応すべきかといえば、社会保険方式の前提である給付と負担の関係を必要以上に損なわないことを重視するためである。年金の枠内で最低保障年金が与えられるのであれば、保険料納付のインセンティブが低下してモラルハザードが生じうる。

一方、現行の生活保護制度は、貯蓄制限などがかなり厳しいことや、成人子の扶養義務などがあって、所得が低くても生活保護を受給できないという現実がある。それを救済するためにも、資力調査を緩やかにした「高齢者向けの生活保護制度」で対応すべきと考える。

英国の年金クレジット

この点、諸外国をみると、英国、米国、ドイツなどでは、低所得者層への所得保障施策として、保険方式の公的年金制度に加え、特別な所得保障制度が設置されている（注９）。例えば英国では、年金生活者の貧困に対して、「年金クレジット」と呼ばれる高齢者専用の生活保護制度が導入されている。この制度では、一般の生活保護給付よりも給付水準を高めに設定するとともに、資力調査を緩和して、保有資産の制限なく原則所得制限だけで受給できるようにした。ただし、保有資産に応じて一定の所得が生じているとみなされ、それを含めて所得審査の対象となる。一方、貯蓄をすればその分支給額が増加する仕組みを入れて、貯蓄インセンティブが低下しないようにしている。

日本では、年金クレジットのような制度がなく、生活保護制度のみで対応している。著しく所得の低い高齢者を対象に、資力調査などの要件を緩和した特別な生活保護制度の検討が必要と思われる。

（注９）社会保障審議会年金部会（２００８）第13回、２００８年11月19日、参考資料集第二分冊、26－27頁参照。

基礎年金の全額税方式化は問題が多い

このほか、低年金者・無年金者の救済方法として、基礎年金の全額税方式化も提案されている。全額税方式にすれば、未納・未加入者は発生せず、無年金・低年金問題が生じないと考えられている。しかし、筆者は以下の点から、基礎年金の全額税方式化の導入は難しいと考える。第一に、税方式は割高で財源の確保が難しいことだ。２００８年11月の『社会保障国民会議最終報告』（付属資料）によれば、基礎年金を全額消費税で賄う場合、２０２５年度には約15兆～31兆円の公費を必要とし、消費税率に換算すると３・５～８％分に相当する（注10）。一方、社会保険方式を前提とする場合には、必要とする公費は２・９兆円、消費税率１％弱の引き上げで対応できる。このような違いが生じるのは、現行制度では企業が負担する社会保険料があるためだ。税・社会保険料の引き上げは、遅かれ早かれしなくてはならないが、基礎年金だけで消費税に換算して３・５～８％分もの財源を使うことは難しいと思われる。

第二に、保険料を納めてこなかった人と保険料を納付してきた人の公平性の確保が難しい。保険料の納付を終えた人々は、税方式のもとでは追加的に消費税などの税負担を強いられることになる。納付者の納得を得られるか、という問題がある。

他方で、税方式になったからといって、これまで真面目に保険料を支払ってきた人と未納・未加入

（注10）社会保障国民会議（２００８ａ）『社会保障国民会議最終報告（付属資料）』２００８年11月4日、1頁。

者が全く同じに扱われることは不公平であるので、未納・未加入者には何らかのペナルティが科せられる可能性がある。しかしこの場合には、税方式のメリットとして指摘されていた無年金・低年金問題が、移行期間の数十年間にわたって残ることになる。

第三に、保険料方式のもとでは労使折半で保険料を支払っているが、税方式にすれば、事業主は保険料を支払う必要がない。社会保障負担が高まっているときに、企業が保険料負担を免れることは適切ではないとの見方もある。また、税収は景気に左右されやすいという弱点もある。

税方式にはメリットもあるが、以上のようなデメリットもある。忘れてはならないのは、年金改革は白地に絵を描くことはできないということだ。年金制度創設当初から税方式を導入する場合と異なり、既に存在する保険料方式を転換するとなると、保険料納付者と未納・未加入者の公平性の確保など難しい問題が生じる。

今後年金をもらい始める現役世代の単身世帯

現役世代の単身世帯の老後の所得保障については、非正規労働者への厚生年金の適用拡大で対応すべきと考える。先述の通り、単身世帯の非正規労働者の多くは、国民年金第１号被保険者として保険料を納めて、老後に基礎年金を受給する。しかし基礎年金の受給額は、40年間保険料を納付して満額で月額６・６万円しか受け取れない。

そもそも国民年金は、主として定年がなく高齢期にも収入を得られる自営業者や農業従事者の老後の所得保障を念頭に創設された制度である。つまり、基礎年金だけで生活することはあまり想定されていなかったと考えられる。

また、従来の非正規労働者は、正規労働者と世帯を共にしている者が多かった。家計を補助する目的でパートとして働く妻がその典型である。こうした世帯では、夫が受給する厚生年金・共済年金と、夫と妻が各々受給する基礎年金を合算して、夫婦二人である程度の老後生活を送ることができるように設計されている。わかりやすく言えば、単身世帯が基礎年金のみに頼って老後を過ごすことは想定されていなかった。

非正規労働者は被用者であるのだから、非正規労働者への厚生年金の適用拡大が必要である。それが、非正規労働者の老後の所得保障になっていく。

3 介護保険サービスの拡充

次に、単身世帯の増加に対して、介護保険はどうあるべきか、検討していこう。結論的には、居宅サービス・施設サービス・居住系サービスの拡充が必要である。

まず、介護保険制度における居宅サービスは、同居家族など介護者の存在を前提に設計されており、単身世帯の介護ニーズの充足が難しい点があげられる。２００４年に社会保障審議会・介護保険部会が指摘した通り、介護保険の基本となるサービスモデルは「家族同居モデル」であり、単身世帯ではない（注11）。

具体的には、介護サービスの支給限度額が最も高い「要介護度５」の人が、支給限度額全てを在宅の「身体介護」に充てた場合でも、一日５時間弱のサービスしか受けられない（注12）。要介護度にもよるが、一日５時間以内のサービスでは、要介護者の一人暮らしの継続は難しいケースが多い。在宅介護を望む高齢単身者が生活を持続できるように居宅サービスの絶対量を増やすとともに、夜間や緊急時への体制整備が求められる。

また、要介護単身者は、二人以上世帯の要介護者に比べて、事業者による生活援助サービスの利用率が高い。同居家族がいないため、生活援助の必要性が高いからである。しかし、現行の介護保険では生活援助には一日あたり90分の制限が設けられている。単身世帯が増加する中で、このような制限が妥当かどうか、検討が必要であろう。

（注11）社会保障審議会・介護保険部会（２００４）『介護保険制度の見直しに関する意見』（２００４年6月30日）では、「『家族同居』モデルは『家族同居＋独居』モデルへの転換が求められている」と指摘されている（19頁）。

（注12）里見賢治（２００７）『現代社会保障論』高菅出版、２１３頁参照。なお、現行の介護保険における要介護度5の居宅サービスの支給限度額は月額35万８３００円（3万５８３０単位、１単位＝10円の場合）。そして「身体介護」の費用は、所要時間１時間以上の場合は、１時間までは５８４単位で、それを超える場合は、30分ごとに83単位が加算される。

施設や居住系サービスの拡充

また、介護保険3施設として、「特別養護老人ホーム」「老人保健施設」「介護療養型医療施設」が設置されている。これまで在宅介護重視の方針であったが、介護施設の充実も必要である。

高齢者を対象に「介護を必要とする場合に、どこで介護を受けたいか」と尋ねると、高齢夫婦世帯では「自宅」54・8％、「施設」32・3％なのに対して、高齢単身世帯では「自宅」30・1％、「施設」44・9％となっている（図表4－6）。現行の居宅サービスが高齢単身者にとって不十分なことも影響していると思われるが、高齢単身世帯では、自宅よりも施設希望の割合が高い（注13）。

また、介護保険施設や経費老人ホームでは施設としての機能を定めて、その機能に合った状態の高齢者を入所させるという考え方に基づいている。つまり、高齢者の身体機能が低下すれば、それによって施設を移らなくてはいけないケースが生じうる。しかし今後は、後述するように、「特定施設」の指定を受けた高齢者向け住宅などを増やし、高齢者ができるだけ同じところに住み続けながら、要介護度の変化に応じた介護サービスを受けられるようにすべきであろう（注14）。

上記のような在宅や施設介護、居住系サービスの充実には費用がかかる。財源についても議論しな

（注13）内閣府（2006）『世帯類型に応じた高齢者の生活実態等に関する意識調査結果』。調査対象は、65歳以上の男女。有効回答数2756人（回収率61・2％）。施設の内訳は、①特別養護老人ホーム、②老人保健施設、③医療施設、④有料老人ホームなど、である。

（注14）川越雅弘、三浦研（2008）「我が国の高齢者住宅とケア政策」（『海外社会保障研究』2008年秋号、164号）、2－3頁。

くてはいけないが、この点は第12章で検討していこう。

先端技術を用いた介護・生活支援機器の介護分野への適用

最後に、介護保険に直接関係しないが、介護関連の提案を付け加えたい。読者には唐突に思われるかもしれないが、日本の中長期的な課題として、介護施設や高齢者向け住宅などに先端技術を用いた「生活支援ロボット」を配して、要介護高齢者の自立支援や介護職員の労働環境の改善を図っていくことを検討してもよいのではないだろうか。

「生活支援ロボット」というと、二足歩行の人型ロボットが人間の代わりに介護を行うイメージがある。しかし、遠い将来はともかく、現段階では介護の全てを生活支援ロボットが担うことは非現実的である。ただ、生活支援ロボットが介護者や要介護者本人を手助けする機能を担えれば、介護職員の業務負担を軽減できる。

将来の介護職員の不足状況

筆者が生活支援ロボットに注目する理由は、今後の介護需要の高まりに対して、介護サービスの供給が追いつかない可能性が高いと考えているからだ。高齢者の増加によって２０２５年に必要となる介護職員数は２１２万人であり、07年の１１７万人から95万人増やす必要がある（注15）。年平均で５・３万人の介護職員の増加が必要となる。しかも、現状において介護職員は既に不足しているので、

「あるべき姿」にするには2025年に250万〜255万人が必要となり、年平均で7・4万〜7・7万人増やしていく必要がある。

一方、労働力人口をみると2006年から2030年にかけて年平均で20万〜45万人減少していく見込みである（注16）。45万人というのは、06年の男女別・年齢階層別の労働力率および失業率に対して将来推計人口をあてはめたケースであり、20万人は、ワークライフバランス関連施策が充実した場合である。

つまり、労働力人口が年平均で20万〜45万人（06〜30年）減少する中で、介護職員数を5・3万〜7・7万人（07〜25年）程度増やしていかなくてはいけない。現在の不況下でも、介護分野の有効求人倍率は1倍を上回っている。景気が回復すれば、他産業でも求人が増えていくので、介護分野の求人を充足するのは一層難しくなる。介護職員の待遇改善は当然のこととしても、介護需要を充足できるだけの介護職員を確保できるか、不透明である。

生活支援ロボットの有効性

こうした介護職員不足に対しては、働く希望をもつ女性や高齢者、あるいは外国人労働者の活用な

（注15）社会保障国民会議（2008b）『社会保障国民会議における検討に資するために行う医療・介護費用のシミュレーション（本体資料）』（2008年10月23日発表）29頁。

（注16）独立行政法人労働政策研究・研修機構（2008）『平成19年労働力需給の推計』（2008年2月22日）4－5頁。

どで補うことが考えられるが、それに加えて生活支援ロボットの活用を検討すべきである。ロボット分野では、日本の技術力は世界的にみても高い水準にある。既に実用化されている製品もある。例えば、寝たきりの高齢者を抱きかかえて浴室まで移動させるロボットが、一部の介護施設で利用されている。寝たきりの要介護高齢者を起こすにはかなりの力を要するため、介護者には腰痛の持病をもつ人が多い。浴室まで要介護者を移動させるロボットなどは、介護職員の労働環境の向上に役立っているようだ。

生産性の向上が難しいと言われている介護分野で、生活支援ロボットが介護者を助けることができれば、介護者に精神的ゆとりが生まれ、それが要介護者へのサービス向上にもつながる。また、生産性向上は他の産業にみられるように、介護者自身の賃金上昇にもつながっていくであろう。さらにロボットの実用化に成功すれば、日本の有力な輸出品目にもなる。

求められる高齢者向け住宅や介護施設での社会的実験

ただ、実際に、生活支援ロボットがどの程度活用できるのかは未知数だ。そこでまず、国家プロジェクトとして「社会的実験」を実施することを提案したい。具体的には、高齢者向け住宅や介護施設に、各企業・団体が開発した様々な生活支援ロボットを集めて、要介護高齢者の生活支援にどの程度役に立つのかを検証する。また、介護職員からみた使い勝手はどうか、長期的に国の介護財政負担の軽減につながるかといった点も検証していく必要があろう。

4 生活保護制度の再構築

次に、「公助」である生活保護制度の拡充について検討していこう。先述の通り、できる限り社会保険の適用範囲を広げた上で、それでも社会保険のセーフティネットから抜け落ちた人々を救済できるように、生活保護制度を再構築する必要がある。特に、家族と企業によるセーフティネットが脆弱な単身世帯では、二人以上世帯よりも「最後のセーフティネット」である生活保護制度が重要になる。

現行の生活保護制度では、生活保護基準を下回る世帯の中で、実際に生活保護を受けている世帯の割合（捕捉率）は2割弱程度と推計されている（注17）。捕捉率が低い背景には、保有資産や稼働能力の活用といった所得面以外の受給要件が厳しいといった制度的要因、生活保護への屈辱感などを理由に申請をしない受給者側の要因、申請窓口で厳格な運用を行う行政側の要因などが指摘されている（注18）。ちなみに海外の事例として、英国の生活保護制度である「所得扶助」の捕捉率（２００７年度）は78～88％である（注19）。生活保護基準以下で暮らす生活困窮者を救済できるように運用を変えるとともに、生活保護給付の財政面の強化が求められる。

（注17）駒村康平（２００５）「生活保護制度改革・障害者の所得保障」（『社会保障制度改革――日本と諸外国の選択』東京大学出版会、１８２頁。
（注18）駒村康平（２００５）、１８３頁参照。

貧困者を類型別に救済する英国の施策

　また、現行の生活保護制度は、一定の資力調査に基づく単一で包括的な制度となっていて、貧困の類型に応じたきめ細かな救済が難しい。単身世帯の貧困は多様であるため、生活保護制度も貧困の類型に応じた制度設計が必要である。

　この点については、英国の公的扶助（資力調査付き給付（注20））が参考になろう。英国では、生活困窮者について、「失業者」「高齢者」「就業不能者」などの類型別に「資力調査付き給付」が設計されている。

　例えば、社会保険（国民保険）に加入している失業者であれば、最大半年間、失業給付（拠出制求職者手当）を受けられる。そして支給期間が終了しても職が見つからなかったり、そもそも社会保険に加入していない失業者には、拠出制求職者手当とは別に、資力調査を受けた上で、求職活動などを要件に支給される「所得調査制求職者手当」が支給される。同手当は税金を財源に無期限に支給されるので、いわば失業者専用の特別な生活保護制度である。貧困に陥った現役世代を、生活保護給付で救済する一方、行政機関は就職活動支援や職業訓練を通じてできる限り早期に労働市場に戻すことに

（注19）英国では、公的扶助のひとつである「所得扶助」の捕捉率（2007年度）は78－88％、所得調査付き求職者手当では52－60％となっている（DWP（2009）Income Related Benefits Estimates of Take-up in 2007-08, p.11）。

（注20）「資力調査付き給付」は、日本の「公的扶助（生活保護制度）」に相当。資産や所得について一定の調査を経た上で、税金を財源に各種給付が支給される。

力を入れている。この点は、先述したニューディール政策で紹介した通りである。

また、高齢の生活困窮者には、「年金クレジット」が用意されている。さらに、資力調査付き給付ではないが、課税最低限以下の所得で就労する生活困窮者（ワーキングプア）を対象に、給付を与えて就労を促進する「勤労税額控除」（給付つき税額控除）も導入している（注21）。

低所得者の類型に合わせた制度設計は日本でも検討できる。特に、現役世代が貧困に陥っても、必要な資産を残しながら、一時的に救済を受けることにより早期に労働市場に復帰できるような「利用しやすくて、自立しやすい」生活保護制度の設計が必要である。

社会保険と公的扶助

公的扶助制度——生活保護制度——を強化する必要があるのは、単身世帯の増加など社会構造の変化によって社会保険制度ではカバーできない人々が増加していることと関連がある。

社会保険を中心とする日本の社会保障は、１９４２年に出された英国の「ベバリッジ報告」を基本にしたと言われている。そして「ベバリッジ報告」では、標準的なライフコースとして、現役世代の

（注21）藤森克彦「単身世帯の増加と求められるセーフティネットの再構築」『みずほ情報総研研究レポート』２００８年12月、26頁において、「勤労税額控除」について「資力調査を行った上で」の給付と記述したが、勤労税額控除は「税額控除」に分類されていて、「資力調査付き給付」には分類されていないので訂正する（Child Poverty Action Group（2007）Welfare benefits and tax credits handbook 2007-2008, pp.xii-xvii）。

男性がフルタイム労働者として働いて社会保険の受給権を獲得し、専業主婦の妻や子供などの扶養家族にもセーフティネットが及ぶという考え方をしていた。そして、社会保険が成熟していけば、日本の生活保護制度に近い「資力調査付き給付」は減少していくと考えられていた。

しかし現実には、英国でも70年代以降、「資力調査付き給付」の比重が高まっている。社会保障給付（現金給付）全体に占める資力調査付き給付の割合は、65年の10・6％から07年には30・7％に増加した（注22）。この背景には、グローバル化やサービス産業化を背景に、パートタイム労働者や失業者が増加したことや、単身世帯や母子世帯の増加といった家族形態の変化があげられている。いわば、完全雇用、皆結婚を前提に設計されてきた社会保障制度であったが、当初の予想とは異なる方向に向かっている。

日本でも同様の現象が生じている。社会保険制度の適用範囲を広げながら、一方で生活保護制度を再構築していく必要があると思われる。

（注22）なお、英国では「社会保障（social security）」とは、現金給付のみをいい、現物給付を含まない。英国雇用年金省資料（http://research.dwp.gov.uk/asd/asd4/Alltables_Budget2009_Values.xls）

5 高齢者向け住宅の整備

さらに、高齢単身者の増加に対して高齢者向け住宅（公営／民営の賃貸住宅）の整備が重要である。第3部で指摘した通り、北欧・西欧諸国では、高齢者向け住宅の整備と、充実した介護サービスの提供が車の両輪となって、要介護高齢者の一人暮らしを支えている。

高齢者向け住宅の内容は各国ごとに異なるが、筆者の考えでは、「高齢者向け住宅」の主たる要件として、①バリアフリー化、②常駐あるいは通いの管理人がいて、見守りや生活支援の提供をすること、③公的に家賃補助が行われること、④要介護度が重くなっても住み続けられるように介護サービスなどを受けられること、⑤施設とは異なり、生活時間などの管理がなされないことなどがあげられる。全ての国の「高齢者向け住宅」がこれらの要件を備えているわけではない。しかし、北欧諸国を中心に上記の視点の多くは取り入れられている。特に④は、近年デンマークやスウェーデンなどで重視されている。

日本の介護保険では「在宅重視」の方針をとってきたが、近年の「在宅」は必ずしも「自宅」を意味するとは限らない。「自宅ではない在宅」での介護が行われている。例えば、高齢者が賃貸契約を結んで居住する有料老人ホームが「特定施設」の指定を受けて、介護サービスを提供できるようになった。日常生活への制約が少なく、要介護度が重くなっても住み続けられる「住まい」の多様化が求められる。そこには、歩ける範囲で買い物や医療機関、デイケアなどのサービスを受けられるコンパクトな町づくりの視点も必要である。それが、単身世帯の増加への対応策にもなる。

日本の高齢者向け住宅の整備状況

ところで第3部でみた通り、日本の高齢者向け住宅の整備状況は、北欧や西欧諸国と比較して遅れている（前掲、図表7－3）。高齢者人口に占める高齢者向け住宅の定員数の割合をみると、デンマークや英国が8％程度なのに対して、日本は0・9％を占めるにすぎない。

では、現在日本で整備されている高齢者向け住宅にはどのようなものがあるか。日本の主な「高齢者向け住宅」としては、地方自治体・UR都市機構・地方住宅供給公社が提供する公共賃貸住宅と、民間賃貸住宅である「高円賃」「高専賃」「高優賃」があげられる（注23）（図表10－3）。

公共賃貸住宅である「シルバーハウジング」は、60歳以上の高齢単身者や高齢夫婦を対象として、生活相談や緊急時対応などのサービスを提供する生活支援員（ライフサポートアドバイザー）が配置されている。ただし、要介護度が重度化した場合には、原則的に住み替えの必要が生じる。2008年3月現在で、約2万3000戸が整備されている。

一方、民間賃貸住宅である「高円賃（高齢者円滑入居賃貸住宅）」は、高齢者であることを理由に

（注23）財団法人高齢者住宅財団『高齢者の住まいガイドブック』

図表10-3：高齢者向け賃貸住宅の種類と整備状況

	名　称	概　要	対象者	整備数（09年3月末）
公共賃貸住宅	シルバーハウジング	地方自治体・UR都市機構・地方住宅供給公社などの公共賃貸住宅のうち、住宅をバリアフリー化するとともに、生活支援員（ライフサポートアドバイザー）が、生活相談や緊急時対応などのサービスを提供。	60歳以上の単身・夫婦世帯	2.3万戸（08年3月）
民間賃貸住宅	高齢者円滑入居賃貸住宅（高円賃）	高齢者であることを理由に入居を拒否しない住宅として都道府県知事に登録された賃貸住宅。住宅の広さ、家賃、バリアフリー化などについて情報提供がある。高齢者居住支援センターによる家賃債務保証制度を活用できる。なお、2010年5月以降、一戸あたりの床面積が原則25㎡以上などの新たな登録基準を満たす必要がある。	特になし	18.4万戸（注）
	高齢者専用賃貸住宅（高専賃）	上記「高円賃」のうち、専ら高齢の単身・夫婦世帯を入居対象とするもの。住宅の広さ、家賃、バリアフリー化の状況などのほか、入居者に対する食事、介護、家事援助などのサービス提供の有無についての情報も提供される。	60歳以上の単身・夫婦世帯	3.0万戸
	高齢者向け優良賃貸住宅（高優賃）	床面の段差をなくし、手すりを設けるなどバリアフリー化した構造・設備が備わっている。また、緊急時対応サービスが受けられる住宅として、都道府県知事が認定した住宅。整備費及び家賃減額に対する助成制度がある。	60歳以上の単身・夫婦世帯	3.3万戸

（注）高専賃の3万戸を含む。
（資料）川越雅弘、三浦研「我が国の高齢者住宅とケア政策」（『海外社会保障研究』2008年秋号、164号、10頁）、厚生労働省「高齢者の住まい」（『政策レポート』2009年3月）、国土交通省ホームページなどをもとに筆者が加筆。

入居を拒否されない住宅として都道府県に登録された賃貸住宅である。住宅の広さ、家賃、バリアフリーについて情報提供があるが、バリアフリー化されているとは限らない。2009年9月末で、18万4000戸が整備されている（注24）。なお、登録基準が改正され、2010年5月以降、一戸あたりの床面積が原則25平方メートルなどの基準を満たす必要がある。

そして「高専賃（高齢者専用賃貸住宅）」は、高円賃のうち60歳以上の単身・夫婦世帯のみを入居対象とする賃貸住宅をいう。入居者に対する食事、介護、家事援助などのサービス提供の有無についての情報も提供される。また、一定基準を満たした高専賃は、介護保険による「特定施設」の指定を受けて、介護サービスを提供することができる。したがって、介護が重度化した場合、住み続けられるかどうかは、物件によって異なる。09年3月時点で、高専賃は約3万戸弱が整備されている。

さらに「高優賃（高齢者向け優良賃貸住宅）」は、バリアフリー化した住宅であり、緊急時対応サービスが受けられる。また、所得に応じた家賃補助制度も利用できる（注25）。さらに「高専賃」と同様に、一定基準を満たした高優賃は、「特定施設」の指定を受けて介護サービスを提供することができる。介護が重度化した場合、「特定施設」であれば住み続けられる可能性がある。08年3月時点で、3・3万戸が整備されている。

（注24）18・4万戸の「高円賃」の中には、3万戸の「高専賃」を含んでいる。
（注25）県や市町村によっては、家賃補助を利用できないところもある。

以上のように、「高円賃」は高齢者であることを理由に入居を拒否されないということが中心であり、「高専賃」は上記に加えて、入居者が高齢者に限られるという点に特徴がある。また、バリアフリーや、要介護となった場合の居住継続が可能であることなどは必須条件となっていない。

一方、「シルバーハウジング」「高優賃」は、バリアフリー化されていて、緊急時対応サービスが受けられる点は良い。しかし、シルバーハウジングは「特定施設」の対象にならない。また、高優賃であっても、「特定施設」の指定を受けていない場合もあり、要介護度が重度になった場合に居住継続ができるかどうかといった点で不安が残る。今後求められる「高齢者向け住宅」の内容について、再検討が必要である。

そして何より、65歳以上の高齢者人口は2567万人、そのうち高齢単身者数は386万人にのぼる中で、シルバーハウジングは2万3000戸、高優賃は3万3000戸といった整備状況であり、絶対数が不足している。60歳以上の単身世帯の持ち家率は5～7割弱であり、二人以上世帯の9割弱に比べ低い水準である（図表3－3）。今後単身世帯の増加に対して、高齢者向け住宅の供給を増やしていく必要がある（注26）。

（注26）川越雅弘、三浦研（2008）「我が国の高齢者住宅とケア政策」（『海外社会保障研究』2008年秋号、164号、10頁）

住み替え支援制度

こうした高齢者向け住宅の整備とともに重要になるのが、「住み替え支援制度」である。というのも、現在住んでいる自宅を売却することに抵抗感をもつ高齢者は多い。住み替え先の住宅が自分に合わない場合に、自宅に戻りたいと思っても売却したら帰る家がない。

この点、現在国土交通省が中心になって進めている「住み替え支援制度」は、高齢者の所有する戸建て住宅等を、広い住宅を必要とする子育て世帯などへ賃貸する仕組みである（注27）。具体的には、高齢者には家賃保証をして高齢期の生活に適した賃貸住宅への住み替えを促進する。また、高齢者が居住していた住宅の賃貸契約期間は3年単位なので、万一、高齢者が住み替え先を気に入らない場合には、自宅の賃貸契約期間満了時に自宅に戻ることができるという点も大きなメリットである。

そして、借り上げ主体（一般社団法人移住・住みかえ支援機構）が、子育て世帯と高齢者の間に入り、子育て世帯に定期借家契約を活用して高齢者の所有する住宅を貸し出す。一方で借り上げ主体は、高齢者に安定的に家賃を保証する。国の予算によって債務保証基金が設立されているため、もし空き家となっても、最低保証賃料が支払われる。

２００６年から3年間のモデル事業として実施が始まった。今後、高齢者向け住宅の整備とのセットで、さらに住み替え支援制度の普及促進を考えていく必要があろう。

（注27）一般社団法人移住・住みかえ支援機構ホームページ参照。

本章のまとめ

本章の要点をまとめると、以下の点があげられる。

- これまで日本では、家族と企業が社会保障を補完する役割を果たしてきた。しかし、単身世帯が増加するなど家族のセーフティネット機能が低下している。また、単身世帯では非正規労働者の比率が高く、企業のセーフティネットの及ばない人が多い。このような中で、「共助」としての公的年金や介護保険、「公助」としての生活保護制度や住宅政策の拡充が求められる。
- まず、高齢貧困者に対しては、既に公的年金を受給している場合、年金制度とは別の枠組みで税金を財源にした「最低所得保障制度」を設けて救済すべきと考える。一方、将来年金を受給する現役世代の単身者については、非正規労働者への厚生年金の適用拡大が求められる。
- 次に公的介護保険をみると、居宅サービスの絶対量を増加させるとともに、夜間や緊急時への体制整備が求められる。また、生活援助の時間制限も見直す必要があろう。さらに、単身世帯では施設介護を希望する者も多く、介護施設の拡充が求められる。特に今後は、高齢者の要介護度に合わせて施設を移るのではなく、同じ住まいに住み続けられるように、「特定施設」の指定を受けた高齢者向け住宅の拡充も必要になろう。
- 今後労働力人口が減少するが、介護職員の増員は必要になる。介護職員の待遇改善とともに、先端技術を用いた生活支援ロボットの活用も検討していくべきである。
- 生活保護制度では、財政面の拡充とともに、貧困者の類型に応じた制度設計が必要と考える。

- 日本では、高齢者向け住宅の整備が遅れている。バリアフリー化、見守りや生活支援をする管理人の存在、公的な家賃補助、要介護度に応じた介護サービスの投入、生活への制限があまりないといった要素を満たす高齢者向け住宅の整備が求められる。また、高齢者が住んでいた自宅を賃貸できる住み替え支援制度の強化が重要である。

第11章 地域コミュニティーとのつながり
――「互助」の強化

1 単身世帯にとって地域コミュニティーはなぜ重要か

単身世帯の増加に対して、公的なセーフティネットの拡充とともに重要なのが、地域コミュニティーとのつながりを構築していくことである。特に2030年の東京都や大阪府の50代・60代男性の3人に1人は一人暮らしとなると推計されている（図表2－9）。また、これまで単身世帯比率の低かった一部の地方（非大都市圏）でも今後単身世帯比率が高まっていく（図表2－10）。

都会であれ地方であれ、中高年の単身世帯が増加していくので、新しい形の地域のつながりが求められていく。地域コミュニティーの役割は様々であるが、特に単身世帯との関係では、以下の2点が重要だと考えられる。

社会とのつながりの確保

第一に、退職した多くの単身者にとって、地域が「社会とつながる場」になりうることだ。現役時代には、会社を通じた人的ネットワークがあるが、退職後はそれが変わる。これは多くの男性サラリーマンにあてはまることではあるが、特に単身世帯の場合、同居家族という「社会を構成する最小単位の集団」に属していない。このため、暮らしの場である地域が日常的な「社会との接点」となる可能性が高い。そして地域コミュニティーとつながりをもつためには、地域の人々と対話し交流できる場が重要になる。

こうした場は地域ごとに異なる。ある地域ではお祭りなどのイベントを通じて交流の輪が広がったり、ある地域ではそれがボランティア活動であったりする。また、ＮＰＯ（非営利法人）がサロンを設け、そこが人々の集いの場となることもある。単身者にとって心地よい居場所を確保することが重要になろう。

無論、地域コミュニティーとのつながりを築くことは簡単ではないし、好きではないという単身者もいる。そもそも人間関係を築くことは煩わしいことでもある。実際、戦後の都会への人口集中は、地域社会における人間関係の煩わしさやしがらみから人々を解放する面があったと思う。

しかし、単身世帯が増えて、家族と企業の人的ネットワークが希薄になる中で、地域コミュニティーとのつながりを再構築する必要が生じている。これは昔に戻ることではない。プライバシーを尊重しながら、束縛や強制のない形で、地域とのつながりを確保することが重要になっている。その点では、ＮＰＯ法人やボランティアといった任意で市民として活動できる場が重要になると思われる。

そして地域とのつながり強化は、社会的孤立の防止にもなる。近年、高齢単身者比率の高い団地などにおいて孤立死の防止を目的とした見守り運動が始まっている。こうした活動を通じて地域の人々の交流が深化し、社会的孤立そのものを解消していくことが望まれる。

地域コミュニティーからの支援

第二に、単身世帯は、地域コミュニティーから公的サービスでは得られない支援を期待できる点である。単身世帯は同居家族がいないからといって、全てを社会保障など公的サービスに頼ることもできない。地域コミュニティーでの助け合いが重要になってくる。

例えば、現行の介護保険制度では、要介護高齢者が「愛犬の散歩」をヘルパーに依頼することはできない。介護保険のひとつの目的は要介護者の自立支援にあり、犬の散歩は要介護者の自立とは関係ないという考え方に基づく。また、税・保険料といった公的な財源で賄う介護保険サービスに、自立支援とは関係のない支援を含めると、保険料の高騰を招いて保険料を支払う加入者の同意が得られないということもある。付け加えると、犬の散歩どころか、要介護者本人の散歩介助についても、介護保険給付に含めることの是非について議論があった（注1）。

犬の散歩であれ、要介護高齢者本人の散歩であれ、かつては家族が付き添って対応するのが一般的だった。しかし、同居家族がいない要介護高齢単身者にとって、愛犬の散歩をしてくれる人を見つけることは一大事である。一人暮らしの人にとって、愛犬が家族の一員となっていることも少なくない。こうしたケースで、地域に「犬の散歩」をお願いできるNPO（非営利法人）や隣人がいれば大きな助けになる。NPO法人によって適切な価格でサービスが提供されれば、100％ではないにせよ、これまで家族が担ってきた機能を補うことが可能になる。

地域コミュニティーの活動に単身者が参加することは難しい

しかし、地域コミュニティーのつながりや助け合いの強化には時間がかかる。特に都市部では、近隣者との付き合いをもたずに生活している人も少なくない。今後、大都市圏を中心に高齢単身世帯の増加が見込まれるが、都市部に住む「バラバラの個人」をいかに結びつけていくのかは大きな課題である。

これまで日本の地域コミュニティーは、町内会やPTAなどが中心になって発展してきた。これら団体の活動は引き続き重要であるが、PTA活動などは、子供を通じて近隣者が交流していくので、子供をもたない単身世帯は参加できないという問題がある。単身世帯を包み込むコミュニティーの強

（注1）2008年の国会（第170回　参議院）の内閣総理大臣答弁書（第91号）において「訪問介護員による散歩の同行については、適切なケアマネジメントに基づき、自立支援、日常生活活動の向上の観点から、安全性を確保しつつ常時介助できる状態で行うものについては、利用者の自立した生活の支援に資するものと考えられることから、現行制度においても、介護報酬の算定は可能である」との見解が示された。

化策を検討していくことが重要になろう。

では、地域コミュニティーを強化するにはどうしたらよいか。以下では、①自治体による地域交流の場づくり、②NPO法人が拠点となった地域コミュニティーの助け合い、③高齢者の多い団地やマンションにおける取り組み、の3つを紹介していこう。

2 地域交流に向けた行政による枠組みづくりとボランティアによる運営

最初に、行政が地域交流の枠組みを作り、地域のボランティアが運営する静岡市のコミュニティー活動を紹介していこう（注2）。静岡市では長期にわたり、地域ボランティアが運営する「ミニ・デイサービス」が実施されてきた。これは合併前の旧清水市で1994年から始まったが、今では静岡市内の公民館や自治会館を拠点とする170もの地区で取り組まれている。行政が上手に枠組みを作れば、住民が自主的に交流の場を運営していけることを示す好事例だと思われる。

静岡市の「S型デイサービス（地域ミニ・デイサービス）」

では、静岡市で実施されているミニ・デイサービスはどのような活動であろうか。このミニ・デイ

（注2）静岡市社会福祉協議会HP（http://www.shizuoka-shakyo.or.jp/chikushakyo/chiki_minidei.htm）参照。

サービスは「S型デイサービス（地域ミニ・デイサービス）」と呼ばれ、自治会館などの地域集会場を使って住民主体で行われている交流方法である。社会福祉協議会が主体となり、地区民生委員などのボランティアスタッフが運営にあたる。ちなみに「S型デイサービス」の「S」は、「静岡（Shizuoka）」「清水地区（Shimizu）」「スモール（Small）」を表しているという。

活動の目的は、高齢単身者、虚弱高齢者、家に閉じこもりがちな高齢者などに対して、生きがいを創出して社会的孤立を解消し、心身機能の維持向上を図ることにある。

具体的な活動事例を紹介していこう（注３）。なお、この様子は国が実施している「政府インターネットテレビ」で視聴できる（注４）。一日の時間順にプログラムの内容を紹介すると、まず午前９時30分から受付が始まる。インターネットテレビに紹介されていた地区では、ボランティア７名に対して、地域の高齢者が24名参加していた。

そして最初に血圧測定や健康相談が行われ、10時30分からは、10分程度、指体操、タオル体操などの体操を行って体をほぐす。その後、保健師の健康講話が行われることもあれば、休憩時間となることもある。

続いて10時55分から、風船バレーやベンチサッカーなど軽い運動を伴うゲームを行う。これは、

（注３）静岡市社会福祉協議会ＨＰ（http://www.shizuoka-shakyo.or.jp/chikushakyo/chiki_minidei.htm）参照。
（注４）政府インターネットテレビ（http://nettv.gov-online.go.jp/prg/prg686.html）

「遊びリテーション」と呼ばれている。そして、11時30分から昼食が始まる。午後になると、12時30分から唱歌、工作、おしゃべり会などが行われ、13時30分閉会となっている。閉会後は、運営を担ったボランティアが集まって反省会を開き、次回のプログラムの内容を検討する。開催回数は、自治地区ごとに異なるようだが、月2回程度開く地区が多いようだ。参加者が支払う1回あたりの利用料は、昼食代などの実費（200〜500円）となっている。

健康相談との組み合わせ

先述の通り、旧清水市で最初の集会が開かれてから約15年が経過し、今では静岡市全域に広がっている。自治体が枠組みを作り、ボランティアが運営する活動は、今や地域にとっての大きな財産となっているように思う。

こうした活動が衰退することなく続けられてきたのは、自治意識が強いといった地域性に加えて、プログラムの内容に工夫があるためだ。例えば、血圧測定や健康相談といった健康に関係するプログラムを用意している。これが、多くの高齢者を参加に導いているように思われる。単なるレクリエーション活動だけでは参加したくないと思っても、健康相談や健康チェックがあれば参加してみようと思う高齢者は多いのではないか。そして実際参加してみると、レクリエーションも予想以上に楽しい。健康面に気を配る機会になると同時に、近隣の人々との交流もできて、様々な活動を楽しめる。

こうした工夫が、自治体の腕の見せどころでもあろう。東京都内の自治体でも、同様の取り組みを始めたところがある。各地域に合った形で、こうした交流の場が作られることが望まれる。

3 NPOによる地域住民への支援活動

次に、NPOによる地域住民への支援活動をみていこう。いくつかの先進地域では、問題意識をもった人物が仲間を募り、地域の問題克服に向けてNPO法人を設立している。NPOは基本的には、同じ志をもつ人々の集まりであり、自主的な非営利活動である。こうしたNPOの活動では、高齢者がサービスの受け手となるとともに、場合によってはサービスの提供者にもなって、双方向で支え合うこともある（注5）。以下では、地域コミュニティーにおける支援活動を担うNPOの活動事例を2つ紹介していこう。

NPO法人地域たすけあいネットワーク（新潟県三条市）の活動

ひとつは、新潟県三条市にある「NPO法人地域たすけあいネットワーク」である（注6）。同NPO法人では、地域の「お困りごと」を自分たちの問題と捉え、会員同士が支え合える仕組みを作って

（注5）田中滋（2008）「高齢社会を支えていくのは誰か―介護保険・地域社会・政府・高齢者それぞれの役割」『週刊社会保障』2338号、2008年1月1日、37頁参照。
（注6）同NPO法人の紹介は、関東経済産業局（2009）『コミュニティビジネス事例集2008』2009年3月、27－29頁に基づく。

いる。

これは、「少しの間、子供をみていてほしい」「一緒に買い物についてきてほしい」といった「ちょっとした手助け」について、「できる時間で支え合う住民参加型のシステム」である。1999年に安心して暮らし続けられる地域を目指して始まった。同居家族のいない単身世帯にとっては、地域におけるこうしたサービスは心強いと思われる。

具体的な事業内容としては、お困りごと支援、配食サービス、介護サービス、子育て支援がある。2000年に介護保険事業を開始した際には、手元の資金が不足していたため出資者を募ったが、2年あまりで完済できたという。円滑に完済できたことが、次の「かじまちの家」というデイサービスセンターの購入・改築資金を市民から出資してもらうことにつながった。

「かじまちの家」では、二間続きの和室を地域の人々が集う「よりなせぇ家」として使っている。赤ちゃんからお年寄りまで利用することができ、地域にとっての大切な場となっている。まさに、こうしたコミュニケーションを行える「場」が、地域ネットワークを支える基盤を作っていると思われる。

ＮＰＯ法人ハートフル（群馬県高崎市）の活動

地域コミュニティーを活性化するＮＰＯ法人の事例をもうひとつ紹介しよう（注7）。群馬県高崎市

（注7）同ＮＰＯ法人の紹介は、関東経済産業局（2009）『コミュニティビジネス事例集2008』2009年3月、9－10頁に基づく。

にあるＮＰＯ法人ハートフルは、「高齢、障がい、大人、子供の隔たりなく、皆が自然な形で足りない部分を助け合える社会づくり」を目指して、１９９９年から活動を始めている。

このきっかけは、介護保険では、病院への送迎、犬の散歩、草むしりなどをヘルパーが行うことは制度上認められないことにある。要介護高齢者にとって必要なサービスが、必要なときに受けられないという制度上の壁にぶつかり、「利用者本位のサービスを提供しないと意味がない」と考え、仲間とともにこれらのサービスを提供するＮＰＯ法人を立ち上げたという。

設立当初から実施している事業は、「配食サービス」と「たすけあい事業」である。たすけあい事業は、家事の応援や草むしり、入院中の洗濯などを支援する。年々ニーズが高まっているという。また、たすけあい事業では、サービスを受ける側、提供する側が共に会員となっている。こうした双方向の会員制は、成功のポイントとして指摘されている点でもある。

その後、介護保険事業（居宅介護支援、訪問介護、訪問入浴介助、通所介護）を始め、これが収入の大きな割合を占めている。デイサービスでは、ゆったりと一人で入れるお風呂もあり、利用者が自宅にいるように寛いでいるという。

家族が眠っている間の深夜の見守りや、認知症が進んだ方の対応をしてほしいという要望が寄せられるなど、すっかり地域に頼られる存在となっている。

他の地域に広げるための行政の役割

以上、２つのＮＰＯ法人の活動を紹介した。上記の２つのＮＰＯは、高齢者の生活支援を中心に介護保険サービスを事業にし、介護保険の枠外のサービスも有償で提供するいわゆる「介護系ＮＰＯ」といえる（注８）。こうした介護系ＮＰＯが成立した背景として、上野（２００８）は、１９９０年代後半に成立した２つの法律が条件になったと指摘する（注９）。ひとつは、ＮＰＯ法（97年成立、98年施行）であり、これによって、ボランティア活動などを行ってきた任意団体が法的契約を結べる法人格をもてるようになった。もうひとつは、介護保険法（97年成立、00年施行）であり、同法は民間事業者の介護分野への参入を認め、介護の有償化によってＮＰＯに持続可能な事業者としての存立の根拠を与えたという。先ほど紹介したＮＰＯ法人ハートフルの活動でも、現在、介護保険事業が収入の大きな割合を占めていることが指摘されていた。日本において、ＮＰＯ法人が活動の基盤をもったことの意義は大きい。

問題は、どのようにしてこうした活動を他の多くの地域に広げていくか、という点である。これらの地域でこうした活動が始まったのは、地域の問題を見つけ、解決策を考えて、仲間を集めて実行に移す力量をもった中心的な人物がいたからだと思われる。しかし、全ての地域でこうした人物が現れ

（注８）上野千鶴子（２００８）「福祉多元社会における協セクターの役割」（上野千鶴子、中西正司編『ニーズ中心の福祉社会へ――当事者主権の次世代福祉戦略』医学書院、１３５頁）
（注９）上野千鶴子（２００８）１３５頁。

ると は限らない。また、志をもっていても、資金や経営ノウハウが乏しいために、具体的な活動を実施に移せない人もいるだろう。

行政に期待したいのは、各地域においてこうした活動を促す条件整備である。具体的には、成功モデルなどの情報提供、資金支援、経営ノウハウの提供や共有化、利用されていない公的資産の無償あるいは低額での貸与、人的ネットワークの構築などを通じて、NPO法人を育成・支援することだ。最初に紹介したNPO法人地域たすけあいネットワークの事例では、NPO法人の立ち上げ時期に資金が不足して、出資者を募ったことが指摘されていた。NPO法人を立ち上げ、持続していけるような公的な助成金制度や市民による寄付金制度などを強化できれば、こうした活動を育て広げていくことができるであろう。

4 高齢者比率の高い団地・マンションにおける取り組み

次に、高齢者の多い団地などにおける取り組みを紹介していこう。日本では、1950年代から80年代まで、大都市圏郊外を中心にニュータウンが建設されてきた。現在、入居者の高齢化が問題になっている。

しかしこうした団地において、自治会などが中心になって、様々な取り組みがなされている。例えば、千葉県松戸市にある常盤平団地は、60年に入居が始まった日本で最初の大規模団地である。そこでは、団地住民の孤独死（孤立死）をきっかけにして、２００２年から「孤独死ゼロ作戦」が始まっている。具体的な活動内容としては、①近隣の住民の様子がおかしいと感じたら、自治会長に通報する「孤独死１１０番」、②毎年開催する「孤独死を考えるシンポジウム」、③新聞販売店との協定、④自治会報「ときわだいら」の毎月の発行、⑤団地社協事務局の拡充（まつど孤独死予防センター）、⑥「あいさつ推進標語」の募集、⑦団地内の空き店舗を借りた集いの場としての「いきいきサロン」の開設、などが行われている（注10）。

こうした活動が同団地で行われた背景には、88年に公団側の家賃引き上げに反対して住民が訴訟を起こしたことから、「裁判という大きな挑戦によって、自治会を中心とした住民自らの固い結束を構築することが可能になった」との指摘がみられる（注11）。つまり、団地住民は結局、家賃訴訟には敗訴するが、そこで培われた結束がその後の活動に結びついた可能性がある。地域の問題を契機に住民が集い話し合いをして、そこから強固な人的ネットワークが形成されて、次の取り組みが始まったという点は示唆に富む。

困難な問題を抱える地域ほど、地域住民で話し合う機会をもつことで、人的ネットワークを強固に

（注10）中沢卓実（２００８）「常盤平団地が『孤独死ゼロ作戦』に挑む」（中沢卓実・淑徳大学孤独死研究会編『団地と孤独死』中央法規、３－27頁参照。

（注11）結城康博（２００８）「孤独死対策と団地自治会」（中沢卓実・淑徳大学孤独死研究会編『団地と孤独死』中央法規、51－52頁）。

していくことができるのかもしれない。問題は、こうしたコミュニケーションの場やきっかけであろう。

今後、高齢単身者が増加していく中で、生活上の支障が顕在化していく可能性がある。特に、2030年の東京都や大阪府などの大都市圏では中高年男性の単身世帯比率が高まる。地域が抱える問題の克服に向けて新しい人的ネットワークが形成されて、地域コミュニティーの交流が進むことを期待したい。

米国の「自然発生的リタイアメント・コミュニティー」

次に、米国ニューヨーク市の高層集合住宅における助け合いの事例をみていこう（注12）。米国のニューヨーク市では、高層の集合住宅に住む住民が高齢期を迎えた。このように高齢者の比率が高くなった住宅群あるいは集合住宅は、「自然発生的リタイアメント・コミュニティー（Naturally Occurring Retirement Community：NORC）」と呼ばれている。具体的には、居住者全体の半数以上を50歳以上の者が占めている住宅群を指すという（注13）。

（注12）渡辺由美子（2007）「自然発生的リタイアメント・コミュニティ」（『長寿社会グローバル・インフォメーション・ジャーナル』第6号、2007年、12－13頁）を参考。
（注13）工藤由貴子（2004）「ニューヨーク・自然発生的リタイアメントコミュニティ視察報告」2004年9月15～18日、国際長寿センターのホームページ参照。

同コミュニティーは、高齢者用に作られた住宅群ではないので、高齢者の生活全般を支えるサービス提供機能を備えていない。そこで、住み慣れた地域に住み続けるために自然発生的な助け合いのネットワークが形成されたという。

具体的な運営は、ソーシャルワーカーが中心になって、住民のニーズに応じてサービスを調整する。運営の中核は、ソーシャルサービス機関であることが多いが、住宅会社や居住者、地域医療機関、ボランティアなど様々な主体が担っている。

支援サービスプログラムの中核となる内容は、①ソーシャルワーク、②ヘルスケア関連サービス、③教育・娯楽プログラム、④ボランティア、である。そしてＮＯＲＣプログラム全体の財源の56％が公的に助成されており、このほか、チャリティ団体からの寄付、住宅会社からの提供などで賄っているという。

集合住宅であれば、効率的なサービス提供を行えるというメリットがある。また、集合住宅の住民がサービスの提供者になったり、あるいは受け手になるなど、双方向の助け合いがなされている。こうした枠組みを行政が支援している。

5 今後期待される「団塊の世代」の参画

以上、静岡市における行政の枠組みづくりと住民ボランティアによる運営、ＮＰＯ法人の地域支援活動、高齢化した団地での住民自治活動、米国ニューヨーク市の集合住宅における支援活動をみてきた。地域コミュニティーを発展させる鍵は、それぞれの地域ごとに異なっている。各自治体や地域住民が成功事例を参考に地域における人的ネットワークや枠組みづくりなどを探り、地域コミュニティーのつながりを深めていく必要がある。

そして今後高齢期に入る「団塊の世代（１９４７～49年までのベビーブームに生まれた世代）」が、こうした地域コミュニティー活動を担っていくことを願う。２０１２年以降、約６８０万人と言われる「団塊の世代」が65歳以上となって「高齢者」への仲間入りをしていく。しかし「高齢者」といっても、その多くは健康である。要介護認定率（08年）をみても、65～74歳の前期高齢者の認定率は４・５％であり、後期高齢者でも29・８％である。

そして高齢者の中には、長年培ってきた技能や知識を活用して、社会に貢献したいという意欲をもつ人は多い。特に今の60代では「日頃、社会の一員として社会のために役立ちたいと思っている」（09年）人の割合が74・７％にのぼり、全ての年齢階層で最も高い。今の60代は、社会貢献に対して強い意欲をもっている（注14）。

しかし、日本では男性サラリーマンを中心に、現役時代は「忙しすぎ」て、退職後は「暇すぎる」という声を聞く。人生全体の仕事と生活のバランスがとれていない。「平均余命」とは、ある年齢の

（注14）内閣府（２００９）『社会意識に関する世論調査』（２００９年１月調査）

人々が平均してあと何年生きられるのかをみたものだが、「65歳の平均余命」（07年）をみると、男性は18・6年、女性は23・6年となっている（注15）。「暇すぎる」と嘆くには、あまりにも長い時間が残されており、健康なうちは、保有する技能や知識を活かして社会に貢献していく「場」が求められる。

「場」の形態は、民間企業であっても、NPO法人であっても、あるいはボランティアであってもよい。民間企業は利潤追求が目的であり、生産性以上の賃金を支払うことはできないが、加齢によって生産性が低下するのであればそれに応じて賃金を低下させればよい。しかも労働力人口が減少する中で、企業にとっても技能をもった高齢者を継続雇用するメリットは大きいと思われる。一方、高齢者には年金が支給されるので、賃金の低下を受け入れる余地がある。

また、第二の人生として、NPO法人やボランティアなどに新たな活動の場がつくられる意義も大きい。高齢単身者などがNPO法人の担い手として活動に参加すれば、他者との交流の場とすることができる。また、必要があればサービスの受け手にもなれる。サービスの提供者と受け手が双方向に入れ替わる助け合い活動になれば、地域が回り始める。

「団塊の世代」には、高齢期にも多様な人生の選択肢がもてるように、上記のような多様な「場」をつくり、地域に好循環を起こす役割を期待したい。日本は2030年に高齢化率が3割を超える「超

（注15）国立社会保障・人口問題研究所編（2009）『人口統計資料集2009』79頁。

と思われる。

高齢社会」になる。個人の人生の充実のためにも社会全体にとっても活動の場の創設は必要なことだと思われる。

本章のまとめ

本章をまとめると下記の通りである。

- 今後、都会であれ、地方であれ、単身世帯にとって地域コミュニティーとのつながりが重要になる。退職した多くの単身者にとって、地域コミュニティーが「社会とつながる場」となると同時に、公的サービスでは付与されない支援を地域コミュニティーから受けられる可能性があるからだ。
- 地域コミュニティーを強化する具体的事例として、①自治体による地域交流の場づくり、②ＮＰＯが拠点となった地域コミュニティーの助け合い、③高齢者の多い団地やマンションにおける取り組み、などがあげられる。こうした活動を広げていくために、行政には、資金面、経営ノウハウの提供、人的ネットワークの構築支援など、各地域におけるこうした活動の条件整備を期待したい。
- ２０１２年以降、約８００万人と言われる「団塊の世代」が65歳以上となって「高齢者」の仲間入りを果たす。「団塊の世代」には、高齢期にも多様な人生の選択肢がもてるように、多様な「場」をつくり、地域に好循環を起こす役割をお願いしたい。

第12章 社会保障の拡充に向けた財源確保

以上、単身世帯の増加に対する対応として、①「自助」に向けた条件整備、②「共助」や「公助」といった公的なセーフティネットの拡充、③地域コミュニティーによる「互助」の強化、を取り上げてきた。このような社会全体の助け合いを再構築していく必要があるが、特に公的なセーフティネットの拡充には財源を確保しなくてはならない。日本は既に巨額の財政赤字を抱えており、社会保障を拡充するにも、実際にそれを許容できる状況にあるのか、という点を考えたい。

その上で、社会保障の拡充に向けた財源確保策やその前提条件となる政治不信の克服、中長期的な社会保障ビジョンの必要性を論じていこう。

1 社会保障費を拡大する余地はあるのか――フローでみた場合

社会保障の拡充のためには、社会保障費を増やす必要がある。では、日本には社会保障費を増やしていく余地があるのだろうか。

この点について、「国民負担率」と「潜在的国民負担率」を国際比較していこう。「国民負担率」とは、国民所得に対する租税負担と社会保険料負担の合計額の割合を示したものである。つまり、国民が稼ぎ出した国民所得に対して、徴収される租税と社会保険料の負担の大きさを示す。租税や社会保険料は、社会保障費のみならず教育費や防衛費などを含めた歳出全体の財源であるので、国民負担率は政府による活動の大きさを国民負担の面から間接的に捉えた数字といえる（注1）。

ただし、国民負担率には、国債を発行して将来世代に負担を先送りした財政赤字分がカウントされていない。そこで「国民負担率」に「財政赤字（対国民所得比）」を加え、これを「潜在的国民負担率」という。

（注1）福田淳一（2009）『図説　日本の財政（平成21年度版）』46頁。

図表12-1：国民負担率・潜在的国民負担率の国際比較

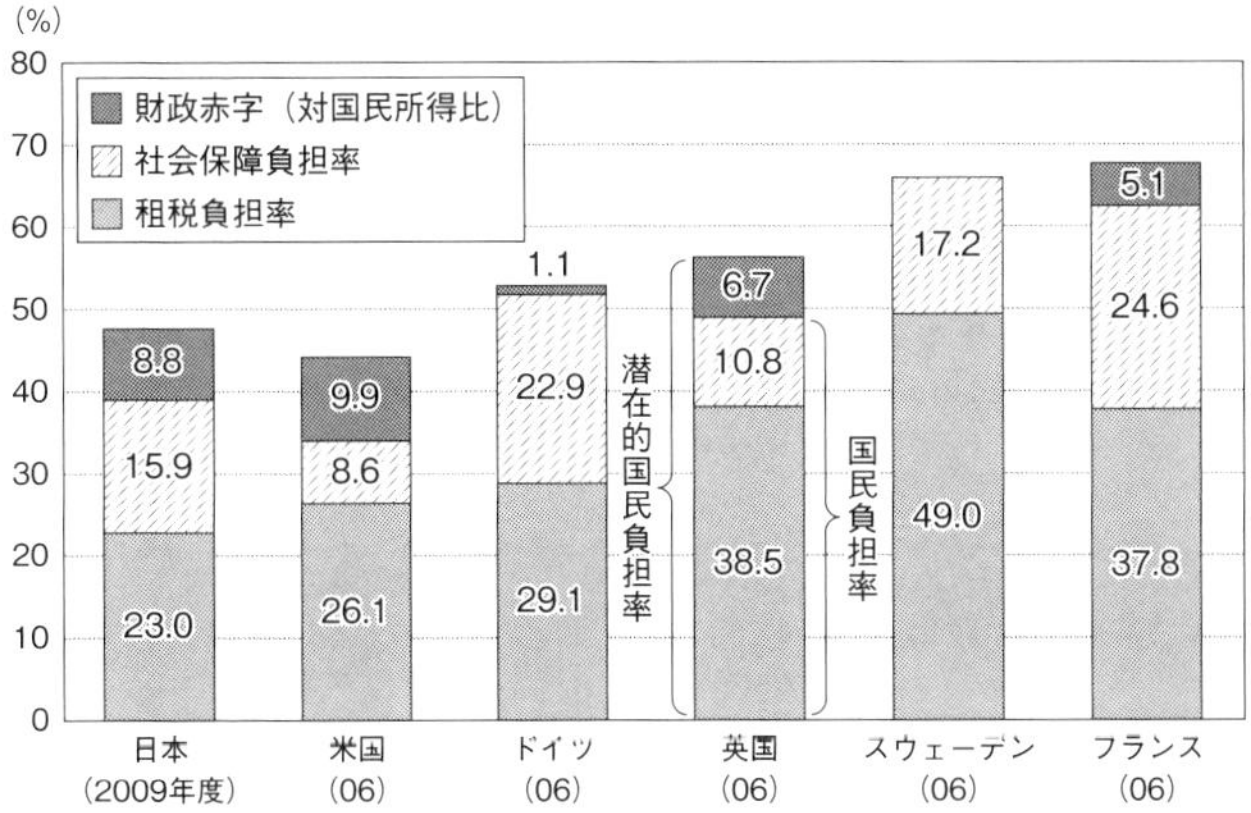

（注）日本は2009年度見通し。諸外国は2006年実績値。ただし諸外国の財政赤字対国民所得比は09年の推計値。
（資料）財務省ＨＰ「国民負担率の国際比較」

日本の国民負担率、潜在的国民負担率は共に米国に次いで低い

国民負担率を国際比較すると、日本の国民負担率38・9％（２００９年度）は、主要先進国の中で米国に次いで低い水準にある（図表12－1）。また、財政赤字（対国民所得比）を加えた潜在的国民負担率をみても、日本（47・7％）は米国に次いで低い。このように日本の税・社会保険料の負担水準は、国際的にみて決して高い水準ではない。幸いなことに、日本では税や社会保険料の引き上げの余地は残されている。

しかし、日本における高齢化の進展は急なので、現段階で国民負担率や潜在的国民負担率が低くても、今後急速に高まることが考えられる。この点、経済財政諮問会議の民間議員の提出資料（07年11月17日）によれば、現行の社会保障制度を維持した場合の２０２５年の日本の潜在的国民負担率は、

49〜51%程度に高まると推計されている。また、他の試算として04年度の厚生労働省の推計をみると、2025年の潜在的国民負担率は56%と推計されている。

56%という潜在的国民負担率は、06年の英国とほぼ同水準であり、現在の主要先進国の中では中位に位置する。確かに、国民は租税や社会保険料負担が高まっていくことを覚悟しなくてはならないが、現在の英国がこの負担水準で運営できているのだから、フローの面からは国民負担率を引き上げる余地はあるといえそうだ。

しかも、06年の主要先進国の高齢化率は20%以下なのに対して、2025年の日本の高齢化率は30・5%になると予想されている。高齢化率が高水準であるにもかかわらず、56%程度の潜在的国民負担率というのは、日本の政府の規模がいかに小さいかを物語っている。財政規模からみても、日本は「大きな政府」ではなく、「小さな政府」なのである。

なお、誤解のないように指摘しておくが、「国民負担率38・9%（09年）」といっても、月収の4割弱が税金や社会保険料に徴収されるわけではない。国民負担率は、先述の通り「（租税負担＋社会保険料負担）／国民所得」で算出され、租税負担には個人所得税のみならず、消費税や法人税などを含んでいる。また、社会保険料は被用者であれば労使折半なので事業主も負担している。個人の所得税だけで負担するのではない。実際、09年の勤労者世帯の実収入に対する税・社会保険料の割合――実収入に対する非消費支出の割合――は17・4%である（注2）。

潜在的国民負担率が50％を超えることについての議論

右のように、将来的に潜在的国民負担率が50％を超えると予測されているが、「潜在的国民負担率を50％以内に抑制すべき」という見解がある。２００４年に小泉政権は「潜在的国民負担率で見て、その目途を50％程度としつつ、政府の規模を抑制する」ことを閣議決定している（注３）。潜在的国民負担率を50％以下に抑制していくことがひとつの基準となっている。

このような国民負担率を抑制すべきという考え方の根拠としては、①国民負担率が高いと労働意欲が低下して経済活力の低下の恐れがあること、②非効率な政府活動を抑制できること、③市場セクターにまわるべき資金の不足を防げること、などがあげられる（注４）。

しかし、北欧諸国は国民負担率が高いのにもかかわらず、一人あたりＧＤＰは長い間世界の上位に位置している。こうした点からすれば、必ずしも国民負担率の高さが勤労意欲の減退に結びつき、経済の活性化を阻害するとは限らない。

また、非効率な政府活動があればそれ自体を是正すべきであり、政府活動の規模縮小によって対応すべきということにならない。というのも、国民負担率を抑えることは、社会保障や教育などを含め

（注２）総務省（２００９）『家計調査年報（家計収支編）平成21年家計の概況』、14頁。
（注３）経済財政諮問会議（２００４）『経済財政運営と構造改革に関する基本方針２００４』２００４年６月３日。
（注４）「国民負担率」をめぐる議論については、田中滋（２００６）「マクロ経済と医療費用保障――国民負担率をめぐる論点」（『医療経済学の基礎理論と論点（講座　医療経済・政策学　第１巻）』勁草書房）に詳しい。

政府支出を抑制することになる。そして政府支出が抑制されれば、その分、各自が市場から教育や介護などのサービスを購入して対応することになる。その結果、高所得者は十分なサービスを購入できるが、低所得者はサービスを購入できない事態が生じうる。

筆者は、医療、介護、保育、教育といった分野では、所得の多寡ではなく、必要に応じて平等に最適水準のサービスを受けられる社会が望ましいと考える（注5）。そのためには、これら費用の財源は税金や社会保険料といった公費で賄って、所得再分配をした上でサービスを提供する必要がある。単に政府支出を抑制すればいいのではなく、政府が所得再分配の面で一定の役割を果たすことには大きな意義がある。なおこれら以外の分野では、大いに市場を活用していけばよいと考える。

2 巨額の財政赤字をどうするか——ストックからみた場合

以上のように、フローでみた場合には、日本の国民負担率や潜在的国民負担率の水準は、他の主要先進国に比べて低い。社会保障の拡充のために、税金や社会保険料の引き上げの余地はある。

一方で、財政のストック面をみると、日本は他の主要先進国に比して、巨額の財政赤字を抱えてい

（注5）医療、介護、保育、教育という4つの分野について指摘したのは、権丈善一（2009a）『社会保障の政策転換——再分配政策の政治経済学Ⅴ』慶應義塾大学出版会、iii頁である。

図表12-2：国・地方の債務残高（対GDP比）の推移

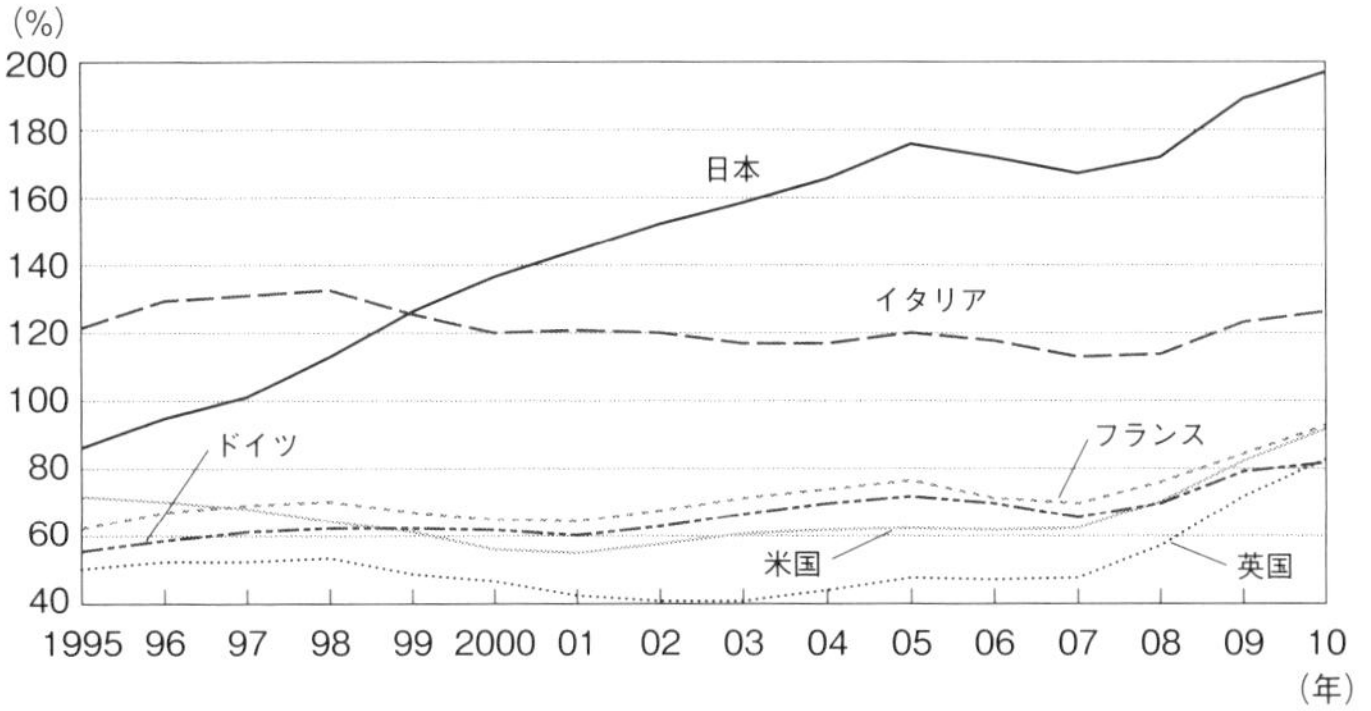

（注）1．計数はSNAベース。一般政府ベース。
2．本データは、OECD『エコノミック・アウトルック』No.86による2009年12月時点のデータを用いており、2010年度予算（政府案）の内容を反映しているものではない。
（資料）財務省『我が国の財政事情』2010年1月。原典は、OECD, Economic Outlook, No.86,2009年12月号。

る。日本の一般政府ベースの債務残高（対GDP比）は1990年代以降増加を続け、2010年には197・2％となる見通しである（図表12－2）。他の主要先進国と比べ、最悪の水準である。

巨額の財政赤字を抱える大きなリスクは、長期金利の上昇に伴って一般会計歳出に占める国債費の割合が増大し、財政の対応力が失われていく問題があげられる。既に2010年度の一般会計歳出における国債費の割合は22・4％（20兆6491億円）にのぼっている。実に21兆円弱が国債の元利払いなどに消えている。ちなみに、2010年度一般会計予算における社会保障関係費は27兆2686億円であり、一般会計歳出の29・5％を占めている（注6）。国債費は、社会保障関係費の76％の水準になっている。

（注6）財務省（2010）『平成22年度予算のポイント』3頁。

２０１０年3月の長期金利は１・３％台であるが、今後、何らかの要因によって長期金利が高まり国債費が増加していけば、大規模な歳出削減と増税が必要になるだろう。しかもそのときの増税分は、国債費の利払いに向けられて国民生活の改善につながらない可能性が高い。累積財政赤字は既に危険な水準になっている。

ところで、このような財政状況に対して、日本の国債は日本人によって買われており、外国人によって買われているわけではないのだから、それほど大きな問題ではないという見方がある。いわば、「夫婦間で借金をしているようなものだから問題ない」という捉え方である。

確かに、国民が国債の購入者となっていれば、富が海外に流出することはない。しかし、「夫婦間」といった同一世代内の貸し借りではなく、世代を超えた貸し借りになっており、将来世代は財政支出の恩恵を受けることなく、増税という負担だけ強いられる可能性がある。また、個人金融資産に占める国や地方の長期債務残高の比率が高まっており、将来的に日本人だけで国債を消化できない恐れもある（注7）。

ユーロ加盟時のイタリアの財政赤字

筆者が、巨額の財政赤字を抱えるリスクを痛感したのは、１９９７年末に通貨統合前のイタリアに

（注7）矢野康治（２００５）『決断！　待ったなしの日本財政危機――平成の子どもたちの未来のために』東信堂、91－95頁参照。

出張して関係者からイタリアの財政状況をヒアリングしたときだった。当時のイタリアは98年の通貨統合参加を目指して、その参加基準のひとつである「97年の単年度の財政赤字（対ＧＤＰ比）３％以下」の達成に向けて努力していた。しかしイタリアは、70年代半ばから94年まで毎年対ＧＤＰ比10％前後の単年度財政赤字（一般政府ベース）を出し続ける状況であり、95年の累積財政赤字（一般政府ベース）は１２２・５％（対ＧＤＰ比）となっていた。このため、97年にユーロ参加基準を満たすことは難しいという見方が強かった（注８）。

しかし、イタリアはがんばった。94年頃から、付加価値税の引き上げ、税控除枠の限定、公共事業削減、各種補助金の削減、「奇跡」とまで呼ばれた年金制度改革など、抜本的な改革を行った。国民生活に多大な影響が出たのは言うまでもない。しかし、こうした改革によって、95年のプライマリー・バランス――国債などの借金を除いた歳入と、過去の借金の元利払いを除く歳出の比較――は、対ＧＤＰ比で３・２％もの黒字となったのである。

だが、プライマリー・バランスを黒字にしても、厳しい財政状況が続いた。イタリアを悩まし続けたのは、国債の利払い費だ。いくら歳出を切り詰めても、国債の利払い費が重くのしかかった。95年のイタリアの長期金利は12・21％であり、二桁を超える水準にあったのだ（注９）。このためプライ

（注８）藤森克彦（１９９８）「イタリアはなぜ財政赤字を削減できたのか」（『Occasional Report』富士総合研究所〈現みずほ情報総研〉１９９８年３月12日）

（注９）財務省ＨＰ「主要国の長期・短期金利の推移」（http://www.mof.go.jp/kankou/hyou/g566/566_22.xls）

マリー・バランスは黒字でも、96年の単年度財政赤字は7・0％（対GDP比）となっていた。最終的には、長期金利の低下や一回限りのユーロ税などの効果もあって、97年の単年度財政赤字は2・7％（対GDP比）となり、イタリアは通貨統合に参加できた。

当時筆者は、先人が積み上げた借金がいかに後世に禍根を残すかを知り、日本人で良かったと思った。当時の日本は、累積財政赤字が急上昇していたとはいえ、対GDP比100・5％（97年）であり、いずれ低下するだろうとみていた。しかし、その後の日本の財政状況は悪化を続け、現在では主要先進国の中で最悪の水準である。当時のイタリアの水準をはるかに超えている。

無論、日本にはユーロ参加といった財政再建を求める外圧があるわけではない。しかし長期金利が何かをきっかけに上昇すれば、財政赤字が巨額なために一般会計歳出に占める利払い費の割合が一気に高まることが懸念される。そのときには、増税をしても国民生活の向上には結びつかない事態が考えられる。そうなる前に、財政赤字を減らすか、少なくともこれ以上増やさない努力が必要である。

3 税・社会保険料の引き上げの必要性

先述の通り、日本の社会保障費の規模は、他の主要先進国の中で米国に次いで低い水準にあり、高齢化率と比べてみても「低福祉」といってよい（図表10－1）。一方、社会保障給付費は社会保険料だけでなく、国の一般会計などの公費が投入されている。さらに一般会計の財源をみると、税収が大幅に不足する中で国債発行によって相当な規模が賄われている。つまり、「低福祉」であるが、その負担すら現役世代だけで賄えておらず、負担の一部を将来世代に先送りしている。いわば、日本は「低福祉・超低負担」といえる。

「低福祉・低負担」「中福祉・中負担」「高福祉・高負担」のどれを選ぶかは、究極的には国民の選択の問題である。しかし、少なくとも給付と負担をバランスさせるべきである。しかも、日本の抱える巨額の累積財政赤字を考えると、今後給付以上の負担が求められていくであろう。

筆者は、単身世帯が急増し、家族と企業による社会保障の補完機能が低下している現状を考えると、「低福祉」の水準をまずは「中福祉」の方向へ拡大すべきと考えている。社会保障の拡充をしていかないと、国民生活は一層厳しい状況に陥っていく。

そして、これ以上将来世代にツケを回すことなく、社会保障を拡充するには、増税や社会保険料の引き上げが不可避である。負担という側面だけをみれば、誰にとっても増税や社会保険料の引き上げは喜ばしいことではない。しかし、誰もが老い、誰もが要介護に陥るリスクを抱え、誰もが一人暮らしになる可能性をもつ。要介護の状況が何年続くかわからないし、どのような病にかかるかも予測できない。そのときに、頼れる家族がいるかどうかもわからない。自助努力だけでこうしたリスクに備えるのは困難だ。公的なセーフティーネットの強化と、地域コミュニティーによる助け合いが、現在一人暮らしをしていない人を含めて、私たちの生活を守ることになる。

無駄の削減は必要だがそれだけでは足りない

なお、無駄を削減することは、当然今後も続けていかなくてはいけない。しかし、「無駄を削る」だけで、社会保障の拡充に向けた財源を捻出できると考えるのは甘い。

2009年8月の総選挙で、民主党は「無駄を削減すること」と「埋蔵金(注10)」等によって、マニフェストに掲げた新規政策の財源を捻出できると説明していた。「子ども手当」や「公立高校の実質無償化」などマニフェストの工程表に掲げた主要項目を実現するだけでも、2010年度の所要額は7・1兆円、2011年度は12・6兆円、2012年と2013年は各々13・2兆円を必要とする。また、これら項目以外の費用も合わせると、2013年度には16・8兆円が必要になるとしている(注11)(2009年民主党マニフェスト)。

鳩山政権は、事業仕分けなどによって「無駄」を削減しようとしたが、事業仕分けなどによる歳出削減は9692億円程度だった(注12)。結局2010年度一般会計予算における公債発行額は、09年

(注10) 埋蔵金とは特別会計の積立金などの資産を取り崩すことをいう。しかし、余分な資産があれば、本来は国債の返済に回すべきである。実質的には国債発行による財政赤字の拡大と同じことと考えられる。
(注11) 「民主党のマニフェスト(2009)」では、2013年度の16・8兆円の所要額について、無駄の削減で9・1兆円、埋蔵金で5・0兆円、租税特別措置の見直しで2・7兆円を賄うこととしている。
(注12) 行政刷新会議(第5回)資料1－1(2010年1月12日)。なお、新規施策のために確保された財源は3・3兆円。その内訳としては、概算要求段階での歳出削減1兆3100億円、事業仕分けの結果や横断的見直しの結果による歳出削減9692億円、歳入確保努力によって1兆300億円。

度当初予算よりも11兆円多い44・3兆円となる見込みだ。公債発行額は過去最大であり、また税収が公債発行額を下回るという異常事態も戦後初である。

不況によって想定以上の税収減（2010年度予算の税収は09年度予算に比べて8・7兆円の減収）があったとはいえ（注13）、公債発行額がそれ以上に増加していることを考えると、「無駄の削減」と「埋蔵金」だけでは、社会保障の拡充を含めた財源捻出が難しいことが露呈し始めている。しかも2011年度以降に、民主党がマニフェストに掲げた主要政策を実施すれば、さらに歳出が増えてしまう。「埋蔵金」が枯渇していく中で、税や社会保険料を引き上げなければ、国の債務残高が一層膨れ上がることになるだろう。

社会保障国民会議による社会保障機能強化のための所要額

では、社会保障の拡充のためには、どの程度の費用が必要になるのだろうか。政府の社会保障国民会議（座長・吉川洋東京大学大学院教授）は、2008年11月に今後の社会保障の進むべき道筋として「制度の持続可能性」とともに「社会保障の機能強化」を提言し、そのために必要な追加的所要額を示した（注14）。2000年代前半の小泉政権による改革では「制度の持続可能性」に重点が置かれ

（注13）財務省（2010）『平成22年度予算のポイント』1頁。
（注14）社会保障国民会議（2008a）『社会保障国民会議最終報告書』2008年11月4日、1頁。

歳出削減が中心であったのに対して、福田政権下の社会保障国民会議では「あるべき社会保障の姿」に向けて「社会保障の機能強化」も提言している。つまり、人々の生活の安全・安心のためにどれだけの社会保障費を必要とするか、というニーズの点から今後の社会保障を考えようとするものであり、大きな方向転換であった。

そして年金、医療、介護、少子化対策を「あるべき姿」にしていくために必要な追加的所要額は、2025年までに約19兆～20兆円、消費税率に換算して5%程度の引き上げが必要になると指摘している（図表12－3）。ただし、右の所要額には、既に決定している基礎年金の国庫負担分（09年度で2・3兆円、消費税率換算1%程度）が含まれていない。これを加味すると、消費税率に換算して6%程度の引き上げが必要になるという（注15）。

また、この試算では医療・介護のマンパワーを2倍程度に増やすとしながら、介護職員の給与改善などが盛り込まれていない（注16）。さらに、介護費用全体に占める介護施設と居住系サービス（特定施設、グループホーム）の費用割合が、07年の54%から2025年には45%に減少するとしている（注17）。しかし、単身世帯が増加する中で、介護施設や居住系サービスへの需要は高まる可能性が高

（注15）これは基礎年金について社会保険方式を前提とした場合である。もし基礎年金を全額税方式に転換した場合は、さらに追加所要額がかさみ、基礎年金国庫負担分も加味して、全体で9～13%程度の消費税の引き上げが必要になる。

（注16）社会保障国民会議・第8回医療・介護・福祉分科会（2008b）「社会保障国民会議における検討に資するために行う医療・介護費用のシミュレーション（解説資料）」資料2－2（2008年10月23日）、27－28頁。

図表12-3：社会保障の機能強化のための追加所要額（試算）

<table>
<tr><th rowspan="2"></th><th rowspan="2">改革の方向性
（新たな施策）</th><th colspan="2">2025年度</th></tr>
<tr><th>必要額
（公費ベース）</th><th>消費税率
換算</th></tr>
<tr><td>年金
（社会保険方式を前提）</td><td>低年金・無年金者対策の強化
・最低保障機能の強化
・基礎年金額の改善
・受給権確保に係る措置の強化
（免除の活用、厚生年金適用拡大、強制徴収）等</td><td>約2.9兆円</td><td>1％弱</td></tr>
<tr><td>医療・介護</td><td>医療・介護の充実強化と効率化を同時に実施
急性期医療の充実強化、重点化、在院日数の短縮化
（スタッフの充実等）
機能分化・機能連携による早期社会復帰等の実現
（地域包括ケア、訪問介護・訪問看護・訪問診療の充実等）
在宅医療・介護の場の整備とサービスの充実
（グループホーム、小規模多機能サービスの充実等）等</td><td>約14兆円</td><td>4％弱</td></tr>
<tr><td>少子化対策</td><td>親の就労と子どもの育成の両立を支える支援
（3歳未満児の保育サービスの利用率　20％→38～44％）
（学齢期の放課後児童クラブ利用率　19％→60％）
（出産前後に希望どおりに継続就業でき、育児休業を取得
〈第1子出産前後の継続就業率38％→55％〉）
すべての子どもの健やかな育成の基盤となる地域の取組
（望ましい受診回数〈14回〉を確保するための妊婦健診の支援の充実）等</td><td>約1.6～2.5兆円</td><td>0.4～0.6％程度</td></tr>
<tr><td colspan="2">合　計</td><td>約19～20兆円</td><td>5％程度</td></tr>
<tr><td colspan="3">社会保障の拡充に加え基礎年金の国庫負担割合引上げ分を加味（注3）</td><td>6％程度</td></tr>
</table>

（注）1．「社会保障国民会議における検討に資するために行う公的年金制度に関する定量的なシミュレーション」「社会保障国民会議における検討に資するために行う医療・介護費用のシミュレーション（B2シナリオ）」などに基づく。経済前提は「ケースⅡ-1（医療の伸びはケース①）」を用いた。
2．少子化対策に係る追加費用については、「子どもと家族を応援する日本」重点戦略において示した次世代育成支援の社会的コストの推計をもとに、現行の関連する制度の公費負担割合を当てはめて算出した。なおここには児童手当などの経済的支援の拡充に要する費用は計上していない。
3．上記の追加所要額に加え、基礎年金に係る国庫負担割合の2分の1への引き上げ分（消費税率換算1％程度〈2009年度で2.3兆円〉）が必要となる。
4．同会議の表には、年金について税方式を前提にした場合の推計もなされているが、上記表では除いている。
（資料）社会保障国民会議『社会保障国民会議最終報告　付属資料』2008年11月4日、1頁。

く、その場合には、一層の介護費用を要するものと思われる。社会保障国民会議の委員であった権丈善一氏は、「このシミュレーションは最低ラインの見積書に過ぎない」と指摘している（注18）。

税・社会保険料を引き上げないと公債等残高（対ＧＤＰ比）は発散していく

では万が一、税・社会保険料の引き上げをせずに社会保障の拡充を図った場合、日本の財政はどうなるか。内閣府が作成した「中長期の道ゆきを考えるための機械的試算」（２００９年６月23日）では、経済・財政について様々な想定で２０２３年度までの国・地方の財政の姿を試算している（注19）。この試算は、社会保障国民会議が示した社会保障の機能強化を踏まえている。

試算の結果をみると、消費税を引き上げなかった場合はもちろん、２０１１年度から消費税率を３％程度引き上げた場合であっても、公債費残高（対ＧＤＰ比）は増加を続ける（図表12－４）。

（注17）社会保障国民会議・第8回医療・介護・福祉分科会（２００８ｃ）「社会保障国民会議における検討に資するために行う医療・介護費用のシミュレーション（本体資料）」資料２－１（２００８年10月23日）、42頁。
（注18）権丈善一（２００９ａ）『社会保障の政策転換―再分配政策の政治経済学Ⅴ』慶應義塾大学出版会、２００９年、２３０頁。
（注19）試算の前提としては、①世界経済が混乱を脱して２０１０年から２０１１年にかけて日本および世界経済が順調に回復していくこと、②社会保障の機能強化を「中期プログラム」の工程表を踏まえ一定の仮定に基づき実施すること、③「基本方針２００６」に基づき、改革によって２０１１年度の歳出を14・３兆円削減し、２０１２年度以降非社会保障歳出の名目額が横ばいであること、といった点を置いている（内閣府（２００９ａ）『中長期の道ゆきを考えるための機械的試算』２００９年６月23日）。

図表12-4：消費税率引き上げ幅の違いによる公債等残高（対GDP比）への影響

（対名目GDP比較、単位：%）

	2008年度	09年度	10年度	11年度	15年度	20年度	23年度
①据え置き	147.4	163.3	170.6	174.3	175.4	183.3	187.6
②3%上げ	147.4	163.3	170.2	173.5	170.4	172.8	174.4
③5%上げ	147.4	163.3	170.2	173.5	168.8	167.6	167.3
④7%上げ	147.4	163.3	170.2	173.5	168.3	163.3	159.8

（注）3つの消費税率引き上げ幅
①消費税率据え置き
②2011年度から13年度にかけて3%引き上げ（試算の便宜上毎年1%ずつの引き上げを想定）
③2011年度から15年度にかけて5%引き上げ（試算の便宜上毎年1%ずつの引き上げを想定）
④2011年度から17年度にかけて7%引き上げ（試算の便宜上毎年1%ずつの引き上げを想定）
（資料）内閣府『中長期の道ゆきを考えるための機械的試算』（2009年6月23日）。

５%引き上げた場合には、２０１１年度をピークに低下を始めるが、２０２３年度の公債費残高（対ＧＤＰ比）の水準は09年度を上回る。そして７%引き上げれば、２０１１年度をピークに減少し、２０２３年度の公債等残高の水準は、09年度よりも改善する。

これは、世界経済が２０１０年より順調に回復した場合を前提にしており、もし横ばいに推移すれば、５%分消費税を引き上げても公債等残高（対ＧＤＰ比）は悪化していく。したがって、こうした前提を踏まえると社会保障の拡充と財政再建のためには、消費税に換算して５～７%程度の引き上げが必要と考えられる。それがなければ日本の財政状況は悪化の一途をたどることになる。

4 社会保障の拡充は経済成長の基盤

税・社会保険料の引き上げと企業の国際競争力や低所得者への配慮

以上のように、国民生活の安心・安全に向けて社会保障の拡充と、それに伴う税・社会保険料の引き上げは不可避である。しかし、税・社会保険料の引き上げは、企業の国際競争力を低下させ、人々の働く意欲を阻害するとして反対も根強い。社会保障の拡充は「経済成長の足かせ」という見方である。

確かに、企業の国際競争力を低下させないことは重要であるが、この点は企業への負担を調整することで対応できるであろう。例えば、日本の法人所得課税の実効税率（２００９年７月）をみると、日本の実効税率（東京都、40・7％）は米国（カリフォルニア州、40・8％）とほぼ同程度であり、フランス（33・3％）、ドイツ（29・8％）、英国（28・0％）、中国（25・0％）、韓国（24・2％、ソウル）よりも高い水準にある（注20）。

一方、人件費に占める事業主の社会保険料負担割合（08年）を比べると、日本（11・6％）は、フ

（注20）ここでの「実効税率」とは、法人所得に対する租税負担の一部が損金参入されることを調整した上で、それぞれの税率を合計したもの（財務省ＨＰ「法人所得課税の実効税率の国際比較」２００９年７月、http://www.mof.go.jp/jouhou/syuzei/siryou/084.htm）。

ランス（29・7％）、スウェーデン（24・5％）、イタリア（24・3％）、ドイツ（16・2％）よりも低く、英国（9・7％）、米国（7・2％）よりも高い（注21）。こうしたデータを前提にすれば、国際競争力の観点から法人税を引き下げる一方で、社会保険料を引き上げる余地があると考えられる。ちなみに、スウェーデンは「大きな政府」であっても法人税率は低く抑えられており、企業の国際競争力に配慮している（注22）。

また、低所得者などに対しての配慮も重要である。所得税の増税については、累進課税を強化して税収を増やすことが考えられる。1980年代から、日本では所得税の累進制が徐々に緩和されてきた。例えば、83年は最高税率75％・最低税率10％となっていてその間の税率の刻みが19段階もあったが、現在（07年以降）では最高税率40％・最低税率5％で刻みは6段階となっている（注23）。最高税率を引き上げて累進課税を強化することなどで、低所得者に配慮しながら増収を図れるように検討していく必要がある。

さらに、消費税率の引き上げも必要になる。しかし、消費税は逆進性が高いため、その引き上げは低所得者の生活を悪化させる恐れがある。この点については、給付つき税額控除などをセットにして導入し、低所得者への給付を増やすことで逆進性を緩和することが考えられる。

（注21）OECD（2008b）Taxing Wages 2007-2008, p.15.
（注22）井上誠一（２００３）『高福祉・高負担国家　スウェーデンの分析』中央法規、１０８－１１３頁。
（注23）財務省ホームページ「日米英の所得税（国税）の税率と推移」（２００９年７月）

社会保障は経済成長の基盤

むしろ今の日本にとって重要なのは、社会保障は「経済成長の基盤」という捉え方であろう(注24)。例えば、昨今の不況の主因は需要不足と言われている。需要不足の背景には、人々が将来に不安を感じて、消費をしないためと指摘されている。実際、内閣府『平成21年度年次経済財政報告書』は、「老後の不安や年金に対する不安を持つ者は、他の条件が同じだがそうした不安のない者と比べて必要貯蓄額が多く、そのためのフローの貯蓄も多くなる可能性」があることを指摘する(注25)。

日本には１４００兆円にも及ぶ個人の金融資産があり、国が将来不安の軽減に向けて社会保障を拡充すれば、個人の金融資産の一部が消費に回ることが期待できる。社会保障の拡充は人々に安心感をもたらし、「経済活動の基盤」になりうると考えられる。

さらに、社会保障をより積極的に捉えて、「社会保障を経済成長の原動力」にしていくことも考えていくべきだ。つまり、社会保障の拡充をしながら、その一方で、社会保障の拡充が経済成長にも寄与していけるという考え方である。

(注24) 藤森克彦（２００３）「社会保障は経済成長の原動力になる――ポジティブ・ウェルフェアの模索」(『中央公論』２００３年４月号）参照。
(注25) 内閣府（２００９b）『平成21年度年次経済財政報告書』２７２頁。

英国労働党政権の「トランポリン型社会保障」

こうした考え方のひとつが、英国労働党政権の「トランポリン型社会保障」である。第9章で、「自助」に向けた社会的な環境整備として、①最低賃金の引き上げと給付つき税額控除の導入、②就職活動支援と職業訓練の強化、③ワークライフバランスや保育所整備など働く環境の整備、といった点をあげた。実はこれらは、1990年代後半に英国労働党政権が新しい社会保障ビジョンとして掲げた「トランポリン型社会保障」という考え方を具現化した政策である。

従来の社会保障の機能は、サーカスの綱渡りの下に張られる安全網（セーフティーネット）にたとえられ、綱から落ちても転落死せずに最低限の生活は守られるという意味をもつ。しかし、「トランポリン型社会保障」では、綱から落ちても死なないという機能のみならず、綱を踏み外した人々を再び綱に戻して経済活動できるところまで支援する。いわば、セーフティーネットというよりもトランポリンの役割を果たすものと考えられている（注26）。

（注26）「トランポリン型社会保障」の構想は、英国労働党政権が1990年代前半の野党時代に、現在首相のゴードン・ブラウン氏などが中心になってまとめたものである。英国労働党は、79年から長期にわたって政権を獲得できなかったことから、90年代前半に政策分野ごとに専門家を入れながら中長期ビジョンと具体的な政策を練り上げていた。こうした準備をしていたからこそ、97年の政権獲得後に「ロケット・スタート」と呼ばれるような目覚ましいスタートを切ることができた。

「トランポリン型社会保障」の利点

「トランポリン型社会保障」の利点としては、下記の３点があげられる。第一に、働くことが何よりの生活防衛であり、貧困から抜け出す最も確実な方法という点である。グローバリゼーションが進む中で単純労働は労働コストの低い発展途上国に移る傾向がみられ、機械による代替も進んでいる。こうした中で、失業を防いで生活防衛をするには、スキルをつけてエンプロイアビリティ（就労可能性）を高めることが最善の方法と考えられる。

第二に、職業訓練の強化は、「経済の担い手」を育成し、労働生産性の向上にもつながる。人的資本形成への費用は、「コスト」ではなく「投資」と捉えられている。

第三に、長期的には財政負担の軽減につながることが期待できる点である。失業者が職業訓練によって就職できれば、失業手当給付を削減できるとともに、納税者に変わって税収増を期待できる。

この点「トランポリン型社会保障」については、社会保障給付の抑制が目的になっているとして批判あるいはそれゆえの賛成があるが、短期的には費用のかかることを認識すべきである。例えば、英国の若年失業者プログラムでは、英国政府は訓練生を受け入れた事業主に対して、失業手当以上の助成金を支給している。また、勤労税額控除のようにワーキングプアに向けた所得保障も充実させている。財政負担の軽減は、社会保障を拡充させた後にあくまで長期的な視点から期待できることであって、短期的には費用がかかることを覚悟しなくてはならない。

日本でも有効な「トランポリン型社会保障」の考え方

見方によっては、「働くことが何よりもの生活防衛」という考え方は、日本で実践されてきた考え方ともいえる。日本の企業は男性を中心とする正規労働者の雇用を重視し、失業者を出さないように経営努力をしてきた。また政府も、不況などにより事業の縮小を余儀なくされた企業が労働者を解雇せずに一時的休業などで対応した場合に、それらに係る手当や賃金の一部を助成してきた（雇用調整助成金）。実際、日本の完全失業率は、１９５３～１９９４年までの約40年間１・１～２・９％の極めて低い水準で推移してきたのである。

しかし、平成不況の影響を受けて、90年代後半以降完全失業率が上昇し、01～03年そして09年の失業率は５％を超えた。日本では、いったん失業すると、厳しい現実が待っている。失業者には雇用保険から失業手当が出されるが、その支給期間は被保険者期間や年齢などによって差はあるものの、基本的には自己都合の離職であれば90日～１５０日、倒産や解雇であれば90日～３３０日程度となっている。この期間内に再就職できればよいが、そうでなければ貯蓄を食いつぶす生活が始まる。他の先進国のように失業保険と生活保護の間に「失業扶助」という給付がなく、現役世代であれば稼働能力があるとみなされて生活保護の受給はかなり難しい。その結果、失業者は、貯金が底をつく前に就職しようと努める。いわば、不作為の「ムチ」による労働市場への押し出しだ。

高い経済成長が望める中ではこうしたやり方も通用したが、90年代以降の低成長経済の中では、再就職しようにも簡単には仕事は見つからず、「ムチ」だけでは労働市場に戻れない状況がある。政府は成長戦略によって雇用創出に努めるとともに、介護などの需要の高い分野や生産性の高い分野に失業者を移す必要がある。産業構造の転換を図るためには、職業紹介機能や職業訓練などを手厚くして、失業者の労働市場への復帰を支援していくべきである。これが、「トランポリン型社会保障」のひとつの意義である。

特に、日本の労働力人口は急激に減少していく。その中で、社会保障を拡充させていかなくてはならない。働くことのできる人々には働くことへの支援を手厚くし、働けない人にはセーフティーネットを充実させていくことが、人々の生活防衛を図るとともに、労働力人口の減少の緩和にもつながるだろう。

「トランポリン型社会保障」と「子ども手当」の矛盾

民主党政権でも、２００９年12月30日に「新成長戦略（基本方針）について」を閣議決定し、「成長力を支える『トランポリン型社会』の構築」として、「第二のセーフティーネットの整備（求職者支援制度の創設）」や「雇用保険の強化」などの内容を盛り込んだ。こうした方向性は良いと思う（注27）。ただ、「トランポリン型社会保障」の考え方をビジョンとするのであれば、民主党政権の目玉政策である「子ども手当」との整合性に疑問が生じる。確かに世論調査をみると、少子化対策として現

（注27）今後「新成長戦略」の最終とりまとめと工程表が示される予定である。

金給付を求める声は強い（注28）。

しかし、経済的支援であっても、本来は保育所などを整備し、働ける人には働くことによって子育て費用を稼げる環境を整備することを優先すべきであろう。そもそも働けば、「子ども手当（一人あたり月額2・6万円、2010年度は月額1・3万円）」以上の収入を得ることができる。特に、08年秋のリーマンショック以降、都市部を中心に就労を希望する母親が増えているが、保育園の満員による待機児童の問題があり、就労できないケースも多い。日本では中長期的に労働力人口が減少していくので、労働環境の整備は欠かせない。付け加えると、財政が厳しい折、高所得世帯にまで子ども手当を配布する必要はないと思われる。その分、低所得世帯への手厚い支援や、保育所などの整備に公的資金を使うべきであろう。

成長戦略と社会保障

セーフティーネットをトランポリン型にしていく際には、これまでのセーフティーネットの粗い目を、きめ細かい目にしていく必要がある。粗い目ですんできたのは、家族と企業による社会保障の補完機能があったためだ。しかし、単身世帯が増加して、家族と企業の補完機能が弱まる中では、新た

（注28）内閣府が子育て中の女性に対して行った意識調査（「少子化対策に関する子育て女性の意識調査」2005年）によれば、少子化対策の重要事項として「経済的支援（保育・教育費への補助、医療費補助、児童手当）をあげる人が全体の7割と選択肢の中で最も高い割合となっている（内閣府〈2006〉『平成18年版少子化社会白書』44頁）。

な財源を入れて社会保障を拡充しなくてはいけない。ただ社会保障を拡充するには、財源として税収が必要となり、一定の経済成長は欠かせない。

現在、民主党政権下で様々な成長戦略が検討されているが、第10章で言及した「生活支援ロボット」も経済成長に資する潜在的な分野と思われる。

5 社会保障の拡充に向けた財源確保と政治不信の克服

単身世帯の増加や少子高齢化の進展など社会全体で大きな変化が急速に進む日本において、欠けているのはこうした中長期的な社会保障ビジョンと、それを賄うための財源についての議論である。本来であれば、２００９年夏の総選挙の際に各党が社会保障ビジョンを提示して議論すべきであった。しかし、同選挙においては、目先の景気対策が論点の中心になり、筆者の知る限りこうしたビジョンはほとんど議論されなかった。

また、財源についても、同選挙中は、各党とも「不況の最中で、今は増税を議論するときではない」とその議論を避けていたようにみえた。景気が良ければ「今増税をしたら景気が悪化する」として回避し、景気が悪ければ「今は増税どころではない」という。その間にも高齢化が進み、放っておいても毎年１兆円ずつ社会保障費は増え続ける。単身世帯化も進んでいく。民主党政権では「政権期間中（４年間）は消費税率の引き上げはしない」としているが、このままでは今後も多額の国債を発行し続けることになりかねないと懸念される。

社会保障の給付と負担のバランスについての国民議論の必要性

では、なぜ財源問題を伴った建設的な社会保障制度の議論ができないのであろうか。それは、増税や社会保険料の引き上げは票を失うことになりかねず、国民に正直に説明すると選挙に勝てなくなるという意識を政党がもっているためだと思われる。

しかし、本当にそうなのだろうか。「今後の社会保障の給付と負担のバランス」を尋ねた内閣府による世論調査の結果をみると（注29）、「社会保障の給付水準を大幅に引き下げて、負担を減らすことを優先すべき」17・2％、「社会保障の給付水準をある程度下げても、従来どおりの負担とすべき」20・0％、「社会保障の給付水準を保つために、ある程度の負担の増加はやむを得ない」42・7％、「社会保障の給付水準を引き上げるために、大幅な負担の増加もやむを得ない」4・2％、「わからない」15・9％、となっている。給付水準については議論があるものの「負担の増加はやむを得ない」という意見が47％にのぼり、「負担を減らすべき」「従来通りの負担とすべき」という意見の合計37％を上回っている。

こうした世論調査をみると、政治家が国民に適切な説明と説得をしていけば、負担増についても支

（注29）内閣府『「社会保障制度に関する特別世論調査」の概要』08年9月。

持を得られる素地はあると思われる。また、それをしていかないと国民生活も財政も大変な状況になるだろう。

国民が政治への強い不信感をもつ中では簡単なことではないが、社会保障の拡充のためには、各政策内容と財源確保の必要性について国民との対話を深めていくしかないのではないか。具体的には、以下の点を重視していく必要があろう。

「マニフェスト」の作成体制・手続きの確立

第一に、各党が質の高いマニフェストを作成できる体制や手続きの確立である。２００９年の民主党のマニフェストに対しては、政権獲得後の予算案策定の段階から「マニフェストにこだわるべきではない」「マニフェスト至上主義に陥るべきではない」といった声が一部メディアや国民から出された。

マニフェストは「国民との約束」なのだから、政権政党がそれを守ろうとするのは当たり前だ。そうでなければマニフェストの意味はない。だが、こうした声が出される背景には、財源不足が明らかで国の借金が一層膨んでいくことへの懸念や、国民の要望とマニフェストの間にズレがあることが影響していると思われる。本来、政治への信頼を回復するツールであるはずのマニフェストが、逆に政治不信を招くような状況は嘆かわしい。

この問題の本質は、日本の政党は時間をかけて国民や専門家と対話しながらマニフェストを作成すいるプロセスを確立できていないことにある。その結果、国民の要望や財源の精査がなされていない「名ばかりマニフェスト」が発表されてしまう。

マニフェストの母国英国では、政党は国民と丁寧に対話を重ね、約2年間かけて作成する。政策分野ごとに政党幹部などから構成される委員会が設立され、そこには内外の専門家も関与していく。また、マニフェストの作成過程で、政策案は適宜公表され、専門家や現場で活動する人々からの意見を得て、さらに練り直される（注30）（図表12－5）。

無論、英国の政党のマニフェストも完璧ではない。しかし、日本の政党よりも、マニフェストの作成過程において時間をかけて国民と丁寧に対話を重ねている。マニフェストの作成に時間もヒトもかけている。マニフェストは、政権を獲得すれば「改革の設計図」になるのだから、十分な準備が必要なのは当然といえる。

「グリーンペーパー」と「ホワイトペーパー」の導入

第二に、政権獲得後、マニフェストの内容を法案化する過程において、国民と対話をする機会を設けることである。英国では主要政策の法案化の過程で、「ホワイトペーパー」「グリーンペーパー」と

（注30）英国におけるマニフェストの作成過程については、大山礼子、藤森克彦（２００４）『マニフェストで政治を育てる』雅粒社50－55頁参照。

図表12-5：英国労働党のマニフェストの作成過程

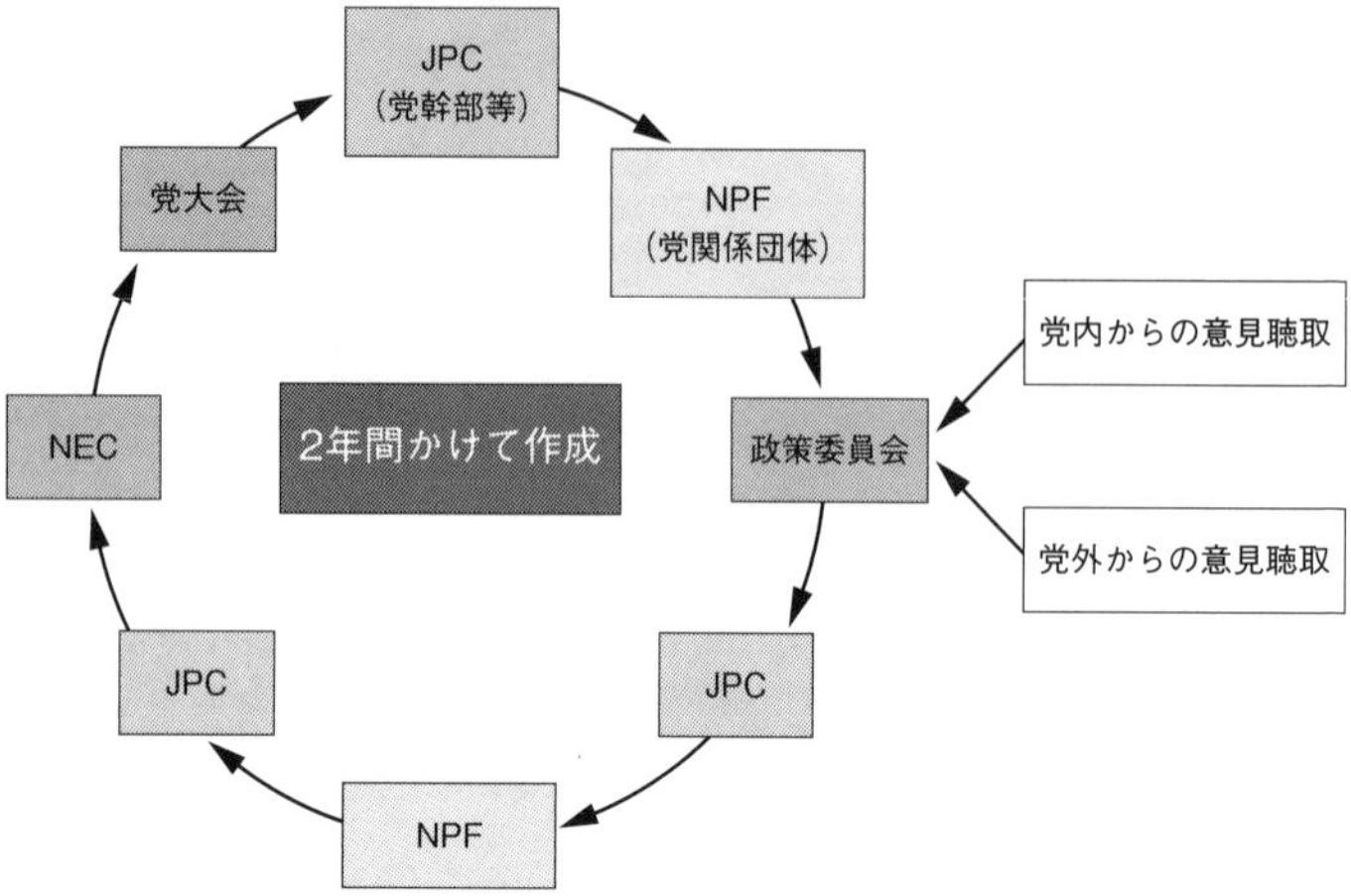

（注）1．JPC：「合同政策委員会」→委員長：党首、党幹部8名、全国執行委員会8名、NPF3名
NPF：「全国政策フォーラム」→選挙区労働党54名、労働組合30名、地方政府9名、閣僚8名など
NEC：「全国執行委員会」→党幹部5名、労働組合12名、選挙区労働党6名、その他10名
政策委員会：8つの政策分野ごとに設置。各委員会は、党幹部3名以上、NEC3名以上、NPF4名以上
2．上記サイクルを2年間で2回まわしてマニフェストを作成する。
（資料）Paul Webb, Modern British Party System, SAGE Publication, 2000 などにより筆者作成。

いった政策提案書が各省庁から発表され、国民や専門家に広く意見を求める（注31）。集められた意見は公表され、それを参考に修正が加えられていく。マニフェストといっても政策の大枠に過ぎないので、個別政策の制度設計の段階で、改めて国民や関係者の意見を聞いていく。

例えば、社会保障省が１９９８年に発表した年金改革のグリーンペーパーをみると、改革の背景、内容、年金の将来像など、１２２頁に渡って記述している。その後、金融機関、ＮＰＯ、大学研究者、シンクタンクなどから、同提案書に対する意見書が提出された。こうした意見書も報道されるので、国民は対立点を把握できる。また英国の「ホワイトペーパー」「グリーンペーパー」は、単なるガス抜きとして機能しているのではない。80年代にサッチャー政権は、公的年金の2階建て部分の民営化を提案するグリーンペーパーを発表したが、多数の反対意見が寄せられて断念したことがある。

日本にも、パブリック・オピニオンを求める制度はあるが、既に内容が固まった後に、形式的に国民に意見を求めるような使われ方が多いと聞く。国民に負担を求めるのであれば、各種政策について、国民が意見を述べる機会が与えられる必要がある。

市民による関与

第三として、増税や社会保険料の引き上げによって、公的サービスがどの程度改善したのかを国民に示す仕組みの導入である。例えば、英国政府は2000年から大規模な医療費増加策に転じて、その財源として社会保険料の引き上げなどを行った。その際英国政府は、投入した資金によって医療の質が向上しなくては国民の納得を得られないとして、医療の質を毎年公的監査機関が調べ、その改善状況を国民に公表する仕組みを取り入れた（注32）。

（注31）武内和久（2006）「英国社会保障事情　政府と国民のキャッチボール」（『週刊社会保障』〈特別ウェブ掲載〉2006年10月17日）に詳しい。

また、医療サービスの利用者である患者や市民の視点を活かす仕組みも入れられている。具体的には、医療機関などに対して医療計画の策定や変更などに際して、一般の市民や患者が関与できる仕組み（Patient and Public Involvement：ＰＰＩ）が導入された。試行錯誤の段階ではあるが、こうした仕組みは、利用者の視点を医療機関に伝えてサービスを向上させるとともに、国民が医療現場の実情を知る機会にもなっている。

社会保障の財源確保を行う際には、各分野の公的サービスの改善状況について国民が把握し、市民が意思決定に関与できる仕組みなどをセットで提示することが有効ではないか。それが、国民と公的機関の相互理解を進める機会にもなろう。

中長期ビジョンと財源確保をセットで提示

以上の通り、単身世帯の増加という観点から２０３０年までに日本社会が大きく変わっていくことを示した。今、家族と企業のセーフティネットが弱まる中で、公的なセーフティネットの拡充と、地域社会のつながりの強化が求められている。そして公的なセーフティネットの拡充のためには、財源確保が必要である。

（注32）藤森克彦（２００９）「英国医療における患者と市民の関与（Patient and Public Involvement）」（社団法人全国社会保険協会連合会『平成20年度海外医療事情・社会保険制度視察調査報告書』２００９年３月）

一方で日本は巨額の財政赤字を抱え、労働力人口が減少していく。こうした状況の中で政府はどのような舵取りをしていくのか。まずは中長期的な社会保障ビジョンと、それを賄う財源についての議論から始めなくてはいけない。

本章のまとめ

本章の内容をまとめると以下の通りである。

- 単身世帯の増加に対して公的なセーフティネットの拡充が必要であり、財源確保が求められる。この点、日本の国民負担率は主要先進国の中で低い水準にあり、フローの面からは、税や社会保険料を引き上げる余地はある。一方、日本は既に巨額の財政赤字を抱え、借金による財政運営は限界である。増税と社会保険料の引き上げが必要である。
- 社会保障国民会議の推計によれば、社会保障の機能強化のために必要な追加的所要額は、２０２５年までに消費税率に換算にして６％程度となる。
- 日本にとって重要なのは、社会保障は経済成長の基盤であり、経済成長の原動力にもなりうるという視点である。その点で、英国の「トランポリン型社会保障」の考え方は、日本にとっても参考になろう。
- 日本に欠けているのは、こうした中長期的な社会保障ビジョンと、財源確保の議論である。世論調査をみると、社会保障給付の維持・引き上げのために、「負担増はやむを得ない」という意見は多い。

- 国民の政治不信は根深いが、各党は社会保障の拡充に向けて、各種政策内容と財源確保について国民と対話を深めていく必要がある。そのためには、①質の高いマニフェストの作成に向けた体制と手続きの確立、②法案化の過程で国民の意見を吸い上げるグリーンペーパー、ホワイトペーパーの導入、③市民の関与の仕組みの導入、といった方法を検討することが有効であろう。

おわりに

筆者が「単身世帯」の抱える問題を考えるようになったきっかけは、２００９年に他界した父親の2年7カ月に及ぶ闘病生活にある。地方に住む70代半ばの父親は、06年夏に突然、腸の血管に血栓ができ、小腸・大腸を全摘出する手術を受けた。生きるか死ぬかという大手術であったが、幸いなことに一命をとりとめた。しかし腸から栄養を吸収できなくなったので、日中は常に胸の静脈へ点滴で栄養を入れて、人工肛門をつけるという生活になった。父親の生活は一変した。

手術後2カ月程度を経て、実家の近所の病院に転院した。筆者は東京で仕事をもち、夫婦共働きで幼児2人を抱えている。そして、姉は海外に在住している。このため、介護の最前線に立ったのは70代半ばの母親であり、母親による病院通いが続いた。筆者は月に2～3回週末に帰省し、父親への見舞いと母親への生活支援、病院との調整などを行った。そして年に数回筆者の休暇に合わせて父親を退院させて在宅介護をし、再び入院するということを繰り返した。

不自由な生活にストレスを溜め精神的に不安定になる父親、悪化していく病状、精神的にも肉体的にも限界にきていた母親による老老介護、そして遠距離介護の悩ましさ——ままならぬ現実に頭を抱え、先を見通すことができず、家族としての対応に苦慮した。特に、期間がわからぬまま夜間の付き添いを求められたときには、いずれ仕事を辞めざるをえない時がくるのではないかと思った。おそらく、要介護者を抱える家族であれば、程度の差こそあれ、こうした危機を経験していると思う。

筆者は子供の頃、三世代が同居する家庭で育ったが、家族の介護力という点では昔と今では比べようもない。その点、介護保険が導入されたのは幸いなことだった。また、病院や訪問看護師の方々には本当に助けられた。しかし、「老老介護」と「遠距離介護」の組み合わせでは、制度が前提とする家族の介護力には限界があった。

「家族としてどのように対応していくべきか」という問いは常に突き刺さったままだったが、一方で、単身世帯ならばどうなるのだろうか、とも考えていた。一人暮らしの高齢者は実家の周辺でも、病院にも多数いた。また、日本全体では生涯未婚率が急上昇しており、今後未婚の高齢単身世帯が増えていく。現在、二人以上世帯で暮らす人も、いつ一人暮らしになるかはわからない。同居家族のいない単身世帯の視点から社会保障制度を捉え直すことが、今後の社会保障の再構築を考える上で大きな意義があるのではないかと思った。

本書が、当初の狙いをどの程度達成できたかという点は、読者の判断を待つしかない。「単身世帯」といっても多様であり、本書で示したのはその一部でしかない。また、統計上の制約などがあり、厳密には単身世帯の状況を表せない部分もあった。さらに、本書では筆者の専門分野を超えて、単身世帯の実態や対策を考えた。この点について、様々な立場からのご意見、ご批判を賜れば幸いである。

なお、本書の第1部および第3部第8章は、拙稿「単身世帯の増加と求められるセーフティネットの再構築」(『みずほ情報総研研究レポート』08年12月)をベースにしながら、大幅に書き下ろしたものである。また、第2部第5章は、拙稿「生活時間からみた単身世帯の『社会的孤立』の状況」（『共済新報』09年10月号、社団法人共済組合連盟発行）に加筆した。さらに、第4部の内容は、拙著『構造改革ブレア流』阪急コミュニケーションズ、02年）や、拙稿「社会保障は経済成長の原動力になる」（『中央公論』03年4月号）、など、2000年代前半頃から考えてきたことを、最近の状況を踏まえながらまとめたものである。

本書を執筆するにあたり、多くの方々にお世話になった。筆者が勤務するみずほ情報総研の上司・同僚には、忙しい中で拙稿を読んでもらい、貴重なコメントをいただいた。また、アシスタントの川村玲子さんには、資料収集からグラフの作成まで献身的にサポートしていただいた。お世話になった皆様に、改めて感謝の意を伝えたい。

さらに、筆者の研究レポートを読んで書籍の執筆を勧めてくださり、拙稿を辛抱強く待っていただいた日本経済新聞出版社デジタル出版部長の藤原潤さんに心から御礼を申し上げたい。

こうした多くの方々のご協力がありながらも、本書に不備な点があるとすれば、それは全て筆者の力不足によるものである。微力ではあるが、単身世帯化の動きや今後の社会保障のあり方を考える上で、本書がなにがしかの参考になれば幸甚である。

最後に、亡き父と、地方で一人暮らしをしている母に本書を捧げたい。

2010年3月

藤森　克彦

【参考文献】

●第1部

第1章

上野千鶴子（2009）『男おひとりさま道』法研
上野千鶴子（2007）『おひとりさまの老後』法研
落合恵美子（2004）『21世紀家族へ（第3版）』有斐閣
国立社会保障・人口問題研究所編（2008a）『日本の世帯数の将来推計（全国推計）――2005年～2030年（2008年3月推計）』厚生統計協会
国立社会保障・人口問題研究所編（2008b）「日本の将来推計人口（2006年12月推計）」（出生中位、死亡中位推計）
国立社会保障・人口問題研究所編（2007）『平成17年わが国独身層の結婚観と家族観――第13回出生動向基本調査―』厚生統計協会
厚生労働省（2006）『平成18年度「婚姻に関する統計」の概況』
鈴木透（2006）「人口減少と世帯・家族」（『オペレーションズ・リサーチ』2006年1月号）
高塩純子（2007）「国勢調査結果にみる家族類型の変化」『自治研究』第83巻第9号
内閣府（2005）『平成17年度世帯類型に応じた高齢者の生活実態等に関する意識調査結果（全体版）』
二木立（1995）『日本の医療費』医学書院
森岡清美・望月嵩（2007）『新しい家族社会学　四訂版』培風館

第2章

国立社会保障・人口問題研究所編（2009）『日本の世帯数の将来推計（都道府県別推計）』（2009年12月推計）』
高塩純子（2007a）「40歳代未婚者の家族との暮らし――2005年国勢調査結果第一次基本集計及び第二次基本集計結果から」（『統計』2007年4月号）
高塩純子（2007b）「都道府県別にみた高齢者の家族類型――平成17年国勢調査第一次基本集計結果から」（『統計』2007年1月号）
由井義通（2005）「世帯の多様化の地域的差異」（『広島大学大学院教育学研究科紀要』第二部第54号、2005年）
Journal of Financial Planning編集部「単身世帯増加の背景――山内昌和氏に聞く　深刻な高齢単身化、75歳以上単独世帯は2・18倍に」（『Journal of Financial Planning』2008年7月号）

第2部

第3章

阿部彩、國枝繁樹、鈴木亘、林正義（2008）『生活保護の経済分析』東京大学出版会
石川達哉（2009）「引退後の単身世帯の経済状況」（『ニッセイ基礎研Report』2009年2月号）
岩田正美（2007）『現代の貧困』筑摩書房
警視庁（2009）『平成20年中における自殺の概要資料』2009年5月
玄田有史（2006）「中年齢無業者から見た格差問題」（白波瀬佐和子編『変化する社会の不平等――

少子高齢化にひそむ格差』東京大学出版会2006年）
国立社会保障・人口問題研究所編（2007）『平成17年わが国の独身層の結婚観と家族観――第13回出生動向基本調査』厚生統計協会
駒村康平（2005）「生活保護改革・障害者の所得保障」（国立社会保障・人口問題研究所編『社会保障改革――日本と諸外国の選択』東京大学出版会）
社会保障審議会年金部会（2008）「無年金・低年金等に関する関連資料」（2008年7月2日）
高塩純子（2007）「家計からみた単身世帯」（『統計』2007年12月号）
男女共同参画会議　監視・影響調査専門委員会（2008）『高齢者の自立した生活に対する支援に関する監視・影響調査報告書』2008年6月13日
内閣府（2006）『世帯類型に応じた高齢者の生活実態等に関する意識調査』
内閣府男女共同参画局（2008）『高齢男女の自立した生活に関する調査』（2008年6月）
湯浅誠（2008）『反貧困――「すべり台社会」からの脱出』岩波書店
吉田太一（2008）『おひとりさまでもだいじょうぶ。』ポプラ社

第4章

池上直己（2009）「ゼミナール　疲弊する地域医療　第25回」（『日本経済新聞』2009年11月11日）
厚生労働省HP（2000）『介護保険Q＆A』
厚生労働省（2009a）『特別養護老人ホームの入所申込者の状況』（2009年12月22日）
厚生労働省（2009b）『平成19年度介護給付費実態調査結果の概要』

厚生労働省（２００８）『平成19年国民生活基礎調査』
高齢者介護研究会（２００３）『２０１５年の高齢者介護』
高齢者介護・自立支援システム研究会（１９９４）『新たな高齢者介護システムの構築を目指して』１９９４年12月
週刊社会保障編集部（２００９）「介護保険制度の現状と課題」（『週刊社会保障』２５４８号、２００９年９月21日－28日号）
社会保障国民会議・サービス保障分科会（２００８年４月９日）、資料３、８頁
社会保障審議会・介護保険部会（２００４）『介護保険制度の見直しに関する意見』２００４年６月30日
独立行政法人労働政策研究・研修機構「平成19年労働需給の推計」（２００８年２月22日）
二木立（２００７）『介護保険制度の総合的研究』勁草書房
OECD(2006)Projecting OECD Health and Long-term Care Expenditures: What are the Main Drivers?, Economic Department Working Papers, No.477.

第５章

青柳涼子（２００８）「孤独死の社会的背景」（中沢卓実・淑徳大学孤独死研究会編『団地と孤独死』中央法規）
警視庁（２００９）『平成20年中における自殺の概要資料』２００９年５月
高齢者等が一人でも安心して暮らせるコミュニティづくり推進会議（２００８）『高齢者等が一人でも安心して暮らせるコミュニティづくり推進会議（孤立死ゼロを目指して）報告書』２００８年３月
東京都監察医務院ＨＰ（http://www.fukushihoken.metro.tokyo.jp/kansatsu/database/db_h21/index.

html）
内閣府（２００９）『平成21年版・高齢社会白書』
内閣府（２００７a）『平成19年版国民生活白書』
内閣府（２００７b）『国民生活選好度調査』に基づく特別集計
日本放送協会ＮＨＫスペシャル取材班・佐々木とく子（２００７）『ひとり誰にも看取られず』阪急コミュニケーションズ
都市再生機構（２００７）『孤独死に関する対策等について』２００７年8月28日
港区社会福祉協議会（２００６）『港区におけるひとり暮らし高齢者の生活実態と社会的孤立に関する調査報告書』（２００６年8月）
吉田太一（２００８）『おひとりさまでもだいじょうぶ。』ポプラ社

第6章

上田照子、荒井由美子、西山利政（２００７）「在宅要介護高齢者を介護する息子による虐待に関する研究」（『老年社会科学』第29巻第1号、２００７年4月）
春日キスヨ（２００８）「ニーズはなぜ潜在化するか」（上野千鶴子、中西正司編『ニーズ中心の福祉社会へ――当事者主権の次世代福祉戦略』医学書院）
厚生労働省（２００８）『平成19年度　高齢者虐待の防止、高齢者の養護者に対する支援等に関する法律に基づく対応状況に関する調査結果』
国立社会保障・人口問題研究所（２００４）『第5回世帯動態調査　結果の概要』
白波瀬佐和子、大石亜希子、清野仁子（２００１）「世帯の中の未婚者――世帯内単身者に関する実態調

査（2000年）の結果より――」（『季刊・社会保障研究』第37巻3号）
高塩純子（2007）「40歳代未婚者の家族と暮らし――2005年国勢調査結果第一次基本集計及び第二次基本集計結果から」（『統計』2007年4月号）
内閣府経済社会総合研究所委託調査（2008）『世帯構造の変化が私的介護に及ぼす影響等に関する研究報告書』2008年3月
山田昌弘（2009）『ワーキングプア時代』文藝春秋社
山田昌弘（2004）『パラサイト社会のゆくえ』ちくま新書
山田昌弘（1999）『パラサイト・シングルの時代』ちくま新書

●第3部

第7章

〈邦文文献〉

奥村芳孝（2008）「スウェーデンの高齢者住宅とケア政策」（『海外社会保障研究』2008年秋号、164号）
加藤春恵子（2004）『福祉市民社会を創る』新曜社
クルーム洋子（2008）「アメリカの高齢者住宅とケアの実情」（『海外社会保障研究』2008年秋号、164号）
国立社会保障・人口問題研究所（2009）『人口統計資料集2009年』厚生統計協会
社会保障審議会介護給付費分科会（2006）「諸外国の施設・住まい等の状況について」（『第2回介護施設等の在り方に関する委員会』2006年12月15日）

白波瀬佐和子（２００５）「高齢期をひとりで暮らすということ――これからの社会保障制度をさぐる」（『季刊・社会保障研究』第41巻2号）

白波瀬佐和子（２００９）『日本の不平等を考える――少子高齢社会の国際比較』東京大学出版会

所道彦（２００８）「イギリスのコミュニティケア政策と高齢者住宅」（『海外社会保障研究』２００８年秋号、№１６４号）

内閣府（２００５）『第６回高齢者の生活と意識に関する国際比較調査』

増田雅暢編著（２００８）『世界の介護保障』法律文化社

松岡洋子（２００８）「デンマークの高齢者住宅とケア政策」（『海外社会保障研究』２００８年秋号、１６４号）

〈英文文献〉

Carers UK（2009）Facts about Carers, Policy Briefing, Jan.2009.

Comas- Herrera, A., Witternberg, R. etc.（2006）Future Long -term Care Expenditure in Germany, Spain, Italy and United Kingdom, Ageing & Society, No.26, 2006.

Eurostat（2008）Living conditions in Europe data 2003-06: 2008 edition

OECD（2009）OECD Family Database: Family size and household composition.

OECD（2006）The Role of Derived Rights for Old-age Income Security of Women, OECD Social, Employment and Migration Working Papers, No.43.

OECD（2005a）Long-term Care for Older People, The OECD Health Project.

OECD（2005b）Society at glance: OECD Social Indicators 2005 edition.

Palmer, Guy（2006）Single Person Households' Issues That JRF Should Be Thinking About, New

Policy Institute, April 2006.
The United Nations（2005）Living Arrangements of Older Persons around the World.

第8章

〈邦文文献〉

伊藤善典（２００６）『ブレア政権の医療福祉改革』ミネルヴァ書房
武川正吾（２００７）『連帯と承認』東京大学出版会
武川正吾（２００６）「イギリスの最低生活保障制度」（栃本一三郎・連合総合生活開発研究所編『積極的な最低生活保障の確立――国際比較と展望』第一法規）
平部康子（２００８）「イギリスの介護保障」（増田雅暢編著『世界の介護保障』法律文化社）
藤森克彦（２００８）「英国労働党政権における『福祉から雇用へプログラム』」（総合研究開発機構『就職氷河期世代のきわどさ』２００８年４月）
三富紀敬（２００７）「イギリスの社会保障と介護者」『静岡大学経済研究』11巻４号（２００７年24月）

〈英文文献〉

Bennett, Jim & Dixon, Mike（2006）Single Person Households and Social Policy: Looking forwards, Joseph Rowntree Foundation.
Communities and Local Government（2008a）Statistical Release: Revised projections of households for the English regions to 2026, 28 February 2008.
Communities and Local Government（2008b）Lifetime home, Lifetime Neighbourhoods: A National

Strategy for Housing in an Ageing Society, Feb. 2008.
Department for Work and Pension (DWP) (2008) Family Resources Survey: United Kingdom 2006-07.
Department for Work and Pension (DWP) (2006) Income Related Benefits Estimates of Take-Up in 2004/2005, First Release, National Statistics, 26 Oct. 2006.
Department of Health (2005) Minister announces 60m to help older people live independently, News Release (3rd. March 2005)
Heywood, Frances and Tuner, Lynne (2006) Better outcome, lower costs, Office for Disability Issues.
HM Government (2008) The case for change: Why England needs a new care and support system.
Hurstfield, Jennifer, Parashar, Urvashi & Schofield, Kerry (2007) The costs and benefits of independent living, Office for Disability Issues.
OECD (2007) The Social Expenditure database: An Interpretative Guide, Feb. 2007.
Office for Disability Issues (2008) Independent Living: A cross government strategy.
Office for National Statistics (2003) Census 2001: National Report for England and Wales, The Stationary Office.
Office for National Statistics (2007) Social Trends 2007 edition, The Stationary Office.
Office for National Statistics (2008) Social Trends 2008 edition, The Stationary Office.
Palmer, Guy (2006) Single Person Households' Issues That JRF Should Be Thinking About, New Policy Institute, April 2006.
Smith, Adam; Wasoff, Fran & Lynn, Jamieson (2005) Solo living across the adult lifecourse, Centre for research on families and relationships (CRFR), Research briefing 20, February 2005.

●第4部

第9章

〈邦文文献〉

緊急雇用対策本部（2009）『緊急雇用対策』2009年10月23日
閣議決定（2009）『明日の安心と成長のための緊急経済対策』2009年12月8日
厚生労働省（2010）「雇用保険法等の一部を改正する法律案要綱の概要」2010年1月13日
厚生労働省（2006a）「ハローワーク・労災保険（労災）関係」資料（2006年4月28日）
厚生労働省（2006b）『平成18年版厚生労働白書』
国立社会保障・人口問題研究所（2008）『平成18年度　社会保障給付費』2008年11月、（第19回社会保障審議会、参考資料8、2009年8月6日）
地方包括ケア委員会（2008）『地域包括ケア研究会報告書――今後の検討のための論点整理』（平成20年度老人保健健康増進等事業）
濱口桂一郎（2009）『新しい労働社会　雇用システムの再構築へ』岩波書店
藤森克彦（2008）「英国労働党政権における『福祉から雇用へプログラム』」（総合研究開発機構『就職氷河期世代のきわどさ』2008年4月）
藤森克彦（2006）「英国の若年雇用対策から学ぶこと」（みずほ情報総研『ディスカッションペーパー』2006年3月29日）
藤森克彦（2004）「英国の『仕事と生活の調和策』から学ぶこと」（『みずほ情報総研研究レポート』2004年10月）

〈英文文献〉
HM Revenue & Customs（2009）Child Tax and Working Tax Credit: An Introduction.
Jobcentre Plus（2008）Annual Report & Accounts 2007-2008, 17th July. 2008.
National Audit Office（2007）Sustainable employment: supporting people to stay in work and advance, The Stationary Office, Nov. 2007.
National Statistics Office, GDP Growth UK output increases by 0.1% per cent, 26th Jan. 2010.
Department for work and Pension（2008）Transforming Britain's Labour Market —— Ten years of the New Deal.
OECD（2008）Social Expenditure Database 2008.

第10章

〈邦文文献〉
一般社団法人移住・住みかえ支援機構ＨＰ（http://www.jt-i.jp/）
川越雅弘、三浦研（２００８）「我が国の高齢者住宅とケア政策」（『海外社会保障研究』２００８年秋号、１６４号）
権丈善一（２００９）「勿凝学問２３４　今の時代、年金モンロー主義が日本を亡ぼすんだろうな」（http://news.fbc.keio.ac.jp/~kenjoh/work/korunakare234.pdf）
厚生労働省（２００９ａ）「平成21年財政検証関連資料（１）資料３－１」（第15回社会保障審議会年金部会、２００９年５月26日）
厚生労働省（２００９ｂ）「国民年金及び厚生年金に係る財政の現状及び見通し（概要）――平成21年財

政検証結果―」（第14回社会保障審議会年金部会、２００９年２月３日、資料３－１）
財団法人高齢者住宅財団『高齢者の住まいガイドブック』
駒村康平（２００５）「生活保護制度改革・障害者の所得保障」（『社会保障制度改革――日本と諸外国の選択』東京大学出版会）
里見賢治（２００７）『現代社会保障論』高菅出版
社会保障国民会議（２００８ａ）「社会保障国民会議最終報告・付属資料」２００８年11月４日
社会保障国民会議（２００８ｂ）『社会保障国民会議における検討に資するために行う医療・介護費用のシミュレーション（本体資料）』（２００８年10月23日発表）
社会保障審議会・介護保険部会（２００４）『介護保険制度の見直しに関する意見』２００４年６月30日
社会保障審議会年金部会（２００８）（第13回）、参考資料集第二分冊、２００８年11月19日
独立行政法人労働政策研究・研修機構（２００８）『平成19年労働力需給の推計』（２００８年２月22日）
内閣府（２００６）『世帯類型に応じた高齢者の生活実態等に関する意識調査結果』
福田淳一（２００９）『図説　日本の財政　平成21年度』東洋経済新報社

〈英文文献〉

英国雇用年金省資料（http://research.dwp.gov.uk/asd/asd4/Alltables_Budget2009_Values.xls）
Child Poverty Action Group（2007）Welfare benefits and tax credits handbook 2007-2008.
Department for Work and Pension（DWP）(2009) Income Related Benefits Estimates of Take-up in 2007-08.

第11章

上野千鶴子（2008）「福祉多元社会における協セクターの役割」（上野千鶴子、中西正司編『ニーズ中心の福祉社会へ——当事者主権の次世代福祉戦略』医学書院）

関東経済産業局（2009）『コミュニティビジネス事例集2008』2009年3月

工藤由貴子（2004）「ニューヨーク・自然発生的リタイアメントコミュニティ視察報告」2004年9月15~18日、国際長寿センターHP

これからの地域福祉のあり方に関する研究会（2008）『地域における「新たな支え合い」を求めて——住民と行政の協働による新しい福祉』（厚生労働省社会・援護局、2008年3月31日）

静岡市社会福祉協議会HP（http://www.shizuoka-shakyo.or.jp/chikushakyo/chiki_minidei.htm）

政府インターネットテレビ（http://nettv.gov-online.go.jp/prg/prg686.html）

武川正吾（2007）『連帯と承認』東京大学出版会

田中滋（2008）「高齢社会を支えていくのは誰か——介護保険・地域社会・政府・高齢者それぞれの役割」（『週刊社会保障』2338号、2008年1月1日）

中沢卓実（2008）「常盤平団地が『孤独死ゼロ作戦』に挑む」（中沢卓実・淑徳大学孤独死研究会編『団地と孤独死』中央法規、2008年）

結城康博（2008）「孤独死対策と団地自治会」（中沢卓実・淑徳大学孤独死研究会編『団地と孤独死』中央法規）

渡辺由美子（2007）「自然発生的リタイアメント・コミュニティ」（『長寿社会グローバル・インフォメーション・ジャーナル』第6号、2007年）

第12章

〈邦文文献〉

井上誠一（２００３）『高福祉・高負担国家　スウェーデンの分析』中央法規

井堀利宏（２００７）『「小さな政府」の落とし穴』日本経済新聞出版社

権丈善一（２００７）『医療政策は選挙で変える――再分配政策の政治経済学Ⅳ』慶應義塾大学出版会

権丈善一（２００９ａ）『社会保障の政策転換――再分配政策の政治経済学Ⅴ』慶應義塾大学出版会

権丈善一（２００９ｂ）「医療費の将来見通し方法の進化と政策の意思」（医療経済研究機構　第15回シンポジウム『日本のヘルスケアの役割と財源――医療の機能強化に向けて』２００９年10月６日講演録）

経済財政諮問会議（２００４）『経済財政運営と構造改革に関する基本方針２００４』２００４年６月３日

厚生労働省（２００８）『平成20年版厚生労働白書』

国立社会保障・人口問題研究所（２００８）『平成18年度社会保障給付費』２００８年11月（第19回社会保障審議会、参考資料８、２００９年８月６日）

財務省ＨＰ「日・米・英の所得税（国税）の税率の推移」２００９年７月（http://www.mof.go.jp/jouhou/syuzei/siryou/234.htm）

財務省ＨＰ「法人所得課税の実効税率の国際比較」２００９年７月（http://www.mof.go.jp/jouhou/syuzei/siryou/084.htm）

財務省（２０１０）『平成22年度予算のポイント』

財務省主計局（２０１０）『我が国の財政事情』２０１０年１月

社会保障国民会議（２００８ａ）『社会保障国民会議最終報告書』２００８年11月４日
社会保障国民会議・第８回医療・介護・福祉分科会（２００８ｂ）「社会保障国民会議における検討に資するために行う医療・介護費用のシミュレーション（解説資料）」資料２－１、資料２－２（２００８年10月23日）
社会保障国民会議・第８回医療・介護・福祉分科会（２００８ｃ）「社会保障国民会議における検討に資するために行う医療・介護費用のシミュレーション（本体資料）」資料２－１（２００８年10月23日）
武内和久（２００６）「英国社会保障事情　政府と国民のキャッチボール」（『週刊社会保障』〈特別ウェブ掲載〉２００６年10月17日）
田中滋（２００６）「マクロ経済と医療費用保障――国民負担率をめぐる論点」（『医療経済学の基礎理論と論点（講座　医療経済・政策学　第１巻）』勁草書房
内閣府（２００９ａ）『中長期の道ゆきを考えるための機械的試算』（２００９年６月23日）
内閣府（２００９ｂ）『平成21年度年次経済財政報告書』
内閣府（２００６）『平成18年版少子化社会白書』
福田淳一（２００９）『図説日本の財政（平成21年度版）』東洋経済新報社
藤森克彦（２００９）「英国医療における患者と市民の関与（Patient and Public Involvement）」（社団法人全国社会保険協会連合会『平成20年度海外医療事情・社会保険制度視察調査報告書』２００９年３月）
藤森克彦、大山礼子（２００４）『マニフェストで政治を育てる』雅粒社
藤森克彦（２００３）「社会保障は経済成長の原動力になる――ポジティブ・ウェルフェアの模索」（『中央公論』２００３年４月号）

藤森克彦（２００２）『構造改革ブレア流』阪急コミュニケーションズ

藤森克彦（１９９８）「イタリアはなぜ財政赤字を削減できたのか」（『Occasional Report』富士総合研究所、１９９８年3月12日）

矢野康治（２００５）『決断！　待ったなしの日本財政危機——平成の子どもたちの未来のために』東信堂

〈英文文献〉

OECD（2008a）OECD Social Expenditure Database.

OECD（2008b）Taxing Wages 2007-2008.

Webb, Paul（2000）Modern British Party System, SAGE Publication.

●な行

●は行

●た行

●さ行

索　引

〈著者略歴〉

藤森　克彦（ふじもり　かつひこ）

みずほ情報総研株式会社　社会保障 藤森クラスター主席研究員。

1965年、長野県生まれ。92年国際基督教大学大学院行政学研究科修了、同年富士総合研究所（現みずほ情報総研）入社。社会調査部、ロンドン事務所駐在（96～2000年）などを経て、04年より現職。

07年4月～08年2月まで日本福祉大学大学院社会福祉学研究科・非常勤講師。専門分野は、社会保障政策・労働政策。

〈主な著書・論文〉
著書：『構造改革ブレア流』（阪急コミュニケーションズ、2002年）、『マニフェストで政治を育てる』（共著、雅粒社、2004年）など
論文：「英国の『仕事と生活の調和策』から学ぶこと」（みずほ情報総研レポート2004年10月）、「単身世帯の増加と求められるセーフティネットの再構築」（みずほ情報総研レポート2008年12月）など

単身急増社会の衝撃

2010年5月25日　1版1刷
2011年1月5日　6刷

著者　藤森克彦

発行者　羽土　力

発行所　日本経済新聞出版社
http://www.nikkeibook.com/
〒100-8066　東京都千代田区大手町1-3-7
電話（03）3270-0251（代）

印刷／製本　中央精版印刷
ISBN978-4-532-49068-3